LE PETIT ÉLÈVE
DE LHOMOND

PETIT COURS DE THÈMES

RÉDIGÉ SUR LES RÈGLES DU RUDIMENT

A l'usage des Élèves de Huitième, Septième et Sixième

Par J. BLANCHIN

ANCIEN PROFESSEUR.

NOUVELLE ÉDITION REVUE ET MODIFIÉE

Par MM. DUPONT et NOURRY

Professeurs au petit séminaire de Séez.

PARIS.

IMPRIMERIE ET LIBRAIRIE CLASSIQUES

De JULES DELALAIN et FILS

RUE DES ÉCOLES, VIS-A-VIS DE LA SORBONNE.

LE PETIT ÉLÈVE

DE LHOMOND.

X 21319

On trouve à la même librairie :

Éléments de grammaire latine, par *Lhomond;* édition annotée et complétée par *M. Deltour,* professeur au lycée Saint-Louis : 23e édition; ouvrage approuvé pour les écoles publiques, in-12.

Premiers Exercices de Thème latin, adaptés à la Grammaire latine de Lhomond et spécialement à l'édition annotée par M. Deltour, présentant une suite de phrases détachées sur chaque règle, par *M. W. Rinn,* professeur au collége Rollin; in-12.

Cours de Thèmes latins, adapté à la Grammaire de Lhomond et spécialement à l'édition annotée par M. Deltour, présentant une suite Thèmes d'application sur la syntaxe et la méthode, par *M. W. Rinn :* 5e édition; in-12.

Éléments de Grammaire Française, par *Lhomond;* édition annotée et complétée par *M. Deltour,* professeur au lycée Saint-Louis : 19e édition; ouvrage approuvé pour les écoles publiques, in-12.

Exercices français gradués sur la Grammaire française de Lhomond et spécialement sur l'édition publiée par M. Deltour, par *M. W. Rinn,* professeur au collége Rollin : 4e édition; in-12.

Petit Dictionnaire de la langue française, rédigé selon l'orthographe de l'Académie, et contenant tous les mots usuels, par *M. G. Beleze,* ancien chef d'institution à Paris : 8e édition; 1 fort vol. in-18, de 400 pages.

Dictionnaire élémentaire français-latin, rédigé d'arpès les meilleurs auteurs, par *M. J. Geoffroy,* ancien professeur agrégé des classes de grammaire : 11e édition; ouvrage approuvé pour les écoles publiques; 1 fort vol. in-8°, de 600 pages.

Dictionnaire élémentaire latin-français, rédigé d'après les meilleurs auteurs, par *M. J. Geoffroy :* 8e édition; ouvrage approuvé pour les écoles publiques; 1 fort vol. in-8°, de 550 pages.

Gradus ad Parnassum, dictionnaire prosodique et poétique de la langue latine, par *M. Émile Pessonneaux,* professeur au lycée Napoléon; 1 fort vol. in-8°.

Dictionnaire français-grec, rédigé sur un plan très-méthodique, d'après les travaux lexicographiques les plus récents, par *M. E. Talbot,* docteur ès lettres, professeur de rhétorique au collége Rollin : 2e édition; 1 fort vol. in-8°.

Dictionnaire grec-français, rédigé sur un plan très-méthodique, d'après les travaux lexicographiques les plus récents, par *M. E. Talbot :* 3e édition; 1 fort vol. in-8°.

LE PETIT ÉLÈVE
DE LHOMOND

PETIT COURS DE THÈMES

RÉDIGÉ SUR LES RÈGLES DU RUDIMENT

A l'usage des Élèves de Huitième, Septième et Sixième

Par J. BLANCHIN

ANCIEN PROFESSEUR.

NOUVELLE ÉDITION REVUE ET MODIFIÉE

Par MM. DUPONT et NOURRY

Professeurs au petit séminaire de Séez.

2365

PARIS.

IMPRIMERIE ET LIBRAIRIE CLASSIQUES

De JULES DELALAIN et FILS

RUE DES ÉCOLES, VIS-A-VIS DE LA SORBONNE.

M DCCC LXVIII.

1868

Tout contrefacteur ou débitant de contrefaçons de cet Ouvrage sera poursuivi conformément aux lois; tous les exemplaires sont revêtus de notre griffe.

Jules Delalain et Fils

PETIT ÉLÈVE
DE LHOMOND.

EXERCICES PRÉLIMINAIRES.

NOMS.

RADICAL ET TERMINAISON.

En latin, les noms se composent de deux parties, le *radical* et la *terminaison*. — Le radical est la partie du nom qui ne change pas, comme *ros*, dans *rosa*. — La terminaison, est la partie du nom qui change, comme *a* dans *rosa*.

Pour trouver le radical d'un nom, on retranche la terminaison du génitif; ce qui reste est le radical. On aura donc à retrancher *æ* dans les noms de la première déclinaison; *i*, de la deuxième; *is*, de la troisième; *ûs*, de la quatrième; et *ei*, de la cinquième.

1re RÈGLE : *Corona reginæ.*

Pour joindre deux noms en français, nous mettons *de* entre les deux; en latin, on met le second au génitif. Exemples : la couronne de la reine, *corona reginæ;* la muse des poëtes, *musa poetarum.*

Remarque. Le latin n'a point d'article.

PREMIÈRE DÉCLINAISON.

Tous les noms de la première déclinaison sont du féminin, excepté les noms d'hommes qui sont du masculin.

EXERCICE 1 (sur *Rosa*).

Dans cet exercice, l'élève mettra en latin le premier des deux noms au nominatif, le second au génitif, selon la règle.

Le pardon de la faute. *Veni-a, æ, culp-a, æ.*	L'étoile des matelots. *Stell-a, æ, naut-a, æ.*
L'herbe de la terre. *Herb-a, æ, terr-a, æ.*	La plume des aigles. *Plum-a, æ, aquil-a, æ.*
Le chemin de la patrie. *Vi-a, æ, patri-a, æ.*	Les ailes des merles. *Al-a, æ, merul-a, æ.*
Le cocher de la reine. *Aurig-a, æ, regin-a, æ.*	Les chagrins de la vie. *Molesti-a, æ, vit-a, æ.*
Le merle de la forêt. *Merul-a, æ, silv-a, æ.*	Les convives des poëtes. *Conviv-a, æ, poet-a, æ.*

EXERCICE 2.

L'élève mettra en latin le premier des deux noms au cas demandé, le second au génitif, selon la règle. Il trouvera les noms latins dans l'exercice 1.

Le pardon (*acc.*) de la faute.
Au pardon des fautes.
Du pardon (*abl.*) des fautes.
Les herbes (*acc.*) de la terre.
Aux chemins de la patrie.

Les plumes (*nom.*) de l'aigle.
Les ailes (*acc.*) des merles.
A l'aile du merle.
Aux chagrins de la vie.

Les merles (*nom.*) des forêts.

Des merles (*abl.*) des forêts.

L'étoile (*acc.*) des matelots.

Les chagrins (*acc.*) de la vie.

Les cochers (*nom.*) de la reine.

Du cocher (*abl.*) du poëte.

DEUXIÈME DÉCLINAISON.

EXERCICE 3 (sur *Dominus*).

L'élève mettra le premier des deux noms :

1° Au nominatif.

Le jeu de l'élève.
Lud-us, i, discipul-us, i.

Le poirier du jardin.
Pir-us, i, hort-us, i.

Le nid du corbeau.
Nid-us, i, corv-us, i.

Le lit du ruisseau.
Alve-us, i, riv-us, i.

2° Au cas demandé.

Le jeu (*acc.*) des élèves.
Au jeu des élèves.
Les poiriers (*acc.*) des jardins.
Du poirier (*abl.*) des jardins.
Les nids (*nom.*) des corbeaux.
Au nid du corbeau.
Aux lits des ruisseaux.
Des lits (*abl.*) des ruisseaux.

EXERCICE 4 (sur *Dominus* et *Puer*).

Le couteau de l'enfant.
Culter, cultri, puer, i.

Le fils du ministre.
Fili-us, i, minister, tri.

Le gendre du médecin.
Gener, i, medic-us, i.

Le livre des élèves.
Liber, libri, alumn-us, i.

Les couteaux (*nom.*) des enfants.
Aux couteaux des enfants.
Les fils (*acc.*) des ministres.
Du fils (*abl.*) du ministre.
Au gendre du médecin.
Le gendre (*acc.*) du médecin.
Des livres (*abl.*) de l'élève.
Les livres (*acc.*) des élèves

EXERCICE 5 (sur *Templum*).

L'appui de l'édifice.
Fulcr-um, i, ædifici-um, i.

L'incendie du monument.
Incendi-um, i, monument-um, i.

L'exemple du vice.
Exempl-um, i, viti-um, i.

Les dangers des guerres.
Pericul-um, i, bell-um, i.

L'avis du maître.
Monit-um, i, magister, tri.

Les appuis de l'édifice.
De l'appui (*abl.*) de l'édifice.
A l'incendie du monument.
Aux incendies des monuments.
L'exemple (*acc.*) des vices.
Des exemples (*abl.*) des vices.
Le danger (*acc.*) de la guerre.
Aux dangers des guerres.
Les avis du maître.
Des avis (*abl.*) des maîtres.

EXERCICE 6 (1re et 2e déclinaison).

Le lis des champs.
Lili-um, i, ager, agri.

La rose des jardins.
Ros-a, æ, hort-us, i.

L'eau du ruisseau.
Aqu-a, æ, riv-us, i.

Les cygnes de l'étang.
Cycn-us, i, stagn-um, i.

Le devoir de l'élève.
Pens-um, i, discipul-us, i.

Les couleuvres des forêts.
Coluber, bri, silv-a, æ.

Les violettes des prés.
Viol-a, æ, prat-um, i.

La charrue du laboureur.
Aratr-um, i, agricol-a, æ.

Au lis du champ.
Aux lis des champs.
La rose (*acc.*) du jardin.
Les roses (*acc.*) des jardins.
De l'eau (*abl.*) du ruisseau.
Aux eaux des ruisseaux.
Le cygne (*acc.*) de l'étang.
O cygne de l'étang.
Les devoirs des élèves.
Au devoir de l'élève.
De la couleuvre (*abl.*) de la forêt.
Des couleuvres (*abl.*) des forêts.
De la violette (*abl.*) du pré.
Les violettes (*acc.*) des prés.
A la charrue du laboureur.
Les charrues (*acc.*) des laboureurs.

TROISIÈME DÉCLINAISON.

Remarque. — Dans la 3e déclinaison, tous les noms en *or* sont du masculin, excepté *uxor*, épouse, *soror*, sœur, *arbor*, arbre, qui sont féminins, et *cor*, cœur, *ador*, farine, *marmor*, marbre, *æquor* plaine, qui sont du neutre.

EXERCICE 7 (sur *Soror*).

Le travail du laboureur.
Labor, is, arator, is.

L'honneur du soldat.
Honor, is, miles, militis.

Les héritiers du prince.
Hær-es, edis, princeps, cipis.

L'erreur du juge.
Error, is, judex, dicis.

Les gardiens des prisons.
Custos, todis, carcer, is.

Le courage du soldat.
Fortitudo, dinis, miles, litis.

Le bélier du troupeau.
Aries, rietis, grex, gregis.

Le discours de l'orateur.
Sermo, onis, orator, is.

Du travail (*abl.*) du laboureur.
Les travaux (*acc.*) des laboureurs.
A l'honneur du soldat.
L'honneur (*acc.*) des soldats.
L'héritier (*acc.*) du prince.
Aux héritiers des princes.
Les erreurs des juges.
A l'erreur du juge.
Le gardien (*acc.*) de la prison.
Des gardiens (*abl.*) des prisons.
Au courage du soldat.
Du courage (*abl.*) des soldats.
Les béliers (*acc.*) des troupeaux.
Le bélier (*acc.*) du troupeau.
Au discours de l'orateur.
Aux discours des orateurs.

EXERCICE 8 (sur *Avis* et *Corpus*)[1].

Les épées des ennemis.
Ensis, is, hostis, is.

Le poisson du fleuve.
Pisc-is, is, flumen, minis (n.).

Le gazon de la colline.
Gramen, minis (n.), coll-is, is.

L'astre des nuits.
Sidus, deris (n.), nox, noctis.

La tête de la brebis.
Caput, pitis (n.), ov-is, is.

Le témoin du crime.
Test-is, is, scel-us, leris.

L'épée (*acc.*) des ennemis.
Des épées (*abl.*) des ennemis.
Au poisson des fleuves.
Les poissons (*acc.*) du fleuve.
Au gazon des collines.
Du gazon (*abl.*) des collines.
Les astres (*nom.*) de la nuit.
Aux astres des nuits.
A la tête des brebis.
Les têtes (*nom.*) des brebis.
Le témoin (*acc.*) du crime.
Aux témoins des crimes.

EXERCICE 9 (1re, 2e, 3e déclinaison).

Le glaive du soldat.
Gladi-us, i, miles, litis.

Le murmure du ruisseau.
Murmur, is (n.), riv-us, i.

Les ailes des hiboux.
Al-a, æ, bubo, onis.

L'œuf de la poule.
Ov-um, i, gallin-a, æ.

Les livres des élèves.
Liber, bri, discipul-us, i.

Le glaive (*acc.*) du soldat.
Les glaives (*acc.*) des soldats.
Le murmure (*acc.*) du ruisseau.
Les murmures (*nom.*) des ruisseaux.
L'aile (*acc.*) du hibou.
Des ailes (*abl.*) des hiboux.
Les œufs (*acc.*) des poules.
De l'œuf (*abl.*) de la poule.
Au livre de l'élève.
Les livres (*acc.*) des élèves.

1. Les noms neutres se déclinent sur *corpus*, les autres sur *avis*.

Les mamelles des vaches.

Uber, is (*n.*), *vacc-a, æ.*

Le frère de l'esclave.

Frater, tris, serv-us, i.

La ruse du renard.

Astuti-a, æ, vulp-es, is.

Les mamelles (*nom.*) des vaches.
Aux mamelles de la vache.
Du frère (*abl.*) de l'esclave.
Les frères (*acc.*) des esclaves.
Les ruses (*acc.*) des renards.
De la ruse (*abl.*) du renard.

QUATRIÈME ET CINQUIÈME DÉCLINAISONS.

EXERCICE 10 (sur *Manus*).

Les degrés du portique.
Grad-us, ûs, portic-us, ûs.

La course des chars.
Curs-us, ûs, curr-us, ûs.

Les fruits des chênes.
Fruct-us, ûs, querc-us, ûs.

Les mouvements de la cavalerie.
Mot-us, ûs, equitat-us, ûs.

La plainte de l'armée.
Quest-us, ûs, exercit-us, ûs.

Le degré (*acc.*) du portique.
Aux degrés des portiques.
A la courses des chars.
Les courses (*acc.*) des chars.
Du fruit (*abl.*) du chêne.
Des fruits (*abl.*) des chênes.
Le mouvement (*acc.*) de la cavalerie.
Les mouvements (*acc.*) de la cavalerie.
Des plaintes (*abl.*) des armées.
A la plainte de l'armée.

EXERCICE 11 (sur *Dies* et *Manus*).

La dureté de la glace.
Duriti-es, ei, glaci-es, ei.

La dureté (*acc.*) de la glace.
A la dureté de la glace.

Le jour des courses.

Di-es, ei, curs-us, ûs.

Les espérances des magistrats.

Sp-es, ei, magistrat-us, ûs.

L'apparence de la crainte.

Speci-es, ei, met-us, ûs.

Les chants de l'espérance.

Cant-us, ûs, sp-es, ei.

Du jour (*abl.*) de la course.

Aux jours des courses.

L'espérance (*acc.*) du magistrat.

A l'espérance des magistrats.

Les apparences (*acc.*) de la crainte.

Aux apparences de la crainte.

Le chant (*acc.*) de l'espérance.

Aux chants de l'espérance.

RÉCAPITULATION SUR LES DÉCLINAISONS.

Nota. L'élève trouvera les noms latins dans le dictionnaire qui est à la fin du volume.

EXERCICE 12.

L'herbe des champs. — De l'herbe (*abl.*) des champs. — Aux herbes des champs. — Le lis des vallées. — Les lis de la vallée. — Au lis de la vallée. — Le rédempteur des hommes. — Du rédempteur (*abl.*) des hommes. —Au rédempteur de l'homme. — Le prêtre du Seigneur. — Les prêtres du Seigneur. — Aux prêtres du Seigneur. — L'apôtre des nations. — Les apôtres (*acc.*) des nations. — O apôtre des nations. — La maladie du corps. — Les maladies (*nom.*) des corps. — A la maladie du corps. — Les fruits du travail. — Le fruit (*acc.*) du travail. — Les fruits (*acc.*) des travaux. — La récompense du soldat. — De la récompense (*abl.*) des soldats. — Des récompenses (*abl.*) des soldats.

EXERCICE 13.

La maison du pauvre. — A la maison du pauvre. — Les maisons (*acc.*) des pauvres. — La parole de Dieu. — Les paroles de Dieu. — A la parole de Dieu. — Les commencements de la sagesse. — Du commencement (*abl.*) de la sagesse. — La lumière du jour. — A la lumière du jour. — De la lumière (*abl.*) des jours. — Les étoiles du firmament. — Aux étoiles du firmament. — Des étoiles (*gén.*) du firmament. — Les oiseaux des cieux.—L'oiseau (*acc.*) du ciel. — Aux oiseaux du ciel. — L'eau de la mer. — Les eaux (*acc.*) de la mer. — A l'eau de la mer. — Le corps de l'homme. — Les corps des hommes. — Du corps (*abl.*) de l'homme. — L'aspect des arbres. — A l'aspect des arbres. — De l'aspect (*abl.*) des arbres. — La tête des serpents. — Les têtes (*acc.*) des serpents. — De la tête (*abl.*) du serpent. — Le don de Caïn. — Les dons de Caïn. — Aux dons de Caïn.

ADJECTIFS.

2e RÈGLE : *Pater bonus.*

Tout adjectif doit être du même genre, du même nombre et au même cas que le nom auquel il se rapporte. Exemples : le bon père, *bonus pater*, la bonne mère, *bona mater*, le bon exemple, *bonum exemplum ;* les bons pères, *boni patres*, les bonnes mères, *bonæ matres*, *etc.*

EXERCICE 14 (sur *Bon-us, a, um*).

L'élève mettra en latin les noms suivants aux cas demandés et fera accorder l'adjectif avec chaque nom, selon la règle.

Puer, i (m.), pi-us, a, um, læt-us, a, um.
L'enfant pieux et joyeux.
De l'enfant (*abl.*) pieux et joyeux.
Les enfants (*acc.*) pieux et joyeux.

Barb-a, æ (f.), long-us, a, um, alb-us, a, um.
La barbe longue et blanche.
La barbe (*acc.*) longue et blanche.
Les barbes (*nom.*) longues et blanches.

Bell-um, i (n.), injust-us, a, um, sæv-us, a, um.
La guerre injuste et cruelle.
A la guerre injuste et cruelle.
Les guerres injustes et cruelles.

Fur, furis (m.), avid-us, a, um, sæv-us, a, um.
Le voleur (*acc.*) avide et cruel.
Les voleurs (*acc.*) avides et cruels.
Aux voleurs avides et cruels.

Fag-us, i (f.)[1]*, lat-us, a, um, patul-us, a, um.*
Le hêtre large et touffu.
Du hêtre (*abl.*) large et touffu.
Des hêtres (*abl.*) larges et touffus.

Fulgur, uris (n.), rapid-us, a, um, lucid-us, a, um.
L'éclair rapide et brillant.
De l'éclair (*abl.*) rapide et brillant.
Les éclairs rapides et brillants.

1. Remarquons, en passant, que tous les noms d'arbres sont du féminin, quelle que soit la déclinaison à laquelle ils appartiennent.

Arbor, is (*f.*), *dur-us, a, um, alt-us, a, um.*
L'arbre (*acc.*) dur et élevé.
Les arbres (*nom.*) durs et élevés.

EXERCICE 15 (sur *Ni-ger, gra, grum*).

Corv-us, i (*m.*), *a-ter, tra, trum, sinis-ter, tra, trum.*
Le corbeau (*acc.*) noir et sinistre.
Les corbeaux (*acc.*) noirs et sinistres.
Du corbeau (*abl.*) noir et sinistre.

Cicad-a, æ (*f.*), *pi-ger, gra, grum, miser, a, um.*
La cigale (*acc.*) paresseuse et malheureuse.
Aux cigales paresseuses et malheureuses.
A la cigale paresseuse et malheureuse.

Caput, capitis (*n.*), *ru-ber, bra, brum, æ-ger, gra, grum.*
La tête (*acc.*) rouge et malade.
Les têtes rouges et malades.
De la tête (*abl.*) rouge et malade.

Man-us, ûs (*f.*), *ru-ber, bra, brum, æ-ger, gra, grum.*
La main (*acc.*) rouge et malade.
Aux mains rouges et malades.
A la main rouge et malade.

EXERCICE 16 (sur *Bonus* et *Niger*).

Pul-cher, chra, chrum, fruct-us, ûs (*m.*), *arbor, is* (*f.*), *alt-us, a, um.*
Le beau fruit (*acc.*) de l'arbre élevé.
Aux beaux fruits des arbres élevés.
Les beaux fruits (*nom.*) de l'arbre élevé.

Nav-is, is (*f.*), *dilect-us, a, um, naut-a, æ* (*m.*), *læt-us, a, um.*
Au navire chéri du matelot joyeux.
Les navires (*acc.*) chéris des matelots joyeux.
Du navire (*abl.*) chéri des matelots joyeux.

Ov-um, i (n.), alb-us, a, um, corv-us, i (m.), a-ter, tra, trum.
Les œufs blancs des corbeaux noirs.
A l'œuf blanc du corbeau noir.
Aux œufs blancs des corbeaux noirs.

Vit-a, æ (f.), prosper, a, um, puer, i (m.), pi-us, a, um.
La vie (*acc.*) heureuse de l'enfant pieux.
De la vie (*abl.*) heureuse des enfants pieux.

EXERCICE 17 (sur *Prudens*).

Si-dus, deris (n.), fulg-ens, entis, dies, diei (m.), vel-ox, ocis.
A l'astre brillant du jour rapide.
L'astre (*acc.*) brillant des jours rapides.
Les astres brillants. — Les jours rapides.

Stell-a, æ (f.), pall-ens, entis, nox, noctis (f.), frig-ens, entis.
L'étoile (*acc.*) pâle de la nuit glacée.
Les étoiles (*acc.*) pâles des nuits glacées.
De l'étoile (*abl.*) pâle. — Des nuits (*abl.*) glacées.

Dol-us, i (m.), effic-ax, acis, vulp-es, is (f.), sol-ers, ertis.
La ruse (*acc.*) efficace du renard adroit.
A la ruse efficace du renard adroit.
Les ruses efficaces (*acc.*) des renards adroits.

Indol-es, is (f.), fel-ix, icis, puer, i (m.), innoc-ens, entis.
Le naturel, (*acc.*) heureux de l'enfant innocent.
Du naturel (*abl.*) heureux des enfants innocents.
Au naturel heureux de l'enfant innocent.

EXERCICE 18 (sur *Fortis* et *Celeber*).

Equ-us, i (m.), ala-cer, cris, cre, lev-is, e.
Le cheval (*acc.*) vif et léger.
Les chevaux (*acc.*) vifs et légers.
Du cheval (*abl.*) vif et léger.

Herb-a, æ (f.), virid-is, e, pingu-is, e, prat-um, i (n.).
L'herbe (*nom.*) verte de la grasse prairie.
Les herbes (*acc.*) vertes des grasses prairies.
Aux herbes vertes des grasses prairies.

Bell-um, i (n.), crudel-is, e, rex, regis (m.), illustr-is, e.
A la guerre cruelle du roi illustre.
Les guerres cruelles des rois illustres.
Des guerres cruelles (*abl.*) des rois illustres.
La guerre cruelle du roi illustre.

Pens-um, i (n.), facil-is, e, discipul-us, i (m.), hilar-is, e.
Le devoir facile de l'écolier joyeux.
Les devoirs faciles des écoliers joyeux.
Du devoir (*abl.*) facile de l'écolier joyeux.

EXERCICE 19 (sur *Niger* et *Celeber*).

Fruct-us, ûs (m.), pul-cher, chra, chrum, salu-ber, bris, bre.
Le fruit (*acc.*) beau et salutaire.
Au fruit beau et salutaire.
Les fruits (*nom.*) beaux et salutaires.
Aux fruits beaux et salutaires.

Mor-s, tis (f.), celer, is, e, asper, a, um.
A la mort prompte et cruelle.
De la mort (*abl.*) prompte et cruelle.
Les morts (*acc.*) promptes et cruelles.

Certa-men, minis (n.), a-cer, cris, cre, miser, a, um.
Le combat vif et malheureux.
Les combats vifs et malheureux.
Des combats (*gén.*) vifs et malheureux.

EXERCICE 20 (sur *Fortis* et *Celeber*).

Vin-um, i (*n.*), *suav-is, e, palm-a, æ* (*f.*), *silvestr-is, e.*
Le vin agréable du palmier sauvage.
Les vins agréables des palmiers sauvages.
Du vin (*abl.*) agréable du palmier sauvage.

Bell-um, i (*n.*), *cele-ber, bris, e, rex, regis* (*m.*), *illustr-is, e.*
A la guerre célèbre du roi illustre.
Les guerres célèbres des rois illustres.
La guerre (*acc.*) célèbre. — Le roi (*acc.*) illustre.

Aci-es, ei (*f.*), *acer, acris, acre, aquil-a, æ* (*f.*), *volucer, cris, cre.*
La vue (*acc.*) perçante de l'aigle rapide.
A la vue perçante des aigles rapides.
De la vue (*abl.*) perçante. — Aux aigles rapides.

RÉCAPITULATION SUR LES ADJECTIFS.

EXERCICE 21.

Aqu-a, æ (*f.*), *pur-us, a, um, dulc-is, e.*
L'eau (*acc.*) pure et douce.
Les eaux (*nom.*) pures et douces.
Aux eaux pures et douces.

Amic-us, i (*m.*), *sincer-us, a, um, const-ans, antis, fidel-is, e.*
A l'ami sincère, constant et fidèle.
Les amis (*acc.*) sincères, constants et fidèles.
De l'ami (*abl.*) sincère, constant et fidèle.
Aux amis sincères, constants et fidèles.

Fu-nus, neris (*n.*), *mœst-us, a, um, lugubr-is, e, fra-ter, tris* (*m.*), *dilect-us, a, um.*
Le convoi triste et lugubre d'*un* frère chéri.
Les convois tristes et lugubres de frères chéris.
Du convoi (*abl.*) triste et lugubre d'*un* frère chéri.
Aux convois tristes et lugubres de frères chéris.

Arc-us, ûs (*m.*), *flexibil-is, e, curv-us, a, um, venator, is* (*m.*), *soler-s, tis.*

L'arc (*acc.*) flexible et courbé du chasseur adroit.

A l'arc flexible et courbé du chasseur adroit.

Les arcs (*nom.*) flexibles et courbés des chasseurs adroits.

Aux arcs flexibles et courbés. — Du chasseur (*abl.*) adroit.

Hor-a, æ (*f.*), *brev-is, e, rapid-us, a, um, certa-men, minis* (*n.*), *acer, acris, acre.*

A l'heure courte et rapide du combat acharné.

Les heures (*acc.*) courtes et rapides des combats acharnés.

Des heures (*abl.*) courtes et rapides des combats acharnés.

L'heure (*acc.*) courte et rapide. — Les combats acharnés.

COMPARATIFS ET SUPERLATIFS.

3e Règle.

En latin, le comparatif se forme du cas de l'adjectif terminé en *i*, auquel on ajoute *or* pour le masculin et le féminin, et *us* pour le neutre.

Le superlatif se forme du même cas terminé en *i*, auquel on ajoute *ssim-us, a, um.*

Exemple : Nom. *Sanct-us, a, um.* Gén. *Sanct-i.*
Comparatif, *Sancti-or* (m. f.), *sancti-us* (n.).
Superlatif, *Sancti-ssimus, a, um.*

EXERCICE 22.

L'élève formera le comparatif et le superlatif dans les adjectifs suivants.

Alt-us, a, um, haut.
Beat-us, a, um, heureux.
Sapi-ens, entis, sage.
Fall-ax, acis, trompeur.
Util-is, e, utile.
Grav-is, e, pesant.
Fer-ax, acis, fertile.
Just-us, a, um, juste.
Nobil-is, e, noble.
Amœn-us, a, um, agréable.
Suav-is, e, suave.
Noc-ens, entis, coupable.

Remarque. Les comparatifs en *or* se déclinent sur *soror*, et le comparatif en *us*, sur *corp-us*. Exemple : Nom. *sancti-or*, gén. *oris*, *etc*. *Sancti-us*, gén. *oris*, dat. *ori*, *etc.* Le superlatif se décline sur *bon-us, a, um.*

L'élève mettra les mots suivants en latin, en faisant accorder les adjectifs, employés au comparatif et au superlatif, avec les noms qu'ils qualifient.

L'arbre (*nom.*) haut, plus haut, très-haut.
Les arbres (*nom.*) hauts, plus hauts, très-hauts.
A l'homme sage, plus sage, très-sage.
Aux hommes sages, plus sages, très-sages.

ACCORD DES ADJECTIFS AU COMPARATIF ET AU SUPERLATIF.

EXERCICE 23.

L'élève mettra les noms et les adjectifs suivants en latin, aux cas demandés.

Ager, agri (*m.*), *fertil-is, e.*
Le champ (*nom.*) fertile, plus fertile, très-fertile.
Les champs (*nom.*) fertiles, plus fertiles, très-fertiles.
Les champs (*acc.*) fertiles, plus fertiles, très-fertiles.
Le champ (*acc.*) fertile, plus fertile, très-fertile.

Querc-us, ûs (f.), alt-us, a, um.
Au chêne élevé, plus élevé, très-élevé.
Aux chênes élevés, plus élevés, très-élevés.
Du chêne (*gén.*) élevé, plus élevé, très-élevé.
Des chênes (*abl.*) élevés, plus élevés, très-élevés.

Templ-um, i (n.), sanct-us, a, um.
Le temple saint, plus saint, très-saint.
Les temples saints, plus saints, très-saints.

Morb-us, i (m.), gravis, e.
La maladie (*acc.*) grave, plus grave, très-grave.
De la maladie (*abl.*) grave, plus grave, très-grave.
Des maladies (*abl.*) graves, plus graves, très-graves.
Des maladies (*gén.*) graves, plus graves, très-graves.

EXERCICE 24.

Dolor, is (m.), acerb-us, a, um; vuln-us, neris (n.), grav-is, e.
La douleur (*acc.*) plus cruelle de la blessure plus grave.
Les douleurs (*nom.*) plus cruelles des blessures plus graves.
A la douleur très-cruelle de la blessure très-grave.
Les douleurs (*acc.*) très-cruelles des blessures très-graves.

Regin-a, æ (f.), clem-ens, entis; popul-us, i (m.), noc-ens, entis.
De la reine (*abl.*) plus clémente du peuple plus coupable.
Les reines (*acc.*) plus clémentes des peuples plus coupables.
De la reine (*abl.*) très-clémente du peuple très-coupable.
Aux reines très-clémentes des peuples très-coupables.

IMPR.

Imperi-um, i (*n.*), *injust-us, a, um; dux, ducis, sæv-us, a, um.*

L'ordre plus injuste du général plus cruel.
Les ordres plus injustes des généraux très-cruels.
Les ordres très-injustes des généraux plus cruels.
De l'ordre (*abl.*) très-injuste du général très-cruel.

COMPARATIFS ET SUPERLATIFS IRRÉGULIERS.

Les adjectifs en *er* forment leur superlatif en ajoutant *rim-us, a, um* au nominatif masculin. Exemple : *pulcher, pulcher-rimus, a, um; acer, acer-rimus, rima, rimum.*

Voici le comparatif et le superlatif de quatre adjectifs très-irréguliers :

Bon, *bonus;* meilleur, *melior;* très-bon, *optimus.*
Mauvais, *malus;* pire, *pejor;* très-mauvais, *pessimus.*
Grand, *magnus;* plus grand, *major;* très-grand, *maximus.*
Petit, *parvus;* plus petit, *minor;* très-petit, *minimus.*

EXERCICE 25.

Rex, regis (*m.*), *cele-ber, bris, bre; popul-us, i* (*m.*), *miser, a, um.*

Le roi (*acc.*) très-célèbre du peuple très-malheureux.
Au roi très-célèbre du peuple plus malheureux.
Les rois (*acc.*) les plus célèbres des peuples plus malheureux.
Aux rois plus célèbres. Du peuple (*abl.*) le plus malheureux.

Indol-es, is (*f.*), *mal-us, a, um; puer, i* (*m.*), *parv-us, a, um.*

Du caractère (*abl.*) très-mauvais de l'enfant très-petit.
Les caractères (*acc.*) plus mauvais des enfants plus petits.
Au caractère plus mauvais de l'enfant plus petit.

Mal-um, i (n.), bon-us, a, um; mal-us, i (f.), magn-us, a, um.

La pomme meilleure du pommier plus grand.
Les pommes meilleures des pommiers plus grands.
Les pommes très-bonnes des pommiers très-grands.
Aux pommes meilleures. — Aux pommiers très-grands.

RÉCAPITULATION SUR LES NOMS ET LES ADJECTIFS.

EXERCICE 26.

L'élève cherchera les mots latins dans le dictionnaire.

L'odeur (*acc.*) des lis. — La douce (*nom.*) odeur des lis blancs. — L'herbe (*acc.*) tendre des champs fertiles. — Les herbes (*acc.*) plus tendres du champ plus fertile. — Les lis beaux, plus beaux, très-beaux des vallées agréables, plus agréables, très-agréables. — Le rédempteur (*acc.*) saint, plus saint, très-saint de l'homme coupable, plus coupable, très-coupable. — Les prêtres (*acc.*) justes, plus justes, très-justes du Dieu bon, meilleur, très-bon. — Au fils mauvais, pire, très-mauvais du père doux, plus doux, très-doux. — Aux fils mauvais, pires, très-mauvais des pères doux, plus doux, très-doux. — De la maladie (*abl.*) cruelle, plus cruelle, très-cruelle du corps faible, plus faible, très-faible. — Des maladies (*gén.*) cruelles, plus cruelles, très-cruelles des corps faibles, plus faibles, très-faibles. — Le premier commencement d'une plus haute sagesse. — Les premiers commencements de la plus haute sagesse. — La foudre redoutable, plus redoutable, très-redoutable de Dieu irrité, plus irrité, très-irrité. — Aux foudres redoutables, plus redoutables, très-redoutables de Dieu. — Les têtes menaçantes, plus menaçantes, très-menaçantes des serpents horribles, plus horribles, très-horribles. — De la tête (*abl.*) menaçante, plus menaçante, très-menaçante du serpent horrible, plus horrible, très-horrible. — Le châtiment (*acc.*) long, plus long, très-long du péché grave, plus grave, très-grave. — Les châtiments (*nom.*) longs, plus longs, très-longs des péchés graves, plus graves, très-graves. — Les châtiments (*acc.*) longs, plus longs, très-longs. — Les péchés graves, plus graves, très-graves. — Le cèdre (*nom.*) élevé, plus élevé, très-élevé de la montagne escarpée, plus escarpée, très-escarpée. — Aux cèdres élevés, plus élevés, très-élevés des montagnes escarpées, plus escarpées, très-escarpées. — Les ruses (*acc.*) méchantes, plus méchantes, très-méchantes du démon trompeur, plus trompeur, très-trompeur. — Au flot menaçant, plus menaçant, très-menaçant de la mer. — Aux flots menaçants, plus menaçants, très-menaçants des mers. — Le javelot (*nom.*) rapide, plus rapide, très-rapide de l'ennemi cruel, plus cruel, très-cruel. — Les javelots (*acc.*) rapides, plus rapides, très-rapides des ennemis cruels, plus cruels, très-cruels.

PRONOMS ADJECTIFS.

EXERCICE 27.

Remarque. On appelle *pronoms adjectifs* certains mots qui sont tantôt pronoms et tantôt adjectifs. — Ils sont adjectifs quand ils déterminent un nom, et pronoms quand ils ne déterminent pas un nom.

Cet (*is*, *ea*, *id*) évêque (*nom.*) saint et vénérable. — A cet évêque saint et vénérable. — Ces évêques saints et vénérables.

Cette (*hic, hæc, hoc*) moisson (*acc.*) abondante. — Ces moissons (*nom.*) plus abondantes. — De cette moisson (*abl.*) très-abondante.

Ce (*ille, illa, illud*) miracle (*acc.*) étonnant. — Ces miracles (*nom.*) plus étonnants. — A ces miracles très-étonnants.

Cet (*iste, ista, istud*) ouvrage (*nom.*) long et difficile. — De ces ouvrages (*gén.*) plus longs et plus difficiles. — A cet ouvrage très-long et très-difficile.

Le même (*idem, eadem, idem*) soldat (*acc.*) courageux. — Du même soldat (*gén.*) plus courageux. — Les mêmes (*acc.*) soldats très-courageux.

Cette mère (*nom.*) vigilante de cet enfant très-mauvais. — Ces mères (*acc.*) plus vigilantes de ces enfants mauvais. — Cette mère (*acc.*) très-vigilante de ces très-petits enfants. — Ces livres (*acc.*) utiles, plus utiles, très-utiles de nos écoliers diligents, plus diligents, très-diligents. — Le fruit (*acc.*) de mes travaux. — Mon livre (*acc.*) très-beau. — Mes livres (*acc.*) très-beaux. — Ta mère (*acc.*) très-bonne. — A ta mère meilleure. — Ces beaux lis de nos belles vallées. — A ce beau lis de notre belle vallée. — O mon enfant. — Ton myrte (*acc.*) vert et odoriférant. — A tes myrtes verts et odoriférants.

PRONOMS.

PRONOMS PERSONNELS.

4e RÈGLE : *Promisi tibi librum, hunc tibi dabo.*

Les pronoms personnels *me, te, se, nous, vous, le, la, les*, se mettent au cas que gouverne le verbe, auquel ils se rapportent. Exemple : Je vous ai promis un livre, je vous le donnerai, *promisi tibi librum, hunc tibi dabo.*

Nota. On fait accorder les pronoms *le, la, les* en genre et en nombre avec le nom dont ils tiennent la place. Ordinairement on les met à l'accusatif. Quand *le* ne se rapporte pas à un nom précédent, on le tourne par *cela*, et on l'exprime par *hoc, id, illud.*

Lui, leur se tournent par *à lui, à elle, à eux, à elles*, et se mettent ordinairement au datif. De même, les pronoms *me, te, se, nous, vous,* se mettent aussi au datif, quand on peut les tourner par *à moi, à toi, à soi, à nous, à vous.*

EXERCICE 28.

Jésus dit (*dixit*) aux apôtres : Je vous laisse (*relinquo*) ma paix (*acc.*), je vous donne (*do*) ma paix (*acc.*) ; le monde ne vous la donnera (*dabit*) pas ; mais le monde vous persécutera (*persequetur*) ; il vous chassera (*ejiciet*).—Prions (*oremus*) le Seigneur (*acc.*) et il nous guérira (*sanabit*). — Les prophètes disaient (*dicebant*) aux Juifs : Le Seigneur viendra (*veniet*) ; vous le verrez (*videbitis*) et il vous délivrera (*liberabit*). — Samuel dit (*dixit*) au grand prêtre : Vous m'avez appelé (*vocavisti*) ; le grand prêtre lui répondit (*respondit*) : Mon fils, je ne t'ai point appelé (*vocavi*). — Jésus nous a délivré (*liberavit*), et nous a acquis (*acquisivit*) la liberté (*acc.*) des enfants de Dieu. — Cherchez (*quærite*) le Seigneur (*acc.*) et vous le trouverez (*invenietis*). — Les Juifs livrèrent (*tradiderunt*) Jésus (*acc.*) à Pilate; ils le flagellèrent (*flagellaverunt*), ils le crucifièrent (*crucifixerunt*). — Ecoutons (*audiamus*) l'Eglise (*acc.*), Jésus nous le commande (*imperat*). — Demandons (*postulemus*) la sagesse (*acc.*) et Dieu nous la donnera (*dabit*); Jésus nous le promet (*promittit*).—La mort nous surprendra (*decipiet*); Jésus nous l'annonce (*nuntiat*). — Deux disciples entrèrent (*ingressi sunt*); les apôtres leur dirent (*dixerunt*) : Nous avons vu (*vidimus*) le Seigneur (*acc.*); les disciples leur répondirent (*responderunt*) : Nous l'avons vu (*vidimus*) et nous l'avons reconnu (*agnovimus*). — Les saintes femmes l'avaient déjà raconté (*narraverant*) aux apôtres : Thomas ne le crut (*credidit*) point.

PRONOMS RELATIFS.

5e RÈGLE : *Deus qui regnat.*

Le pronom relatif *qui* se met ordinairement au nominatif et s'accorde en genre et en nombre avec le nom précédent auquel il se rapporte. Exemples : Dieu qui règne, *Deus qui regnat;* l'animal qui court, *animal quod currit.*

EXERCICE 29.

L'élève mettra le pronom relatif *qui* au nominatif, en le faisant accorder selon la règle.

Le lion qui rugit (*rugit*). — La mère qui avertit (*monet*) son enfant (*acc.*) chéri. — Les femmes qui filent (*nent*). — L'agneau qui bêle (*balat*). — La pomme qui tombe (*cadit*). — Les pommes qui tombent (*cadunt*). — Le rossignol qui chante (*cantat*). — La tourterelle qui gémit (*gemit*). — Les animaux qui bondissent (*saliunt*). — Le coq qui annonce (*nuntiat*) le jour (*acc.*). — Les étoiles qui brillent (*lucent*). — Le jugement qui sera (*erit*) terrible, plus terrible, très-terrible. — Dieu qui aime (*amat*) les enfants (*acc.*) sages, plus sages très-sages.

6e RÈGLE : *Pater quem diligo.*

Le pronom relatif *que* est toujours régime du verbe suivant, et se met ordinairement à l'accusatif. Il s'accorde en genre et en nombre avec le nom précédent auquel il se rapporte. Exemples : Le père que je chéris, *pater quem diligo;* la mère que je chéris, *mater quam diligo.*

EXERCICE 30.

L'élève mettra le pronom relatif *que* à l'accusatif, en le faisant accorder selon la règle. Exemples :

Le père que La mère que Les frères que Les sœurs que	je chéris.	*Pater quem* *Mater quam* *Fratres quos* *Sorores quas*	*diligo.*
L'astre que Les astres que	j'admire.	*Sidus quod* *Sidera quæ*	*miror.*

Le lion que Samson avait tué (*occiderat*). — La paix que nous désirons (*cupimus*). — Le royaume que Darius avait possédé (*possederat*). — Les éléphants que Porus conduisait (*ducebat*).

— Les ânesses que le père de Saül avait perdues (*amiserat*). — Les vérités que Dieu a révélées (*revelavit*). — Le géant que David terrassa (*prostravit*). — Le temple beau, plus beau, très-beau que Salomon avait bâti (*exstruxerat*). — Les arbres que nos pères ont plantés (*plantaverunt*). — Les mystères que nous croyons (*credimus*). — Le sépulcre que les soldats gardaient (*custodiebant*). — Les blessures que César reçut (*accepit*). — Le sang que Caïn répandit (*fudit*). — La vigne que Noé avait plantée (*plantaverat*). — Le vin qu'il but (*bibit*). — Les dogmes saints, plus saints, très-saints que nous croyons (*credimus*).

VERBES.

VERBE *Sum*.

7e RÈGLE : *Ego sum*.

Le *sujet* du verbe se met au nominatif. Exemples : Je suis, *ego sum; dominus est*.

Remarque. Le sujet du verbe se trouve en faisant la question *qui est-ce qui*, ou *qu'est-ce qui* avant le verbe. Le mot qui répond à cette question est le sujet du verbe. *Qui est-ce qui est?* Réponse : moi, *ego;* voilà le sujet du verbe *sum*.

8e RÈGLE : *Nos sumus*.

Tout verbe s'accorde avec son sujet en nombre et en personne. Exemples : Nous sommes, *nos sumus;* vous êtes, *vos estis*.

9e RÈGLE : *Deus est sanctus.*

L'adjectif ou le nom qui suit immédiatement le verbe *sum* se met au même cas que le sujet, et si c'est un adjectif, il doit être du même genre et au même nombre. Exemples : Dieu est saint, *Deus est sanctus ;* cette rose est belle, *hæc rosa est pulchra.*

EXERCICE 31.

Dieu est bon et saint. — Annibal était très-rusé. — Salomon avait été très-sage ; il aurait été agréable à Dieu, mais il fut méchant et débauché. — Je serai pieux et savant, sois juste et bon. — Les vies des saints sont admirables. — Vous êtes maintenant très-ardents, vous serez un jour plus calmes. — Soyons très-diligents et nous serons très-savants. — Nos ennemis étaient hier très-lâches, ils seront peut-être plus courageux demain. — Le Seigneur est la source de tous nos biens. — Notre vie serait[1] plus agréable à Dieu si nous étions (*subj.*) plus diligents. — Les joies du monde seront courtes ; les peines de la terre auront été momentanées ; la récompense sera éternelle, soyons donc justes, plus justes, très-justes. — La fuite des vices aurait été plus facile autrefois ; elle serait encore facile maintenant. — Sans la bonté de notre Dieu, nous aurions été malheureux, plus malheureux, très-malheureux ; nous serions enfants de colère ; mais Jésus-Christ est notre sauveur, nous sommes

1. Le conditionnel présent se rend en latin par l'imparfait du subjonctif, le conditionnel passé par le plus-que-parfait.

les fils de Dieu, et nous serons les héritiers du ciel, tandis que l'enfer aurait été notre partage.

Composés de *sum*.

10e Règle : *Aderat huic spectaculo.*

Tous les verbes composés du verbe *sum* gouvernent le datif, excepté *absum*, qui gouverne l'ablatif avec *a* ou *ab*. Exemples : Il était présent à ce spectacle, *aderat huic spectaculo* ; je suis éloigné de la ville, *absum ab urbe*.

EXERCICE 32.

Etre présent : *Adesse, adsum, ades, adfui.*
Etre absent : *Abesse, absum, abes, abfui.*
Manquer : *Deesse, desum, dees, defui.*
Présider : *Præesse, præsum, præes, præfui.*

J'étais présent, je serai présent, que je sois présent à cette assemblée. — Tu as été absent, tu avais été absent, que tu sois absent de cette mauvaise société. — Cet enfant manquait, avait manqué, aurait manqué à son devoir. — Nous présiderons aujourd'hui, vous présidiez autrefois, ces juges présideront un jour les conseils de notre roi. — Tous nos amis étaient présents hier et seront présents aujourd'hui à nos jeux ; ils auraient été présents à notre fête s'ils n'avaient pas manqué (*subj.*) à leur (*su-us, a, um*) devoir. — Le souverain pontife préside maintenant, a toujours présidé et présidera toujours la société chrétienne. — O mon ami, tu étais absent de nos jeux, tu as donc manqué à ton devoir ; si tu avais été (*subj.*) plus sage, tu aurais été présent à notre promenade agréable, plus agréable, très-agréable

---

VERBES ACTIFS.

Formation des temps.

On distingue deux sortes de temps dans les verbes actifs et neutres : les *temps primitifs* et les *temps dérivés*.

Les temps primitifs sont ceux qui servent à former les autres; les temps dérivés sont ceux qui sont formés des temps primitifs. Tous les temps qui ne sont pas primitifs sont dérivés.

Il y a quatre temps primitifs dans les verbes latins : *présent de l'indicatif*, *parfait de l'indicatif, présent de l'infinitif* et *supin*.

1er *Temps primitif : Présent de l'Indicatif.*

Le présent de l'indicatif forme cinq temps : *imparfait de l'indicatif, futur de l'indicatif, présent du subjonctif, participe présent* et *gérondif.*

Pour former chacun de ces cinq temps, retranchez la terminaison *o* du présent de l'indicatif et mettez à la place la terminaison du temps demandé.

Les terminaisons sont :

Imparfait de l'indicatif : 1re conjugaison, *abam;* 2e, 3e et 4e, *ebam*. Exemples : *am-o, am-abam; leg-o, leg-ebam; audi-o, audi-ebam.*

Futur de l'indicatif : 1re conjugaison, *abo;* 2e *ebo;* 3e et 4e *am*. Exemples : *am-o, am-abo; mone-o, mon-ebo leg-o, am; audi-o, audi-am.*

Subjonctif présent : 1re conjugaison, *em*; 2e *eam*; 3e et 4e *am*[1]. Exemples : *am-o, am-em ; mone-o, mone-am; leg-o, leg-am ; audi-o, am.*

Participe présent : 1re conjug. : *ens, entis*; 2e, 3e, 4e : *ens, entis*. Ex. : *am-o, am-ans, ant-is ; leg-o, leg-ens, entis ; audi-o, audi-ens, entis.*

Gérondif : 1re conjug. : *andi, ando, andum*; 2e, 3e, 4e : *endi, endo, endum*. Ex. : *am-o, am-andi, ando, andum; audi-o, audi-endi, endo, endum.*

Remarque. D'après ces règles, *mone-o* devrait faire, au futur *mone-ebo*, au subjonctif *mone-eam, etc.*; mais les deux *e*, dont l'un appartient au radical et l'autre à la terminaison, se contractent en un seul : *mone-bam, monebo, etc.*

2e *Temps primitif : Parfait de l'Indicatif.*

Le parfait forme aussi cinq temps qui sont : *plus-que-parfait* et *futur passé* de l'indicatif, *parfait* et *plus-que-parfait* du subjonctif, *parfait* de l'infinitif.

Pour former chacun de ces cinq temps, retranchez l'*i* final du parfait et ajoutez pour le

Plus-que-parfait de l'indicatif :	*eram*. Ex. : *amav-i, amav-eram.*
Futur passé :	*ero*. Ex. : *amav-i, amav-ero, leg-i, leg-ero.*
Parfait du subjonctif :	*erim*. Ex. : *amav-i, amav-erim.*
Plus-que-parfait du subjonctif :	*issem*. Ex. : *amav-i, amav-issem.*
Parfait de l'infinitif :	*isse*. Ex. : *amav-i, amav-isse.*

1. Le futur et le subjonctif présent sont semblables à la première personne dans la 3e et la 4e conjugaison; mais les autres personnes diffèrent, car le subjonctif conserve l'*a* partout, tandis que le futur le change en *e*. Exemple : *leg-am, es, et, etc.*

3e *Temps primitif : Présent de l'Infinitif.*

Le présent de l'infinitif ne forme que deux temps : l'impératif, en retranchant *re ;* ex : *amare, ama ; lege-re, lege*[1] *;* l'imparfait du subjonctif. en ajoutant *m ;* ex. : *audire, audirem.*

4e *Temps primitif : Supin.*

Le supin forme trois temps : les deux *futurs de l'infinitif* et le *participe futur*. Pour former le futur simple, changez *um* du supin en *urum, uram esse ;* pour le futur passé, *urum, uram fuisse ;* pour le participe futur, *ur-us, a, um*. Ex. : *amat-um ;* futur : *amat-urum, uram esse ;* futur passé, *amat-urum, uram fuisse ;* participe futur, *amat-urus, a, um.*

Remarque sur les radicaux des verbes. On distingue trois radicaux dans chaque verbe : 1° le radical du présent de l'indicatif et de l'infinitif, *am-are, am-o ;* 2° le radical du parfait, *amav-i ;* 3° le radical du supin, *amat-um*. Ex. : *aud-ire, audi-o, audiv-i, audit-um* ; *mon-ēre, mon-eo, monu-i, monit-um.*

11e RÈGLE : *Amo Deum.*

Tous les verbes actifs gouvernent leur régime direct à l'accusatif. Exemples : J'aime Dieu, *amo deum ;* il pratique la vertu, *colit virtutem.*

Remarque I. On trouve le régime direct en faisant après le verbe la question *qui* ou *quoi*. Exemple : J'aime qui? Réponse, *Dieu*. Il pratique quoi? Réponse, *la vertu.*

1. Exceptez les trois verbes *dicere, ducere, facere,* qui font à l'impératif : *dic, duc, fac.*

Remarque II. Les Latins n'emploient pas, comme nous, de verbes auxiliaires pour la conjugaison des verbes actifs ou neutres. Ainsi, j'ai aimé, se rend par *amavi ;* nous aurions aimé, *amavissemus*. Ordinairement on sous-entend le pronom sujet, comme dans les exemples ci-dessus.

EXERCICE 33 (sur *Amo*).

Louer : *Laud-are, o, as, avi, atum.*
Appeler : *Voc-are, o, as, avi, atum.*
Donner : *D-are, o, as, dedi, datum,*
Préparer : *Par-are, o, as, avi, atum.*

Je loue, j'ai loué, je louerai la sagesse de cet enfant. — Le Seigneur avait appelé le jeune Samuel. — Jacob préparait un plat de lentilles ; Esaü appela son frère : Donne-moi (à moi) ce mets, je te donnerai le droit d'aînesse. — Jacob donna le plat. — Rébecca dit (*dixit*) à Jacob en le louant : Quand ton père aura appelé Esaü, afin qu' (*ut*, subjonctif) il lui prépare (à soi) un plat de gibier, tu me donneras deux chevreaux, je préparerai ce mets à ton père, et tu lui donneras la nourriture, afin qu'il te donne sa bénédiction. — Les vices des peuples ont toujours préparé, prépareront encore la ruine des nations les plus florissantes. — Pécheurs, quand même (*etiamsi*, subj.) vous auriez donné à votre corps toutes les jouissances, vous ne seriez pas plus heureux lorsque Dieu vous appellera.—Riches de la terre, en donnant l'aumône aux pauvres, vous vous êtes préparé, vous vous seriez préparé, vous vous préparerez un trésor de gloire.

EXERCICE 34 (sur *Moneo*).

Avoir : *Hab-ēre, eo, es, ui, itum.*
Effrayer : *Terr-ēre, eo, es, ui, itum.*
Voir : *Vid-ēre, eo, es, vid-i, vis-um.*

J'ai eu, j'aurai, j'aurais des champs et des maisons. — Tu voyais, tu avais vu, tu aurais vu mon beau livre. — Le tonnerre effraye, a effrayé, aura effrayé ces enfants timides, plus timides, très-timides. — Nous avons, nous avions eu, nous aurions eu des champs fertiles. — Vous voyez, vous avez vu, vous verrez l'éclat des éclairs brillants, plus brillants, très-brillants. —Les cris plaintifs des hiboux effrayent, effrayeront, auraient effrayé cet enfant très-timide. — Vous voyiez, vous aviez vu, vous aurez vu le danger. — Je vis, je verrai, j'aurai vu des arbres magnifiques. — Vous avez, vous aviez, vous aurez de belles récompenses, — Les matelots voyaient, avaient vu, voient souvent la mer irritée, plus irritée, très-irritée. — Le bruit des armes, les cris des ennemis effrayeront les soldats lâches, plus lâches, très-lâches.

EXERCICE 35 (sur *Amo* et *Moneo*).

Désirer : *Desider-are, o, as, avi, atum.*
Pleurer : *Defl-ēre, eo, es, evi, etum.*
Retenir : *Coerc-ēre, eo, es, ui, itum.*
Dompter : *Dom-are, o, as, ui, itum.*

J'ai pleuré, je pleurerai, j'aurais pleuré cette mort si subite. — Tu désires, tu as désiré, tu dérais ce tendre ami. — Ce soldat retient, retiendra, retiendrait son cheval ; il a dompté, il aura dompté, il eût dompté l'ardeur de ce noble animal. — Nous désirons, nous avons désiré, nous désirerions votre présence. — Vous avez pleuré, vous pleurerez, vous aurez pleuré mon absence longue, plus longue, très-longue. — Ces soldats retiennent, auront retenu, auraient retenu une ardeur trop vive. — Ils ont dompté, ils dompteront, qu'ils domptent cette ardeur funeste, plus funeste, très-funeste. — Pleurez ce grand citoyen, ne (*ne*, subj.) retenez *pas* vos larmes ; il domptait autrefois, et il dompterait encore maintenant nos ennemis les plus vaillants.

EXERCICE 36 (sur *Lego*).

Ecrire : *Scrib-ĕre, o, is, scrips-i, script-um.*
Briser : *Frang-ĕre, o, is, freg-i, fract-um.*
Cultiver : *Col-ĕre, o, is, colu-i, cult-um.*

Je cultive, j'ai cultivé, j'aurai cultivé mon champ. — Tu écrivais, tu avais écrit, tu aurais écrit cette lettre. — Le Seigneur a brisé, brisera, aurait déjà brisé l'orgueil des méchants. — Nous cultivons, nous avons cultivé, que nous ayons cultivé nos champs fertiles, plus fertiles, très-fertiles. — Vous écriviez, vous écrirez, vous auriez écrit ces lettres. — Ces maladies graves, plus graves, très-graves brisent, auront brisé, briseraient les forces de ces hommes robustes, plus robustes, très-robustes. — Nos pères cultivèrent, nous cultivons, et nos enfants cultiveront ce petit champ. — J'écrivais, j'avais écrit, j'écrirai une lettre à mon père. — J'ai brisé, je briserai, je briserais mon bâton. — Cultivons nos champs féconds, plus féconds, très-féconds. — Brisez, Seigneur, la puissance des impies.

EXERCICE 37 (sur *Accipio*).

Faire : *Fac-ĕre, io, is, fec-i, fact-um.*
Regarder : *Aspic-ĕre, io, is, aspex-i, aspect-um.*
Prendre : *Cap-ĕre, io, is, cep-i, capt-um.*

Jésus-Christ faisait, a fait, qu'il fasse les plus grands miracles. — Je regarde, j'avais regardé, j'aurais regardé ces fleurs belles, plus belles, très-belles des champs fertiles. — Tu pris, tu prendrais, prends ce livre. — Nous faisons, nous aurons fait, faisons des œuvres saintes, plus saintes, très-saintes. — Vous regardiez, vous avez regardé, vous auriez regardé ce bel oiseau. — Les saints ont fait, font, feraient une pénitence très-grande de ces péchés. — Nous regardons, regardons, que nous ayons regardé ces arbres fleuris. — Tu as fait, que tu fasses, que tu eusses fait ces jolis travaux. — Ces enfants prennent, prendront, auront pris des oiseaux brillants, plus brillants, très-brillants.

EXERCICE 38

(sur les trois premières conjugaisons).

Raconter : *Narr-are, o, as, avi, atum.*
Effacer : *Del-ĕre, eo, es, evi, etum.*
Mépriser : *Spern-ĕre, o, is, sprev-i, spret-um.*

Je racontais, je raconterai, que je raconte les malheurs et la mort de ce pauvre homme. — Tu méprises, tu mépriserais, tu aurais méprisé les vaines joies du monde. — La pénitence efface, a effacé, effacera nos péchés. — Nous racontâmes, nous aurions raconté, nous avions raconté les victoires de nos soldats. — Vous mépriserez, vous avez méprisé, vous aurez méprisé les joies vaines, plus vaines, très-vaines de ce monde. — Les larmes d'une pénitence sincère, plus sincère, très-sincère, effaçaient, effaceront, auraient effacé nos péchés. — J'ai méprisé, je mépriserais, je mépriserai les injures de ces hommes impies. — Les saints méprisaient, qu'ils méprisent, qu'ils aient méprisé le bonheur passager de ce riche orgueilleux.

EXERCICE 39 (sur *Audio*).

Instruire : *Erud-ire, io, is, ivi, itum.*
Punir : *Pun-ire, io, is, ivi, itum.*
Sentir : *Sent-ire, io, is, sens-i, sens-um.*

Je sentais, j'avais senti, je sentirais une vive douleur. — Vous avez instruit, vous instruirez, vous aurez instruit cet enfant. — Le maître a puni, punissait, punira les élèves indociles. — Nous sentîmes, nous aurions senti, nous avions senti une douleur vive, plus vive, très-vive. — Tu instruisais, tu avais instruit, instruis cet enfant laborieux. — Les parents punissent, puniront, qu'ils punissent avec sévérité ces enfants paresseux, plus paresseux, très-paresseux. — J'ai puni, je punirai, j'aurai puni l'élève le plus paresseux. — Ces pauvres enfants, presque nus, sentent vivement, sentiront, sentiraient la rigueur du froid de l'hiver. — Dieu instruit quelquefois, instruira, a instruit les hommes en les punissant. — Parents chrétiens, instruisez vos enfants, afin que (*ut*, subj.) Dieu ne punisse pas votre négligence coupable, plus coupable, très-coupable.

EXERCICE 40 (Récapitulation).

Le père a puni, punira, aurait puni son fils coupable. — La mère aime, aura aimé, aimerait sa fille douce et pieuse. — La justice de Dieu atteint, a atteint, atteindra l'homme impie et sacrilége. — Nos haches ont coupé, coupaient, couperont cet arbre. — Les tyrans tuaient autrefois les apôtres, ils tuent les chrétiens, ils tueraient encore Notre-Seigneur Jésus-Christ, s' (*si*, subj) il *n'*était pas glorieux et immortel. — Petits agneaux, vous broutez, vous avez brouté, vous auriez brouté l'herbe tendre. — Petits enfants, cueillez les belles fleurs des vertus en lisant les vies des saints. — Pécheur, tu crucifies, tu aurais crucifié, tu as souvent crucifié le fils de Dieu. — Prêtres du Très-Haut, vous priiez, vous prierez, priez le Seigneur. — Nous honorons, nous avons honoré, nous honorerons nos parents. — J'ai enseigné, j'aurai enseigné, j'enseignerais la grammaire française. — Les enfants studieux recueillaient, recueilleront, qu'ils recueillent le doux fruit du travail. — J'avais annoncé, tu aurais annoncé, annonce la parole de Dieu. — Apôtres, vous avez été la lumière très-pure du monde très-impur. — O saints et saintes, vous pratiquiez, vous aurez pratiqué, que vous ayez pratiqué des vertus admirables, plus admirables, très-admirables. — Mais vous, pécheurs, vous avez commis, vous commettez, et vous commettrez encore des crimes honteux, plus honteux, très-honteux. — Les petits oiseaux chantaient, avaient chanté, chanteraient. — Petit oiseau, tu as chanté, tu chanteras, tu auras chanté. — Petits oiseaux, vous aviez chanté, vous auriez chanté, chantez. — La nature entière chante, chantera, qu'elle ait chanté un hymne à Dieu. — Le firmament annoncera, aura annoncé, qu'il annonce la gloire du Seigneur. — Les poissons nageaient, ont nagé, qu'ils aient nagé. — J'avais cueilli, j'aurais cueilli, cueillez les fruits de cet arbre. — Tu manges, tu mangeras, mange les fruits doux, plus doux, très-doux de ces arbres élevés, plus élevés, très-élevés. — Notre patrie accordait, avait accordé, aurait accordé une récompense à ce soldat courageux, plus courageux, très-courageux. — Les juges ont infligé une punition grave, plus grave, très-grave à ces voleurs audacieux, plus audacieux, très-audacieux. — L'espérance d'une vie plus heureuse adoucit, aura adouci, adoucirait les peines de la vie présente.

VERBES PASSIFS.

Formation des temps.

On distingue deux sortes de temps dans les verbes passifs : les temps simples et les temps *composés*.

Les temps simples sont ceux qui se conjuguent seuls, sans prendre le verbe *sum*. Exemple : *Amor, amabor*.

Les temps composés sont ceux qui se conjuguent

avec le verbe *sum*. Exemple : *amatus eram*, *amatus ero*.

1° *Temps simples.*

Les temps simples au passif se forment des temps de l'actif qui ont le même nom, de la manière suivante :

Singulier.

1re *Personne :* si elle est terminée par *o*, ajoutez *r*. Exemples : *am-o*, *am-or*; *audi o*, *audi-or*.

Si elle est terminée par *m*, changez *m* en *r*. Exemple : *amaba-m*, *amaba-r*.

2e *Personne* : changez *s* en *ris* ou *re*. Exemples : *ama-s*, *ama-ris* ou *ama-re*; *mone-s*, *mone-ris* ou *mone-re*.

Exceptions. Exceptez le *présent de l'indicatif* de la troisième conjugaison et le *futur* des deux premières qui changent *is* en *eris*. Exemples : *leg-is*, *leg-eris*; *amab-is*, *amab-eris*.

3e *Personne :* ajoutez *ur* à l'actif. Exemples : *amat*, *amat-ur*; *monet*, *monet-ur*; *audiat*, *audiat-ur*.

Pluriel.

1re *Personne :* changez *mus* en *mur*. Exemples : *ama-mus*, *ama-mur*; *legi-mus*, *legi-mur*.

2e *Personne :* changez *tis* en *mini*. Exemples : *ama-tis*, *ama-mini*; *mone-tis*, *mone-mini*.

3e *Personne :* ajoutez *ur* à l'actif. Exemples : *amant*, *amant-ur*; *audiunt*, *audiunt-ur*.

2° *Temps composés.*

Les temps composés sont formés du *participe passé* du verbe que l'on conjugue et de l'un des temps du verbe *sum*.

Le participe passé s'accorde avec le sujet en *genre*, en *nombre* et en *cas*. Exemples : Le père a été aimé, *pater amat-us est;* la mère a été aimée, *mater amat-a est;* les frères ont été aimés, *fratres amat-i sunt;* les sœurs ont été aimées, *sorores amat-æ sunt.*

Le participe passé se forme du supin en changeant *um* en *us*, *a*, *um*. Exemple : *amat-um*, *amat-us*, *a*, *um*.

3° *Remarques sur l'impératif.*

Singulier.

2e *Personne.* La deuxième personne de l'impératif est toujours semblable à l'infinitif actif. Exemple : *amare*, aimer, *amare*, sois aimé.

3e *Personne.* Elle se forme de l'actif en ajoutant *r*. Exemples : *amato*, qu'il aime; *amator*, qu'il soit aimé.

Pluriel.

1re *Personne.* Elle est toujours semblable à la première personne plurielle du subjonctif présent. Exemple : *amemur*, que nous soyons aimés, *amemur*, soyons aimés.

2e *Personne.* La deuxième personne du pluriel de l'impératif est semblable à celle de l'indicatif. Exemple : *amamini*, vous êtes aimés, *amamini*, soyez aimés.

3e *Personne.* Ajoutez *r* à l'actif. Exemple : *amanto, amantor.*

4° *Remarques sur l'infinitif.*

Présent et imparfait. Il se forme de l'actif en changeant *e* en *i*. Exemples : *amare, amari*; *audire, audiri.*

Exception. Exceptez la troisième conjugaison qui change *ĕre* en *i*. Exemple : leg*ĕre, legi.*

Parfait et plus-que-parfait. Il se forme du participe passé que l'on met à l'accusatif avec *esse.* Exemples : *amat-um, am esse; amat-os, as, a esse.*

Futur. Le futur de l'infinitif se forme du supin actif auquel on ajoute *iri.* Exemple : *amatum iri.* Il y a une seconde forme qui se tire du participe en *dus*, *da*, *dum*, que l'on met à l'accusatif avec *esse.* Exemple : *amand-um, am esse.*

Futur passé. Il se forme aussi du participe en *dus, da, dum,* que l'on met à l'accusatif avec *fuisse.* Exemple : *amand-um, am fuisse.*

Participe futur. Il se forme du présent de l'indicatif en changeant *or* en *and-us, a, um,* pour la première conjugaison, et en *end-us, a, um,* pour les trois autres. Exemples : *am-or, amandus, a, um; leg-or, leg-endus, a, um.*

Supin. Le supin passif se forme du supin actif en retranchant *m.* Exemple : *amatum, amatu.*

12e Règle : *Amor a Deo.*

Le régime du verbe passif marqué en français par *de* ou *par,* se met en latin à l'ablatif avec *a* ou *ab*, quand c'est un nom de personne ou de chose animée. Exemple : Je suis aimé de Dieu, *amor a Deo.*

EXERCICE 41 (sur *Amor*).

L'élève mettra en latin les phrases suivantes ; il fera accorder le participe passé en genre, en nombre et en cas avec le sujet du verbe. Attention au régime.

Louer : *Laud-are, o, as, avi, atum.*
Appeler : *Voc-are, o, as, avi, atum.*
Raconter : *Narr-are, o, as, avi, atum.*

La vertu est louée, a été louée, sera louée. — Tu étais appelé, tu avais été appelé, tu aurais été appelé par le roi. — De mauvaises nouvelles sont racontées, furent racontées, auront été racontées par ce voyageur menteur, plus menteur, très-menteur. — Nous sommes loués, nous serions loués, nous serons loués par les méchants eux-mêmes. —Vous avez été appelés, vous eussiez été appelés, que vous soyez appelés par votre père. — Je suis appelé, que j'aie été appelé, j'avais été appelé par ma bonne et tendre mère. — Les histoires les plus sottes ont été racontées, étaient racontées, qu'elles soient racontées par ces jeunes gens audacieux, plus audacieux, très-audacieux. — Notre armée est appelée, a été appelée, qu'elle ait été appelée invincible par nos ennemis eux-mêmes. — Le jeune Samuel avait été appelé, sera appelé, qu'il soit appelé par le Seigneur très-juste et très-saint. — O saints martyrs, votre courage a été loué, est loué, sera loué par tous les chrétiens. — Votre patience était racontée, serait racontée, qu'elle eût été racontée jusqu'aux extrémités du monde.

EXERCICE 42 (sur *Moneor*.)

Effrayer : *Terr-ēre, eo, es, ui, itum.*
Voir : *Vid-ēre, eo, es, vid-i, vis-um.*
Devoir : *Deb-ēre, eo, es, ui, itum.*

J'étais effrayé, j'ai été effrayé, j'aurais été effrayé par ces voleurs hardis, plus hardis, très-hardis. — Vous êtes vus, vous serez vus, vous seriez vus par votre maître. — L'honneur est dû, avait été dû, qu'il soit dû à ce prince infortuné. — Tu étais vu, tu as été vu, tu serais vu par un Dieu juste, plus juste, très-juste. — Le tribut est dû, sera dû, qu'il ait été dû aux rois. — Des comètes brillantes, plus brillantes, très-brillantes ont été vues, auront été vues, qu'elles soient vues dans le ciel. — Ma sœur a été effrayée, sera effrayée, serait effrayée par des oiseaux horribles, plus horribles, très-horribles. — Ma sœur, pourquoi étais-tu effrayée, aurais-tu été effrayée, auras-tu été effrayée par cet oiseau horrible et sinistre. — L'adoration est due, a toujours été due, sera toujours due à Dieu par tous les hommes. — Ces enfants timides, plus timides, très-timides sont facilement effrayés, seraient effrayés, auront été effrayés. — Vos fautes ont été vues, seront vues, qu'elles soient vues par vos parents qui vous puniront.

EXERCICE 43 (sur la 3e et la 4e conjugaison).

Commettre : *Committ-ĕre, o, is, commis-i, sum.*
Fortifier : *Mun-ire, io, is, ivi, itum.*
Vaincre : *Vinc-ĕre, o, is, vic-i, vict-um.*
Punir : *Pun-ire, io, is, ivi, itum.*

Je suis souvent vaincu, j'aurai été vaincu, je serais vaincu par mon condisciple. — La ville a été fortifiée, aurait été fortifiée, qu'elle soit fortifiée par notre roi. — Les péchés des hommes seront punis, auront été punis, auraient déjà été punis de Dieu juste, plus juste, très-juste. — Nous avons été vaincus, nous serions vaincus, nous étions vaincus par le démon rusé, plus rusé, très-rusé. — Cette faute très-grave a été punie, aura été punie, qu'elle ne soit pas punie avec une indulgence trop grande. — Les méchants auront été punis, qu'ils soient punis, ils ont été punis de Dieu. — O ennemis de notre belle patrie, vous êtes vaincus, vous serez vaincus, que vous ayez été vaincus par nos braves, plus braves, très-braves soldats. — Enfant menteur et paresseux, tu étais puni, tu seras puni, tu aurais été puni justement par tes parents.

VERBES DÉPONENTS.

On appelle *déponents* certains verbes qui déposent (*deponunt*) la forme active pour prendre la forme passive, tout en gardant la signification active.

13e RÈGLE.

Il y a des verbes déponents qui gouvernent leur régime au *génitif*, d'autres au *datif*, d'autres à l'*accusatif* et d'autres à l'*ablatif*. Le dictionnaire indique le cas gouverné par chaque verbe.

EXERCICE 44. (sur *Imitor*)

Exhorter : *Hort-ari, or, aris, atus sum* (acc.).
Admirer : *Mir-ari, or, aris, atus sum* (acc.).
Respecter : *Vener-ari, or, aris, atus sum* (acc.).
Flatter : *Adul-ari, or, aris, atus sum* (acc.).

Mes amis, je vous exhorte, je vous ai exhortés, je vous exhorterais au (*ad*, acc.) travail. — Tu admirais, tu avais admiré, tu aurais admiré la piété de ces jeunes enfants. — L'enfant soumis respectera, aura respecté, respectait ses parents. — Nous n'avons pas flatté, nous ne flatterons pas, ne flattons pas les défauts de ces jeunes gens. — O mères imprudentes, ne flattez pas, vous avez flattez, vous flatteriez les défauts de vos enfants. — Cette jeune fille disait : Je respecte, j'ai respecté, je respecterai mes parents, mais j'aurai respecté, que je respecte encore plus le bon Dieu. — Nos mères nous ont exhortés, nous exhortaient, qu'elles nous exhortent à (*ad*, gérondif en *dum*) respecter Dieu, à admirer les ouvrages de la sagesse divine. — Les courtisans flattent, avaient flatté, qu'ils aient flatté ce jeune prince.

EXERCICE 45 (sur *Polliceor*).

Mériter : *Mer-ĕri, cor, eris, itus sum* (acc.).
Craindre : *Ver-ĕri. eor, eris, itus sum* (acc.).
Avoir pitié : *Miser-ĕri, cor, tus sum* (gén.).

Je méritais, je mériterai, j'aurai mérité, en ayant pitié des pauvres, une couronne éternelle de gloire. — Tu crains, tu avais craint, crains les feux éternels de l'enfer éternel. — Ma mère a eu pitié, qu'elle ait pitié, elle aurait eu pitié de ce pauvre orphelin. — Nous avons pitié, nous aurons eu pitié, ayons pitié des impies qui ne craignent point, n'ont point craint la justice de Dieu, et qui méritent, mériteront, auront mérité l'enfer. — O pécheurs insensés, vous ne craignez pas, vous n'aviez pas craint, craignez un Dieu irrité, plus irrité, très-irrité. — Les péchés des hommes mériteront, auront mérité, auraient mérité des supplices éternels. — Ces enfants timides, plus timides, très-timides auraient craint, craignaient, ont craint les ténèbres épaisses, plus épaisses, très-épaisses de cette nuit obscure, plus obscure, très-obscure. — Si nous n'avons pas pitié de nos frères pauvres, Dieu n'aura pas pitié de nous.

EXERCICE 46 (sur *Utor* et *Blandior*).

Oublier : *Oblivisc-i, or, eris, oblitus sum* (gén. ou acc.).
Suivre : *Sequ-i, or, eris, secutus sum* (acc.).
Partager : *Part-iri, ior, iris, itus sum* (acc.).

Une mère disait à son fils : Mon enfant, j'oublie, j'ai oublié, j'oublierai volontiers tes fautes, si tu es plus sage désormais. — Mais toi, tu n'oublieras pas, tu n'auras pas oublié, n'oublie pas mon indulgence. — L'enfant suivit, aurait suivi, suivait les conseils de sa tendre mère. — Mon oncle avait partagé, partagera, qu'il partage ses richesses entre mes frères et moi. — Nous partageâmes, nous partagions, nous aurions partagé notre petit trésor. — O saints martyrs, vous avez suivi, vous aurez suivi, suivons les préceptes salutaires, plus salutaires, très-salutaires de l'Évangile saint, plus saint, très-saint. — Les malheurs suivaient, avaient suivi, suivront toujours les fautes. — Un cœur chrétien a oublié, oubliera, aura oublié les injures de ces hommes. — L'ennemi victorieux partageait, aurait partagé, qu'il partage les dépouilles des peuples.

EXERCICE 47.

Récapitulation sur les verbes.

Jésus-Christ disait à un jeune homme riche : Vendez[1] vos biens, distribuez-les aux pauvres, et vous posséderez un grand trésor. — Mais ce jeune homme refusa, il ne suivit pas le conseil de Notre-Seigneur, il ne fut pas disciple de ce bon maître, et il fut abandonné de Dieu. — Suivons courageusement la voix de notre conscience, faisons de bonnes œuvres, acquérons des mérites, et nous serons heureux un jour. — Attila ravageait les campagnes, brûlait les églises, détruisait les villes, immolait ses ennemis; mais les prières de sainte Geneviève éloignèrent ce farouche barbare qui aurait saccagé toute la France. — Prions le Seigneur, implorons la miséricorde de ce bon père, nous le fléchirons, nous l'apaiserons, nous serons délivrés. — Dieu avait dit à

1. La politesse française exige qu'on mette le pluriel, même quand on ne s'adresse qu'à une seule personne. Mais en latin, on doit mettre le singulier toutes les fois qu'il n'est pas évident qu'on parle à plusieurs. Ex. : *Vends tes biens, distribue, etc.*

nos premiers parents : Vous ne mangerez point le fruit de l'arbre de la science du bien et du mal; car si vous le mangez, vous mourrez. — Adam et Eve n'obéirent pas aux ordres de Dieu. Eve fut trompée par le démon; elle mangea le fruit qu'elle avait cueilli et l'homme suivit l'exemple de son épouse. Aussitôt ils connurent le crime qu'ils avaient commis, et ils se cachèrent. Mais Dieu, qui voit toutes choses, appela les coupables, maudit d'abord le serpent qui avait trompé la femme, et prononça ensuite une condamnation redoutable contre Adam et Eve.

PRÉPOSITION.

Parmi les prépositions, 30 gouvernent l'*accusatif*, 12 gouvernent l'*ablatif*, et les 4 prépositions *in*, (dans) *super* (au-dessus), *sub* et *subter* (au-dessous, sous), gouvernent l'*accusatif*, quand elles sont jointes à un verbe de mouvement; l'*ablatif*, quand elles sont jointes à un verbe de repos. Exemples : Aller dans la ville, *ire in urbem;* être dans la ville, *esse in urbe*.

EXERCICE 48.

L'élève mettra en latin les phrases suivantes; il aura soin de mettre les noms qui suivent les prépositions au cas que la préposition gouverne.

Nota. La grammaire et le dictionnaire indiquent le cas gouverné par chaque préposition.

Je suis allé *chez* mon ami. — Jésus est assis *à* la droite de Dieu. — César combattit *contre*

Pompée.—Rome fut bâtie *par* Romulus.—Réprimez vos passions *dès* l'enfance.— Cet homme vit *sans* amis. — Ces enfants sont arrivés *avant* le jour.—Le général a été battu *à l'insu* (*clam*, abl.) du roi.—J'ai dîné *chez* l'empereur, *chez* le roi.— Nous avons trouvé un lièvre *auprès de* la forêt.— Les ennemis étaient *environ* trois cents hommes. — La terre tourne *autour* du soleil. — La Savoie est *en deçà* des Alpes. — Le général lut une lettre *en présence* des soldats. — Nous sommes *avec* nos amis. — Nous sommes encore *en* France, mais nous irons bientôt *en* Italie. — Vous parlerez *de* (*de*, abl.) la guerre *en présence* des généraux. — Mon château est situé *vis-à-vis* de la montagne. — Soyons pieux *à l'égard de* Dieu et reconnaissant *à l'égard de* nos parents. — Jésus-Christ fut crucifié *hors de* la ville. — Ma maison est *au-dessous* d'un grand chêne. — Saint Augustin est compté *parmi* les plus grands docteurs de l'Eglise. — Dieu créa le monde *dans l'espace de* six jours. — Marie était *auprès de* la croix.— Cet homme est juste *en comparaison de*(*præ*, abl.) ces scélérats.—*Au lieu d'* (*pro*, abl.) un ami, j'avais un ennemi. — *Dans* ce lieu, le ruisseau coule *sous* terre.— Montons sur cette montagne élevée, plus élevée, très-élevée, qui est *en face de* nous. — Pendant l'été, les hirondelles demeurent *dans* nos pays. — *Après* l'automne, elles vont *au delà* des mers, *à cause* du froid.

ANALYSE GRAMMATICALE LATINE.

NOM.

Pour analyser un nom latin, il faut dire sept choses : 1° l'*espèce* : nom commun ou nom propre ; 2° le *genre* : masculin, féminin ou neutre ; 3° le *nombre* : singulier ou pluriel ; 4° le *cas* ; 5° le *nominatif* et le *génitif* ; 6° la *déclinaison* ; 7° la *fonction*.

Remarque. Par *fonction*, on entend le rôle qu'un mot remplit dans la phrase ; par exemple, un nom est *sujet* ou *régime*, *régime direct* ou *régime indirect* d'un verbe, d'un adjectif, d'une préposition, ou *complément* d'un autre nom. C'est là sa fonction.

Nota. 1° On trouve le sujet du verbe en faisant la question *qui est-ce qui*, ou *qu'est-ce qui*, devant le verbe. Exemple : Dieu donne sa grâce aux humbles. Qui est-ce qui donne ? Réponse : Dieu ; voilà le sujet du verbe *donne*.

2° On trouve le régime direct des verbes actifs en mettant *qui* ou *quoi* après le verbe. Exemple : Dieu donne quoi ? Réponse : sa grâce. Voilà le régime direct du verbe *donne*.

3° On trouve le régime indirect en mettant après le verbe *à qui, à quoi ; de qui, de quoi ; par qui, par quoi*. Exemple : Dieu donne à qui ? Réponse : aux humbles. Voilà le régime indirect du verbe *donne*.

Modèle d'analyse.

Verbum Domini creavit cœlum.

La parole du Seigneur a créé le ciel.

Verbum, la parole. Nom commun [1], neut. [2], sing. [3], nomin. [4] de *verb-um, i*, [5] 2e déclin. [6], sujet de *creavit*. [7]

Domini, du Seigneur. Nom propre[1], masc.[2], sing.[3], gen.[4] de *domin-us*[5], *i*, 2e déclin.[6], complément[7] de *verbum*.

Cœlum, le ciel. Nom commun[1], neut.[2], sing.[3], acc.[4] de *cœl-um*[5], *i*, 2e déclin.[6], régime[7] direct de *creavit*.

ADJECTIF.

Pour analyser un adjectif latin, il faut dire six choses : 1° l'*espèce* : qualificatif, numéral, possessif, démonstratif ou indéfini ; 2° le *genre ;* 3° le *nombre ;* 4° le *cas ;* 5° le *nominatif ;* 6° la *fonction* : qualifie ou détermine tel nom, ou en est attribut.

Nota. On trouve l'attribut en faisant après le verbe *être* la question *qui* ou *quoi*. Exemple : Ce livre est joli. Ce livre est quoi ? Réponse : joli. Voilà l'attribut de livre. — Un grand nombre de verbes, qui expriment un état, peuvent avoir un attribut que l'on trouve de la même manière

Modèle d'analyse.

Hic parvus liber est lepidus.

Ce petit livre est joli.

Hic, ce. Adj. démonst.[1] masc.[2] sing.[3] nomin.[4] de *hic, hæc, hoc*[5], détermine[6] *liber*.

Parvus, petit. Adj. qualif.[1] masc.[2] sing.[3] nomin.[4] de *parv-us, a, um*[5], qualifie[6] *liber*.

Lepidus, joli. Adj. qualif.[1] masc.[2] sing.[3] nomin.[4] de *lepid-us, a, um*[5], attribut de *liber*.

PRONOM.

Pour analyser un pronom latin, il faut dire six choses : 1° l'*espèce :* personnel, possessif, démonstratif, relatif, indéfini (si c'est un pronom personnel, désigner la personne); 2° le *genre;* 3° le *nombre;* 4° le *cas;* 5° le *nominatif;* 6° la *fonction :* sujet ou régime, régime direct ou régime indirect.

Modèle d'analyse.

Ille gratias egit Deo, qui sibi tribuerat iter prosperum.

Il rendit grâces à Dieu qui lui avait accordé un heureux voyage.

1 2 3 4
Ille, Il. Pron. person. 3e pers. masc. sing. nomin.
5 6
de *ille, illa, illud,* sujet de *egit.*

1 2 3 4 5
Qui, qui. Pron. relat. masc. sing. nomin. de *qui, quæ,*
6
quod, sujet de *tribuerat.*

1 2 3 4 5
Sibi, à lui. Pron. réfléchi, masc. sing. dat. de *sui, sibi,*
6
régime indirect de *tribuerat.*

VERBE.

Pour analyser un verbe latin, il faut dire sept choses : 1° l'*espèce :* actif, passif, neutre, déponent ou impersonnel; 2° la *personne* (s'il est à un mode personnel); 3° le *nombre;* 4° le *temps* n passé, présent ou futur; 5° le *mode :* indicatif impératif, subjonctif ou infinitif; 6° les *temps primitifs :* 1re et 2e personnes du présent de l'indicatif, parfait, supin, infinitif présent; 7° la *conjugaison* à laquelle il appartient, quand il n'est pas irrégulier.

Modèle d'analyse.

Jacobus, commorando apud Labanum, auxit rem suam et evasit dives.

Jacob, en demeurant chez Laban, augmenta sa fortune et devint riche.

Commorando,	en demeurant.	Verbe[1] dép. gérond.[5] de *commor-or, aris*[6]*, atus sum, ari,* 1re conjug.[7]
Auxit,	augmenta.	Verbe[1] act. 3e[2] pers. sing.[3] parf.[4] indic.[5] de *auge-o, es, auxi, auctum*[6]*, augere,* 2e conjug.[7]
Evasit,	il devint.	Verbe[1] neut. 3e[2] pers. sing.[3] parf.[4] indic.[5] de *evado, is, evasi, evasum*[6]*, evadere,* 3e conjug.[7]

PARTICIPE.

Pour analyser un participe latin, il faut dire six choses : 1° l'*espèce :* présent ou passé ; 2° le *genre ;* 3° le *nombre ;* 4° le *cas ;* 5° les *temps principaux* du verbe auquel il appartient ; 6° la *fonction :* qualifie tel nom, ou en est attribut.

Modèle d'analyse.

Esaus mitigatus occurrit Jacobo advenienti.

Esaü apaisé alla au-devant de Jacob qui arrivait.

Mitigatus, apaisé. Partic.[1] passé,[2] masc.[3] sing.[4] nomin. de[5] *mitigo, as, avi, atum, are*, qualifie[6] *Esaus*.

Advenienti, arrivant. Partic.[1] prés.[2] masc.[3] sing.[4] dat. de[5] *advenio, is, i, entum, advenire*, qualifie[6] *Jacobo*.

MOTS INVARIABLES.

Adverbe. Il faut dire le mot dont il détermine la signification.

Modèle d'analyse.

Neutiquam studiose tuo hodie munere functus es.

Vous avez rempli aujourd'hui votre devoir avec peu de soin.

Neutiquam, nullement. Adv. déterm. *studiose*.
Studiose, avec soin. Adv. déterm. *functus es*.
Hodie, aujourd'hui. Adv. déterm. *functus es*.

Préposition, *conjonction*, *interjection*. On ne fait que les nommer.

Modèle d'analyse.

Væ! tibi, si cum malis converseris.

Malheur à vous! si vous faites société avec les méchants.

Væ, malheur à. Interj.
Si, si. Conjonct.
Cum, avec. Prépos.

MODÈLES D'ANALYSE.

Deus posuit Adamum et Evam in horto amœnissimo qui appellatur Paradisus terrestris.

Deus,	Dieu.	Nom propre, masc. sing. nom. de *De-us*, *i*, 2e décl., sujet de *posuit*.
posuit,	plaça.	Verbe act., 3e pers., sing., parf. indic. de *pon-o*, *is*, *posui*, *positum*, *ponere*, 3e conjug.
Adamum,	Adam.	Nom propre, masc., sing., acc., de *Adam-us*, *i*, 2e décl., rég. direct de *posuit*.
et,	et.	Conjonct.
Evam,	Eve.	Nom propre, fém., sing., acc. de *Ev-a*, *æ*, 1re décl., rég. direct de *posuit*.
in,	dans.	Préposit.
horto,	un jardin.	Nom com., masc., sing., abl. de *hort-us*, *i*, 2e décl. rég. de *in*.
amœnissimo,	très-agréable.	Adj. qualif., masc., sing., abl. superl.. de *amœn-us*, *a*, *um*, qualifie *horto*.
qui,	qui.	Pron. relat., mas., sing., nom. de *qui*, *quæ*, *quod*, sujet de *appellatur*.
appellatur,	est appelé.	Verbe pass., 3e pers. sing., prés. indic. de *appell-o*, *as*, *avi*, *atum*, *are*, 1re conjug.
Paradisus,	Paradis.	Nom propre, masc. sing., nom. de *Paradis-us*, *i*, 2e décl., attribut de *qui*.
terrestris,	terrestre.	Adj. qualif., masc. sing., nom. de *terrestr-is*, *e*, qualifie *Paradisus*.

Nunc homines quærent e terra victum cum gravi labore donec abeant in terram e qua orti sunt.

Nunc,	Maintenant.	Adv., détermine *quærent.*
homines,	les hommes.	Nom com., masc. plur., nom. de *hom-o, inis-* 3e décl., sujet de *quærent.*
quærent.	tireront.	Verbe act., 3e pers. plur., fut. indic. de *quær-o, is, quæsivi, quæsitum, quærere,* 3e conjug.
e,	de.	Prépos.
terra,	la terre.	Nom com., fémin. sing., abl. de *terr-a, æ,* 1re décl., rég. de *e.*
victum,	la nourriture.	Nom com., masc. sing., acc. de *vic-tus, us,* 4e décl., rég. direct de *quærent.*
cum,	avec.	Prépos.
gravi,	un pénible.	Adj. qualif., masc. sing., abl. de *grav-is, e,* qualifie *labore.*
labore,	travail.	Nom com., masc. sing., abl. de *labor, is,* 3e décl. rég. de *cum.*
donec,	jusqu'à ce que.	Conjonct.
abeant,	ils aillent.	Verbe neut., 3e pers. plur., prés. subj., de *ab-eo, is, ivi, itum, ire,* irrégulier.
in,	dans.	Prépos.
terram,	la terre.	Nom com., fém. sing., acc. de *terr-a, æ,* 1re décl., rég. de *in.*
e,	de.	Prépos.
qua,	laquelle.	Pron. relat., fém. sing., abl. de *qui, quæ, quod,* rég. de *e.*
orti sunt,	ils sont sortis.	Verbe dép., 3e pers. plur., parf. indic., de *ori-or, ris, ortus sum, oriri,* 4e conjug.

Dona Abelis placuerunt Deo, non autem dona Caini: quod Cainus ægre tulit.

Dona,	Les dons.	Nom com., neut., plur., nom. de *don-um, i,* 2e décl., sujet de *placuerunt.*
Abelis,	d'Abel.	Nom propre, masc. sing., gén. de *Abel, is,* 3e décl., complément de *dona.*
placuerunt,	plurent.	Verbe neutre, 3e pers. plur., parf. indic., de *plac-eo, es, ui, ere,* 2e conjug.
Deo,	à Dieu.	Nom propre, mas. sing., dat. de *De-us, i,* 2e décl., rég. indirect de *placuerunt.*
autem,	mais.	Conjonct.
non,	non pas.	Adv. déterm. *placuerunt,* sous-entendu.
dona,	les dons.	Nom commun, neut., plur., nom. de *don-um, i,* 2e décl., sujet de *placuerunt,* sous-entendu.
Caini,	de Caïn.	Nom propre, masc. sing., gén. *de Cain-us, i,* 2e décl., complément de *dona.*
quod,	ce que.	Pronom relatif, neut., sing., acc. de *qui, quæ, quod,* rég. direct de *tulit.*
Cainus,	Caïn.	Nom propre, masc. sing., nom. de *Cain-us, i,* 2e décl., sujet de *tulit.*
tulit,	supporta.	Verbe actif, 3e pers. sing., parf. indic., de *fero, fers, tuli, latum, ferre,* irrégulier.
ægre,	avec peine.	Adverbe, déterm. *tulit.*

THÈMES GRADUÉS.

Règle : *Ludovicus rex* [1].

Alexandre, roi très-vaillant, était fils de Philippe, roi de Macédoine. — Tibère avait succédé à Auguste, empereur des Romains. — Abel, frère de Caïn, plut au Seigneur. — Élie, prophète du Seigneur, fut enlevé. — Salomon, roi pacifique, succéda à David, roi belliqueux. — Sylla, dictateur, répandit le sang des Romains. — Cicéron, consul et orateur, sauva la république. — Adorons J. C., rédempteur des hommes. — Jean-Baptiste, précurseur de J. C. notre Sauveur, était fils de Zacharie, prêtre du Seigneur. — La vue de l'ange Gabriel troubla Marie, épouse de Joseph et mère de J. C. — Hérode, roi de Judée, fut très-cruel. — S. Luc, évangéliste, était compagnon de S. Paul, apôtre des nations. — Numa Pompilius succéda à Romulus, premier roi des Romains. — Sainte Monique, épouse de Patrice, fut mère de S. Augustin, évêque et docteur de l'Église. — Les

1. L'élève est censé avoir vu dans les exercices préliminaires les règles *Ego sum*, *Amo Deum*, et quelques autres sans le secours desquelles il est difficile de former une phrase dont le sens soit complet. On ne sera donc pas étonné de trouver ici plusieurs tours de phrase qui n'ont aucun rapport à la règle *Ludovicus rex*. On se souviendra de cette observation pour les règles suivantes.

démons redoutaient S. Saturnin, évêque de Toulouse, et illustre martyr de l'Église. — Adorons Jésus-Christ, fils de Dieu et de Marie. — Ausone, poëte et orateur, avait instruit S. Paulin, évêque de Nole.

RÈGLE : *Urbs Roma*.

Charles-Quint (*Carolus Quintus*), empereur célèbre, admirait la ville de Paris. — La ville de Rouen fut la patrie de Corneille, célèbre poëte. — S. Pothin annonça J. C. à la ville de Lyon. — La ville de Sens est fort ancienne. — Scipion détruisit la ville de Carthage. — Le fleuve du Nil arrose et engraisse les campagnes de l'Égypte. — Les Goths prirent et saccagèrent la ville de Rome. — La ville de Dijon est la patrie d'un évêque très-savant et fort célèbre [1]. — S. Denis prêcha la foi à la ville de Paris. — César assiégea les villes de Bourges et de Clermont. — Adrien, empereur romain, releva la ville de Jérusalem. — Auguste avait vu la ville d'Athènes. — Nous appelons aujourd'hui Constantinople l'ancienne ville de Byzance. — Les Israélites traversèrent le fleuve du Jourdain.

RÈGLE : *Liber Petri*.

Le règne de l'empereur Auguste est célèbre. L'Évangile de Jésus-Christ est la règle de

1. Bossuet.

tous les chrétiens. — Jésus est le roi des Juifs et des nations. — La miséricorde de Dieu est très-grande. — Les maladies du corps ne sont pas toujours des marques de la colère de Dieu. — L'aumône est le sacrifice volontaire d'un cœur libéral, et non [1] le présent forcé d'une main avare. — La gloire et le repos sont le fruit du travail, du combat et de la croix. — La perfidie de l'apôtre Judas est atroce. — Pierre dit à Jésus : « Vous êtes le Christ, le fils du Dieu vivant. » — La foi est un don de Dieu. — Le joug de J. C. est léger ; l'esclavage du démon est insupportable. — La maison du Seigneur est la maison de la prière. — Marie, reine des hommes et des anges, disait : « Je suis la servante du Seigneur. » — Jésus est le Roi des rois, le Seigneur des seigneurs. — Nous sommes les enfants de Dieu, les frères et les membres de J. C., les temples du Saint-Esprit. — Jésus annonçait le royaume de Dieu. — Écoutons et gardons fidèlement la parole de Dieu, et nous serons la mère, les frères et les sœurs de J. C. — La crainte du Seigneur est le commencement de la sagesse. — La fin de la vie est le commencement d'un bonheur ou d'un malheur éternel. — Les apôtres sont la lumière du monde. — La loi de Moïse était l'ombre des biens futurs. — Le Seigneur connaît le nombre de nos cheveux. — Le Seigneur n'est pas le Dieu des morts, mais des vivants.

1. *Et non* s'exprime par *non autem*.

RÈGLE : *Puer egregiâ indole* ou *egregiæ indolis.*

Salomon avait d'abord été un roi d'une sagesse admirable; mais ensuite il fut un prince d'une dépravation extraordinaire. — Cicéron fut un consul d'une grande vigilance, et un orateur d'une éloquence non vulgaire. — Jean-Baptiste fut un prophète d'une humilité profonde et d'une éminente sainteté. — Néron fut un empereur d'une cruauté inouïe. — Job fut un patriarche d'une patience admirable. — Romulus et Numa furent deux rois d'un caractère fort différent. — Les Juifs ont toujours été un peuple d'une tête dure et d'un cœur inflexible. — Jochabed eut un fils d'une grande beauté. — S. Alexandre, patriarche d'Alexandrie, était un évêque d'une bienfaisance extraordinaire. — Rome a eu plusieurs empereurs d'une cruauté incroyable. — Abigaïl était une femme d'une rare prudence; mais Nabal, époux d'Abigaïl, était un homme d'un naturel brutal et féroce. — Goliath était un guerrier d'une taille gigantesque.

RÈGLE : *Tempus legendi.*

Le sage connaît le temps de parler et le temps de se taire. — Les apôtres reçurent le pouvoir d'opérer des miracles. — Jésus a le pouvoir de remettre les péchés. — Évitons les occasions d'offenser Dieu. — La volonté de pécher est un péché. — Cherchons les moyens d'apaiser la colère de Dieu. — Dieu a donné aux riches le moyen de soulager les pauvres et d'obtenir le salut éternel. — Jésus donna aux apôtres le pouvoir de chasser les démons. — Pharaon refusa longtemps aux Israélites la permission de partir. — La colonne annonçait aux Israélites le temps de partir et le temps de camper. — Annibal chercha toujours l'occasion de nuire aux Romains. — Les apôtres avaient reçu le pouvoir de chasser les esprits impurs et de guérir les maladies. — Les pharisiens cherchaient les moyens de perdre Jésus. — Jésus et les apôtres n'avaient pas le temps de manger. — Le roi Nabuchodonosor avait formé le projet de subjuguer tout l'univers.

RÈGLE : *Culpa est mentiri.*

RÈGLE : *Deus sanctus.*

C'est un crime d'insulter les pauvres. — Redoutons la colère terrible d'un juge inexorable. — C'est une œuvre de miséricorde de consoler les affligés. — Mon fils, recherchez la société d'un homme sage et pieux. — C'est un péché de demeurer oisif [1]. — S. Jérôme redoutait le son de la trompette fatale. — Riches, c'est un péché de ne pas assister les pauvres. — Marie, vierge très-chaste et très-pure, était l'épouse de Joseph, homme juste et fidèle. — C'est un

1. Demeurer oisif, *Otiari*, *otior*, *etc.*

très-grand sacrilége de recevoir indignement le corps et le sang de J. C. — L'Évangile condamne une vie molle, oisive et délicate. — C'est une bonne œuvre de secourir les pauvres. — Hérode, prince incestueux, craignait et respectait Jean-Baptiste, homme juste et saint. — C'est une noire perfidie d'abandonner un ami. — Nous sommes les misérables enfants d'un père criminel et dégradé.

RÈGLE : *Pater et filius boni; mater et filia bonæ.*

RÈGLE : *Pater et mater boni.*

Jacques et Jean, apôtres de Jésus-Christ, avaient d'abord été ambitieux. — Le père et la mère de Tobie étaient fort inquiets. — Antonin et Titus, empereurs romains, étaient fort humains. — Adam et Ève avaient d'abord été justes. — La mère et l'épouse de Darius étaient modestes. — Zacharie et Élisabeth, parents de Jean-Baptiste, étaient justes et vertueux. — Caligula et Néron furent d'abord affables; mais ensuite ils furent très-cruels. — Le père et la mère de l'aveugle-né[1] étaient timides. — Basile et Grégoire, frères, étaient savants et pieux. — L'homme et la femme furent trompés. — Marcelle et Paule étaient modestes et pieuses. — Jupiter et Vénus, dieux des païens, étaient impudiques. — Ambroise et Jean Chrysostome

1. *Cæcus natus*, g. *cæci nati*, m.

étaient fort éloquents. — La veuve et le pupille sont chers au Seigneur. — Marthe et Marie, sœurs de Lazare, étaient riches et bienfaisantes. — Jérôme et Augustin étaient fort savants. — Lucrèce et Virginie étaient belles, et elles furent très-malheureuses. — Le vieillard Siméon et Anne la prophétesse étaient justes et pieux. — L'épouse et la fille de Raguël pleurèrent[1] en voyant le jeune Tobie. — Le Père est éternel; le Fils et le Saint-Esprit sont aussi éternels. — J. C. et l'Église sont chers à Dieu le Père. — L'ange et l'homme ont été créés. — Le prêtre et le pontife seront chastes.

RÈGLE : *Virtus et vitium contraria.*
RÈGLE : *Verè sapientes.*

Le péché et la justice seront toujours contraires. — Le vrai humble ne cherche point la gloire. — Le mensonge et la vérité sont inconciliables. — Suivant Annibal, Phormion était un vrai radoteur. — Le vrai pauvre méprise les richesses. — La joie[2] et la tristesse sont contraires, mais ne sont pas incompatibles[3]. — La bouche et la langue du prêtre seront pures. — Le vrai chrétien imitera Jésus-Christ. — L'eau et le feu sont très-utiles, et quelquefois bien funestes. — Le vrai dévot aime Dieu et le prochain. — La guerre et la paix sont bien

1. *Lacrimari*, *or*, *etc.*
2. *Gaudium*, *g. ii*, n.
3. [Dans le chrétien].

contraires. — L'avare et le voluptueux sont de vrais idolâtres. — La terre et le ciel ne sont pas éternels. — La loi de Moïse et l'Évangile ne sont pas contraires. — Servons Dieu, et nous serons les vrais heureux. — Le tabernacle et l'arche d'alliance étaient précieux. — La tête et le pied ne sont pas également nécessaires. — L'athée est un vrai fou. — La mort et le jugement sont terribles. — La fin et le commencement ne sont pas toujours semblables. — Les vrais pénitents portent la croix. — La lumière [1] et la sagesse de la foi ne sont pas contraires à l'enfance chrétienne. — Mahomet était un vrai fourbe. — Le péché et la paix du cœur sont incompatibles. — Saint Paul connaissait Jésus, et Jésus crucifié ; il était donc un vrai savant. — L'aveuglement et l'erreur sont funestes. — Plusieurs Israélites étaient de vrais chrétiens, et aujourd'hui plusieurs chrétiens sont de véritables juifs.

RÈGLE : *Turpe est mentiri.*

RÈGLE : *Deus est sanctus.*

Souvent il est dangereux de parler. — Joseph était chaste ; la femme de Putiphar était impudique. — Il est facile de se taire et d'écouter. — Alexandre était vaillant. — Annibal était fort rusé. — Il est difficile de commander ; il est plus aisé d'obéir. — Titus et Antonin étaient bienfaisants. — Job et Tobie étaient patients.

1. *Lumen*, g. *inis*, n.

— Il est honteux de tromper. — Suzanne était très-chaste. — Daniel était fort sage. — Il est bien doux d'aimer Dieu. — Pendant l'hiver, les jours sont courts, les chemins sont mauvais, l'air est pluvieux, la nuit prompte et inopinée; la fuite et les voyages sont difficiles [1]. — Il est dur de servir le démon. — Les dieux des nations étaient sourds et muets. — Il est avantageux de faire l'aumône. — L'aveuglement des juifs est vraiment déplorable. — Il est dur de mendier; mais il est très-honteux de voler. — Abigaïl était belle, sage et ingénieuse. — Nabal, époux d'Abigaïl, était brutal, avare et méchant. — Il est honteux de s'enivrer. — Le chemin de la vie est étroit; la voie des enfers est spacieuse. — Il est douloureux de punir, il est doux de pardonner. — Auguste avait été très-cruel; ensuite il fut fort affable. — Riches, il vous [2] serait facile de gagner le ciel, si vous soulagiez les pauvres.

RÈGLE : *Credo Deum esse sanctum..*

RÈGLE : *Refert adolescentis esse impigrum.*

RÈGLE : *Graculus rediit mœrens.*

Nous croyons que Dieu est juste et miséricordieux. — Jacob s'en retourna fort riche. — Nous savons que Dieu est éternel, puissant et

1. Image des empêchements au salut que l'on trouve à la fin de la vie.
2. Tournez par : *serait facile à vous.*

terrible. — Épaminondas, général des Thébains, mourut très-pauvre. — Nous n'ignorons pas que le démon est rusé. — Marcius fut surnommé Coriolan. — Nous savons que l'âme est immortelle. — Le renard trompé s'en retourna confus. — S. Paul est surnommé l'apôtre des nations. — Vous savez que le soleil est immobile. — Nous naissons misérables et enfants de colère. — Xénophon est surnommé l'Abeille attique. — Le fier Xerxès s'en retourna vaincu. — Croyez que le péché est toujours funeste. — Les enfants deviennent bons avec les bons, et vicieux avec les méchants. — Le lion est surnommé le roi des animaux. — J. C., notre roi, est d'abord venu pauvre et plein de douceur [1]; mais il reviendra glorieux et redoutable. — Sachez que la société des méchants est dangereuse et très-nuisible. — Tous les chrétiens sont frères. — La mère de J. C. est appelée Marie. — Les apôtres s'en retournèrent joyeux et triomphants. — J. C. dit que les fruits d'un bon arbre sont bons, et que les fruits d'un mauvais arbre sont mauvais. — Milon, fameux athlète, mourut fort misérablement. — L'ange dit à Marie : « Votre fils sera grand, et sera appelé fils du Très-Haut. »

1. Plein de douceur, *Mansuetus*, *a*, *um*.

RÉCAPITULATION

depuis la règle : Ludovicus rex, *jusqu'à la règle :* Graculus rediit mœrens.

Prusias, roi de Bithynie, trahit Annibal, général fort habile. — Archimède, fameux géomètre, défendit longtemps la ville de Syracuse. — L'aumône est la semence temporelle d'un fruit éternel. — Antonin était un empereur d'une physionomie agréable et d'une douceur majestueuse. — Les princes des prêtres formèrent le dessein de tuer Lazare. — Ce n'est pas toujours un péché de jurer, mais c'est un crime de se parjurer. — Le nom d'Annibal, général vaillant et habile, épouvantait les Romains, nation fort belliqueuse. — Joseph et Benjamin étaient très-chers à Jacob. — Hérode et Hérodias n'étaient point chastes. — Le crime et le remords sont inséparables. — Possédons J. C., et nous serons les vrais riches. — Il est dangereux de s'attacher aux richesses, car il est aisé de les adorer. — Courons et combattons : la course est fatigante, le combat est rude, les coups sont douloureux; mais la récompense sera éternelle. — Horace dit que tous les hommes sont fous. — Jacques et Jean étaient appelés les enfants du tonnerre.

Ptolémée, roi d'Alexandrie, trahit Pompée, gendre de César. — Jean, fils de Zacharie, prêcha sous les grands prêtres Anne et Caïphe. — Le fleuve du Rhône et la rivière de la Saône baignent la ville de Lyon. — La croix de J. C. est l'autel du sacrifice, la chaire du vrai docteur, et le tribunal du souverain juge. — S. Jérôme était un homme d'un génie vif et ardent, et d'une vaste érudition. — Le roi David avait conçu le dessein de bâtir un temple au Seigneur. — Hérodias chercha et trouva enfin l'occasion de perdre Jean-Baptiste. — C'est un horrible attentat que de crucifier un citoyen romain. — Les Juifs ont mis à mort J. C. mortel; les chrétiens crucifient de nouveau J. C. glorieux et immortel. — Judith et Esther étaient belles et fort modestes. — Le frère et la sœur de Moïse étaient jaloux. — Le corps et le sang de J. C. sont très-précieux. — Les pharisiens étaient de francs hypocrites. — Il est dur de souffrir et de mourir; mais il sera bien doux de vivre et de régner avec J. C. — J. C. nous dit : « Mon joug est doux, et mon fardeau est léger. » — J. C. assure que les pauvres sont heureux. — Le bon larron avait vécu misérable, et il mourut fort heureux.

RÈGLE : *Avidus laudum.*

RÈGLE : *Cupidus videndi.*

Annibal était habile dans la guerre. — Zachée était désireux de voir J. C. — Socrate et Platon avaient du goût pour la philosophie. — Ève fut curieuse de goûter le fruit défendu. — Numa ne savait pas l'art militaire. — Orphée fut curieux de regarder Eurydice.

— Zeuxis était habile dans la peinture. — La femme de Loth fut curieuse de regarder la ville de Sodome. — Le roi Salomon n'avait pas de goût pour la guerre. — Les apôtres étaient avides de souffrir les outrages. — Job et Tobie souffraient les maux de la vie. — Le roi Xerxès était plein d'un sot orgueil. — Caligula était avide de répandre du sang. — Le roi David avait du goût pour la musique. — Cicéron n'était pas exempt de vanité. — S. Paul était avide de prêcher J. C. aux nations. — Le père de Socrate était habile dans la sculpture. — César et Pompée étaient pleins d'ambition. — Aristide et Épaminondas n'étaient point avides de gloire et de richesses. — Le cruel Néron était curieux de voir Rome consumée. — Archimède était habile dans la géométrie. — Les apôtres d'abord n'avaient pas été exempts d'ambition. — S. Libérat était habile dans la médecine. — Hérode était curieux de voir J. C. — Jahel présenta à Sisara un vase plein de lait. — L'empereur Adrien était curieux de parcourir toutes les provinces de l'empire romain. — Nabal, plein de vin, insulta David. — Archimède était habile à inventer des machines de guerre.

Règle : *Similis patris* ou *patri.*

Règle : *Id mihi utile est.*

Règle : *Corpus assuetum tolerando labori.*

Caïn n'était pas semblable à Abel. — La science est utile aux jeunes gens. — Le fils de Tarquin le Superbe était irrité contre Brutus. — Les jeunes gens sont malheureusement accoutumés à perdre le temps. — Élisabeth, mère de saint Jean, était alliée à Marie, mère de Jésus-Christ. — La patience est nécessaire aux maîtres. — Anne était accoutumée à gémir. — Les chrétiens sans œuvres sont semblables à des branches sans fruits. — Jonathas était cher à David, et David était cher à Jonathas. — Cicéron, orateur latin, est égal à Démosthène, orateur grec. — Hannon était irrité contre Annibal. — Socrate était accoutumé à entendre des injures. — Domitien ne fut pas semblable à Titus. — Virgile est presque égal à Homère. — Les offrandes des méchants ne sont pas agréables au Seigneur. — S. Loup, évêque de Troyes, était allié à S. Hilaire, évêque d'Arles. — L'empereur Théodose était irrité contre les habitants d'Antioche. — Les apôtres étaient accoutumés à souffrir. — Deux poëtes français sont semblables à deux poëtes grecs. — Le terroir de la Bourgogne est propre pour les vignes. — L'empereur Adrien était accoutumé à voyager. — S. Sidoine était allié à l'empereur Avitus. — L'art du médecin nous est nécessaire. — Le terroir de la Bresse est propre pour les blés. — Les Romains étaient accoutumés à faire la guerre. — S. Jacques le Mineur était allié à J. C. — Coriolan était irrité contre les Romains. — Alexandre était accoutumé à remporter la victoire. — Sainte Marcelle était alliée aux anciens Scipions. — Les malheurs sont souvent utiles aux hommes. — Raguël considéra Tobie, et dit à Anne : « Ce jeune homme ressemble à mon cousin. » — Samuël enfant était cher à Dieu et aux hommes. — Fabius était accoutumé à entendre les propos injurieux. — S. Siméon, évêque et martyr, était allié à J. C. — Le royaume du ciel est semblable à un trésor caché. — La doctrine de l'Évangile est précieuse à l'homme. — Darius n'était pas accoutumé à entendre la vérité. — Devenons semblables aux enfants, et nous obtiendrons le royaume du ciel. — Soyons fidèles à la loi de Dieu, et la loi de Dieu nous sera fidèle. — Le roi Xerxès était accoutumé à entendre les flatteries.

Règle : *Propensus ad lenitatem.*

Règle : *Pronus ad irascendum.*

Règle : *Populabundus agros.*

Dieu est porté à la miséricorde. — L'empereur Vespasien était porté à plaisanter. — Manius Curius punissait sévèrement les jeunes gens qui évitaient les combats. — L'empereur Théodose était porté à la colère. — S. Jean, patriarche d'Alexandrie, était porté à faire l'aumône. — Attila, plein d'admiration pour la vertu de S. Loup, se retira. — César était porté à la clémence. — Les Crétois étaient portés à mentir. — Le peuple rempli d'admiration pour la doctrine de J. C., bénissait Dieu. — Titus et Antonin, empereurs romains, étaient portés à la bienfaisance. — César était porté à oublier les injures. — S. Jérôme et S. Augustin, pleins d'admiration pour les vertus de Paulin, ont hautement loué ce saint évêque. — Caton était porté à la sévérité. — Cimon, Athénien, était porté à faire du bien. — L'empereur Théodose, prompt à se mettre en colère, était porté à pardonner. — Les espions des pharisiens et des hérodiens, pleins d'admiration pour la réponse de Jésus, se turent et se retirèrent. — Les enfants sont enclins à la paresse. — Domitien, empereur romain, était porté à répandre du sang. — Dieu aime les enfants qui évitent les occasions de pécher. — Sainte Thérèse était portée à l'amour divin. — Sainte Flore était portée à souffrir le martyre. — Les Goths envahirent une partie des Gaules, ravageant les villes et les campagnes. — Les hommes sont enclins au péché. — Les Athéniens étaient portés à apprendre des nouvelles. — Les Gaulois s'emparèrent de Rome, ravageant les temples et les maisons. — Néron et Caligula avaient d'abord été portés à la douceur; mais ensuite ils furent portés à la cruauté. — Fabius était porté à temporiser, et Minucius était porté à livrer bataille. — Pleins de vénération pour Marie, honorons et imitons la mère de notre Dieu.

RÈGLE : *Præditus virtute.*

RÈGLE : *Mirabile visu.*

RÈGLE : *Difficile est studere lectioni meæ.*

La vierge Marie, mère de J. C., était douée de toutes les vertus. — Les Alpes n'étaient pas faciles à traverser. — Anges rebelles, vous ne fûtes pas contents de votre sort. — La vie de Joseph est admirable à lire. — L'histoire est utile à étudier. — Le traître Judas était indigne du pardon. — Les rossignols sont difficiles à élever. — L'empereur Marc-Aurèle était doué de belles qualités. — Les vers français ne sont pas difficiles à apprendre. — Le cruel Néron était indigne de la clémence du peuple romain. — Un jeune arbre est facile à redresser. — Straton fut jugé indigne du royaume. — La ville de Babylone était difficile à assiéger. — Les enfants indociles ne sont pas aisés à gouverner. — Alexandre ne fut pas content de la lettre de Darius. — O Dieu! nous sommes indignes de vos regards. — Un vieil arbre est difficile à arracher. — La chaste Suzanne, injustement accusée était digne de compassion. — Abigaïl était douée d'une rare prudence. — Un cheveu n'est pas facile à frapper. — Abdalonyme fut estimé digne du sceptre et de la couronne. — Le roi Pyrrhus fut content de la réponse naïve des jeunes Tarentins. — Les vieilles habitudes sont difficiles à extirper. — Le roi Antiochus, persécuteur des Juifs, fut jugé indigne de pardon. — Bucéphale, cheval d'Alexandre, n'était pas facile à dompter. — Salomon était doué d'une sagesse extraordinaire. — La ville de Jérusalem n'était pas facile à prendre. — Nous étions indignes de la miséricorde divine. — La géographie est agréable à étudier.

RÈGLE : *Doctior Petro.*

RÈGLE : *Felicior quàm prudentior.*

David était plus juste que Saül. — Varron était plus hardi que prudent. — Nous sommes plus méchants que nos pères. — Asdrubal combattit plus vaillamment qu'heureusement. — Fabius fut plus prudent que Varron. — Pilate fut plus humain que les Juifs. — Ce juge était plus timide que cruel. — Pierre parut d'abord plus courageux que les autres apôtres. — Cicéron était plus éloquent que vaillant. — Le renard est plus rusé que le loup, et le loup est plus cruel que le renard. — Anacharsis s'en retourna plus savant que riche. — Le Rhône est plus rapide que la Saône. — La chaîne du péché est plus dure que le fer. — Octave combattit plus heureusement que vaillamment. —

César devint bientôt plus puissant que Pompée. — La bonne réputation est un bien plus précieux que les plus grands trésors. — L'arche de Noé était plus longue que large. — La bouche et les mains des prêtres seront plus pures que le soleil. — Darius n'était pas plus prudent que vaillant. — Nous ne sommes pas plus sages que Salomon, ni plus forts que Samson et David. — Philippe, père d'Alexandre, n'était pas plus vaillant que rusé.

RÈGLE : *Magìs pius quàm tu.*

RÈGLE : *Majori virtute præditus.*

RÈGLE : *Doctior est quàm putas.*

Le pain est plus nécessaire que les autres aliments. — Aristide était plus vertueux que Thémistocle. — La cigogne était plus rusée que le renard n'avait pensé. — Abel fut plus pieux que Caïn. — Marc-Aurèle était plus vertueux que Faustine. — Rien n'est plus doux que d'aimer Dieu. — Le renard fut plus industrieux que le bouc. — Romulus avait été moins vertueux que Numa Pompilius. — Néron fut plus cruel que les Romains n'avaient d'abord pensé. — Saül avait été moins pieux que David. — Marie est plus vénérable que les anges. — Rien n'est plus avantageux que de faire l'aumône. — Démosthène fut plus remarquable que les autres orateurs grecs. — La dictature était plus honorable que le consulat. — Alexandre fut plus puissant que n'avait été Philippe. —

Milon était plus assidu que les autres disciples de Pythagore. — Livie était moins vertueuse qu'Octavie, sœur de l'empereur Auguste. — Les apôtres furent plus faibles qu'ils n'avaient cru, car ils abandonnèrent J. C. — Dieu nous connaît mieux que nous ne nous connaissons. — Achab fut plus impie que les autres rois. — Le péché est plus haïssable que la peste. — Suivant un ancien proverbe, un chien timide aboie plus qu'il ne mord. — Rien n'est plus dur que de servir le démon.

RÈGLE : *Altissima arborum, ex arboribus, inter arbores.*

RÈGLE : *Ditissimus urbis.*

RÈGLE : *Validior manuum.*

Marie a été la plus pure des vierges. — Lazare languissant paraissait le plus malheureux des hommes; maintenant il est fort heureux. — Caïn et Abel étaient frères : Abel sans contredit fut le meilleur. — Jean-Baptiste est le plus grand des prophètes. — Virgile est le poëte le plus célèbre de l'Italie. — Ésaü et Jacob étaient fils d'Isaac : Jacob était le plus cher à Rébecca. — Salomon fut d'abord le plus sage des rois. — Paris est la plus grande ville de France. — Rachel eut deux fils : Benjamin était le plus jeune. — Démosthène fut le plus éloquent des orateurs grecs. — Londres est la ville la plus célèbre de l'Angleterre. — Cratère et Héphestion étaient amis d'Alexandre : Héphestion lui était le plus cher. — Le serpent est le plus rusé des animaux. — Aristide fut l'homme le plus juste d'Athènes. — Rachel et Lia étaient sœurs : Rachel fut la plus chère à Jacob. — S. Jean Chrysostome est le plus éloquent des docteurs de l'Église. — Annibal a été le général le plus célèbre de Carthage. — Cyrus attaqua Artaxerxe : Artaxerxe fut le plus fort. — Hector était le plus courageux des Troyens, et Achille le plus courageux des capitaines grecs. — Alexandre a été le roi le plus puissant de la Macédoine. — Antoine et Octave combattirent : Octave fut le plus heureux.

RÈGLE : *Maximè omnium conspicuus.*

RÈGLE : *Unus militum, inter milites, ex militibus.*

RÈGLE : *Optimus quisque illi favet.*

Salomon termina très-sagement une dispute très-ambiguë. — J. C. dit aux apôtres : Un de vous me trahira. — Les plus justes commettront des fautes légères. — Le siècle d'Auguste a toujours paru très-remarquable. — Philotas était un des courtisans d'Alexandre : il fut lapidé. — Les plus habiles se trompent quelquefois. — Le pain est le plus nécessaire de tous les aliments. — Plusieurs des apôtres avaient été pêcheurs. — Les plus grands saints ont tremblé. — Commode fut surnommé *Pius;* cependant il ne fut pas assurément l'empereur le plus pieux. — Plusieurs des consuls romains furent très-pauvres. — Les plus scélérats éprouvent des remords. — Sisygambis fut la plus remarquable des reines de la Perse. — Aucun des devins ne put contenter le roi Nabuchodonosor. — Goliath tomba : alors les plus courageux prirent la fuite. — Énée était le plus pieux des Troyens. — Plusieurs des disciples de Socrate ont été très-célèbres. — S. François prêchait : les plus endurcis étaient convaincus. — Goliath était le plus vaillant des Philistins. — Plusieurs empereurs romains persécutèrent les chrétiens; mais ensuite plusieurs d'entre eux les ont favorisés. — Alexandre haranguait l'armée : alors les plus timides demandaient le combat. — Annibal a été peut-être le général le plus propre aux stratagèmes. — Jésus choisit douze d'entre les disciples, et les nomma apôtres. — Judith tua Holopherne : alors les plus intrépides tremblèrent et s'enfuirent.

RÉCAPITULATION

depuis la règle : Avidus laudum, *jusqu'à la règle :* Optimus quisque illi favet.

Alexandre, fils de Philippe, roi de Macédoine, était très-avide de gloire. — J. C. était très-avide de mourir. — Un jour nous serons semblables non-seulement aux anges, mais au Fils de Dieu. — Les martyrs étaient accoutumés à la faim, à la soif et à tous les tourments. — L'empereur Domitien était accoutumé à enfiler[1] des mouches. — L'empereur Titus était porté à la compassion envers les Juifs. — Annibal était prompt à inventer des stratagèmes. — Une reine visita Salomon, et s'en retourna remplie d'admiration pour la sagesse de ce prince. — César n'aurait pas été content de la seconde place. — La ville de Venise est admirable à voir. — Annibal n'était pas aisé à repousser. — Scipion était plus libéral que Caton. — Paul Émile combattit plus courageusement qu'heureusement. — Numa Pompilius fut plus pieux que les autres rois de Rome. — Aaron fit un veau d'or, et les Israélites l'adorèrent : le grand prêtre était plus blâmable que le peuple. — Nous mourrons plus tôt que nous ne pensons. — Rien n'est plus terrible que de brûler éternellement. — Ulysse était le plus rusé des

1. *Acu trajicere, trajicio.*

généraux de la Grèce. — Scipion Nasica fut estimé l'homme le plus intègre de la ville de Rome. — Jacques et Jean étaient fils de Zébédée : Jean était le plus jeune et le plus cher à J. C. — Épaminondas fut le personnage le plus remarquable des Thébains. — Datame était le plus habile des généraux d'Artaxerxe. — Aucun des devins de l'Égypte ne put interpréter le songe de Pharaon. — Les plus humbles obtiendront les premières places. — Démosthène n'était pas habile dans la guerre, mais il avait du goût pour l'éloquence. — Plusieurs prophètes et plusieurs rois avaient été désireux de voir et d'entendre J. C. — Le démon avait dit à Adam et à Ève : « Vous serez égaux à Dieu ; » mais ils devinrent semblables au démon : c'est pourquoi Dieu est devenu semblable à l'homme. — L'enfant Jésus était soumis à Marie et à Joseph : enfants, soyez donc soumis à vos parents. — David n'était pas accoutumé à porter les armes du roi Saül, mais il était accoutumé à terrasser les ours et les lions. — Vitellius était enclin à la gourmandise et à la cruauté. — Domitien était porté à répandre le sang. — Le fils de Jonathas, plein d'admiration pour la sagesse de David, l'appelait l'ange de Dieu. — Joseph, fils de Jacob, et Joseph, époux de Marie, étaient doués d'une chasteté admirable. — Avant le baptême, nous sommes dignes de haine ; après le baptême, nous sommes dignes d'amour. — L'endurcissement des Juifs, meurtriers de J. C., est facile à comprendre. — Le sentiment des athées est facile à réfuter. — David apprit la mort de Saül et de Jonathas, et il les loua en disant : « Ils étaient plus légers que des aigles et plus courageux que des lions. » — Le pain est moins nécessaire à notre corps que la grâce de J. C. à notre âme. — Épaminondas était plus vertueux que Pélopidas. — David épargnant Saül était plus louable que David terrassant Goliath. — Les pharisiens étaient plus aveugles qu'ils ne croyaient. — Rien n'est plus doux que de servir le Seigneur. — J. C. n'est pas seulement le plus sage des hommes, il est la sagesse de Dieu. — Épaminondas a été le personnage le plus illustre de Thèbes. — Varron et Paul Émile étaient consuls ensemble : Paul Émile, sans contredit, était le plus prudent. — S. Louis a été le plus pieux des rois de France. — Plusieurs des disciples de Jean se retirèrent, et n'allèrent plus avec lui. — Jésus dit à Pierre : « Je vous ai choisis douze, mais un de vous est un démon. » — Tremblons et espérons : les plus forts peuvent tomber, et les plus faibles peuvent se relever.

RÈGLE : *Ego audio.*

RÈGLE : *Tu rides, ego fleo. Tu loqui sic audes !*

Jésus-Christ a dit : « Je suis le bon pasteur ; » et nous, nous sommes les brebis de J. C. —

Nous pleurons, vous riez. — Tu oses mentir ! — J. C. parlait; les disciples écoutaient. — O Dieu, vous donnez, nous recevons. — Fils de Jacob, vous vendez votre frère. — Les Israélites disaient : « Ils ont mangé des raisins verts, les dents des enfants sont agacées; nos pères ont péché, nous sommes punis. » — Brutus, tu poignardes César ! — Dieu commence, et il achève; les hommes commencent, et ils n'achèvent pas. — Vos pères ont semé, vous moissonnerez. — Prêtres aveugles et endurcis, vous préférez Barabbas à J. C. ! — Je vous ai appelés, vous ne m'avez point écouté; j'ai tendu la main, vous ne m'avez point regardé. — Nous gémissions, vous vous réjouissiez; nous nous réjouirons, et vous gémirez. — Femme de Jéroboam, vous voulez tromper le prophète ! — Je vous ai avertis, vous avez méprisé mes conseils ; vous avez négligé mes réprimandes : la mort vous arrivera, et vous vous repentirez. — O Dieu, vous êtes notre père ; nous sommes vos enfants. — Perfide Ptolémée, tu oses trahir Pompée ! — Je suis la voie, la vérité et la vie. — En suivant J. C., nous éviterons l'erreur, le mensonge et la mort. — Nous sommes fous, vous êtes sages; nous sommes faibles, vous êtes forts; nous sommes pauvres et humiliés, vous êtes riches et vous régnez. — Faibles apôtres, vous abandonnez Jésus votre maître ! — Jésus dit aux apôtres : « Je suis la vigne, et mon père est le vigneron. Vous m'invoquerez et je vous exaucerai. » — Perfide Bessus, tu oses enchaîner Darius, ton maître et ton roi !

Règle : *Petrus et Paulus ludunt.*

Règle : *Ego et tu valemus.*

Règle : *Turba ruit* ou *ruunt.*

Adam et Ève ont péché. — J. C. dit aux Juifs : « Mon père et moi nous agissons toujours. » — Maison de David, écoutez. — Ésaü et Jacob étaient fils d'Isaac et de Rébecca. — Vous et moi nous mourrons. — Toute l'armée regretta Turenne. — Caïn et Abel sortirent ensemble. — Impie Achab, toi et ton épouse, vous périrez ! — La multitude s'égare. — Isaac et Ismaël ne pouvaient vivre ensemble. — Malheureux Adam, toi et ton épouse, vous avez péché. — Le peuple romain pleura amèrement l'empereur Titus. — Annibal et Scipion étaient deux généraux fort habiles. — O Pompée, toi et César vous auriez dû faire la paix ! — Toute la ville détestait la cruauté de Néron. — Épaminondas et Pélopidas étaient amis. — O Virginius, toi et ta fille vous excitiez la compassion des Romains. — Tout le peuple cherchait J. C. et l'écoutait. — S. Germain et S. Loup visitèrent l'Angleterre. — Saül dit au grand prêtre : « Pourquoi vous et David, avez-vous conjuré contre moi ? » Le grand prêtre répondit : « David et moi nous n'avons point conjuré contre vous ; ma famille et moi nous vous sommes très-fidèles. » — Le sénat approuva le projet de Scévola. — Amilcar et Annibal haïssaient mortellement les Romains. — Saül répondit au grand prêtre : « Vous et la maison de votre père, vous mourrez tout à l'heure. » — Toute la ville rendit grâces à Cicéron. — Tout le peuple attendait Zacharie.

RÈGLE : *Amo Deum.*

RÈGLE : *Imitor patrem.*

Jésus dit à un jeune homme : « Vendez vos biens, donnez-en le prix aux pauvres, et vous posséderez un trésor. » — La reine admira la sagesse de Salomon. — J. C. nettoiera l'aire ; il amassera le blé et brûlera la paille. — S. Loup accompagna Attila, roi des Huns. — Aimons la pauvreté, et nous obtiendrons le royaume des cieux. — Dieu nous promet une gloire éternelle. — Montrons de la douceur, et nous posséderons la terre des vivants. — Les Romains admiraient les vertus de Titus. — Chérissons la pureté du cœur, et nous verrons Dieu. — S. Ambroise dit à l'empereur Théodose : « Vous avez imité David homicide, imitez David pénitent. » — Soyons miséricordieux, et nous obtiendrons miséricorde. — Les Égyptiens poursuivirent les Israélites. — Jeunes gens, fuyez l'oisiveté ; juges, chérissez la justice ; enfants, aimez vos parents. — Imitons J. C. notre modèle. — J. C. a apporté une nouvelle philosophie, savoir : l'amour de la croix, le mépris des richesses et le désir de la mort. — Prions Dieu, et nous obtiendrons tout. — Saul avait d'abord persécuté les chrétiens; mais ensuite il consola l'Église. — Saül rejeta la parole du Seigneur, et le Seigneur rejeta ce roi désobéissant. — Caïn n'imitait pas l'innocent Abel. — Les bergers trouvèrent Marie, Joseph et l'enfant Jésus. — J. C. opérait les plus grands miracles. — Il apaisait les tempêtes, chassait les démons, guérissait les malades, et ressuscitait les morts. — Les deux fils du grand prêtre accompagnaient l'arche. — Notre maître dit : « Aimez vos ennemis. » — Jésus dit à Matthieu : « Suivez-moi ; » Matthieu se leva et suivit Jésus. — Les épines ne produisent pas des figues, ni les buissons des raisins. — Tous admiraient la sagesse et les réponses de l'enfant Jésus. — Les apôtres avaient suivi Jésus ; mais ensuite ils l'abandonnèrent. — Plusieurs saintes femmes suivaient Jésus. — Cherchons premièrement le royaume et la justice de Dieu.

RÈGLE : *Musica me juvat, delectat. Gloria æterna nos manet.*

RÈGLE : *Multa nos fugiunt.*

La musique plaisait à Alexandre. — Une mort tragique était réservée à Absalon, fils du roi David. — Socrate était savant, cependant Socrate ignorait bien des choses. — Les combats des gladiateurs ne faisaient pas plaisir au peuple athénien. — De grands combats et une gloire encore plus grande étaient réservés à l'apôtre S. Paul. — Nous ignorons les desseins de Dieu. — L'arrogance ne sied à personne.

— Les Troyens ignoraient la perfidie de Sinon. — La chasse faisait plaisir au roi Antiochus. — La pauvreté et l'humilité conviennent aux disciples d'un Dieu humble et pauvre. — J. C. n'ignorait pas le projet du misérable Judas. — Des supplices inouïs étaient réservés à Régulus. — La philosophie faisait plaisir à Épaminondas, général des Thébains. — Un feu éternel est réservé aux impies. — Antonin n'ignorait pas les désordres de Faustine. — Les livres faisaient plaisir à Atticus, ami de Cicéron. — Une grande récompense est réservée au serviteur fidèle. — La compagnie de Socrate faisait plaisir à Alcibiade. — César ignorait le dessein de Cassius et des autres conjurés. — Les jeux des enfants faisaient plaisir à Lélius et à Scipion.

Règle : *Studeo grammaticæ.*

Règle : *Defuit officio.*

Jésus-Christ a pleinement satisfait à la justice de Dieu. — Un habile général manquait à l'armée innombrable de Xerxès. — Ève, curieuse et superbe, a cru au démon ; Marie, humble et obéissante, crut à l'ange Gabriel. — S. Thomas n'assista pas au concile de Lyon. — Dieu épargna les Ninivites. — Brutus, tu oses assister au supplice de tes fils ! — Les esprits impurs obéissaient à J. C. — Les deux armées étaient présentes au combat de David contre Goliath. — Les anges vinrent, et ils servaient

J. C. — S. Eucher, évêque de Lyon, assista au premier concile d'Orange. — Alexandre avait étudié la médecine. — Mécène favorisait Virgile et Horace. — Saul était présent au supplice de saint Etienne. — Caïn portait envie à Abel. — J. C. bénissait les enfants. — L'empereur Constantin assista au concile de Nicée. — S. Ambroise, évêque de Milan, présidait au concile d'Aquilée[1] ; S. Just, évêque de Lyon, assistait à ce concile. — Enfants, contentez vos parents. — David assista aux funérailles du général Abner. — Nous résistons souvent à la grâce de Dieu. — Le souverain pontife n'assista pas à ce concile de Nicée ; les légats du souverain pontife présidèrent à ce concile. — L'homme-Dieu a obéi aux hommes ; et les hommes n'obéissent point à Dieu. — Des amis sincères manquaient au roi Darius. — Samuël, encore enfant, servait fidèlement le Seigneur. — Le roi Antiochus était présent au supplice des Machabées. — Dieu maudit les enfants rebelles. — S. Germain, évêque de Paris, assista à plusieurs conciles. — Les bonnes œuvres résistent à la colère de Dieu. — Jésus ressuscita la fille de Jaïre : Pierre, Jacques et Jean étaient présents à ce miracle.

1. Aquilée, ville d'Italie.

RÈGLE : *Magna calamitas tibi imminet, impendet, instat.*

RÈGLE : *Id mihi accidit.*

RÈGLE : *Homo irascitur mihi.*

Les plus grands malheurs menaçaient les Juifs. — L'avis de Charidème ne plut point au roi Darius. — Ésaü menaça Jacob. — Une mort ignominieuse menaçait Arius. — Jeunes gens, servez le Seigneur : cela vous est avantageux. — J. C. se fâcha contre S. Pierre. — Une mort prématurée menaçait le roi Alexandre. — Les enfants rebelles sont punis : cela est arrivé à Absalon, fils de David. — Le roi Antiochus menaça la ville de Jérusalem. — Une mort vraiment misérable menaçait Darius, roi des Perses. — Le trésor échut à Salomon. — Dieu se fâcha contre le serpent. — Dieu avait menacé Adam et Ève. — Les plus cruelles maladies menacent les jeunes gens impudiques. — Dieu abandonne enfin les cœurs endurcis : cela arriva au roi Pharaon. — Éliab se fâcha contre David. — Darius entra en colère[1] contre Charidème. — Des supplices éternels menacent les impies. — La fille d'Hérodias dansa, et elle plut à Hérode. — Le trône échut à Artaxerxe, et non à Cyrus. — L'empereur Théodose entra en colère contre les habitants d'Antioche. — Jésus menaçait les vents et les flots; et ils obéissaient. — Une soif cruelle menaçait les

1. Entra en colère, *tournez* s'irrita.

Israélites; Judith les délivra. — Faisons pénitence; cela nous sera avantageux. — Saül entra en colère contre le roi des Ammonites[1].

RÈGLE : *Est mihi liber.*

RÈGLE : *Hoc erit tibi dolori.*

RÈGLE : *Crimini dedit mihi meam fidem.*

Alcibiade avait un chien fameux. — La mort de l'empereur Titus causa une grande douleur aux Romains. — Illustre Fabius, les Romains vous ont blâmé injustement de votre lenteur. — Joseph avait une robe de différentes couleurs. — La vue d'un ange causa du trouble à Marie, la plus pure des vierges. — S. Pierre gardait les observances légales[2]; S. Paul l'en[3] blâma. — Socrate avait une épouse très-bizarre. — La mort de Jonathas causa une vive douleur à David. — Charidème dit clairement la vérité à Darius; le roi lui en fit un crime. — Le prophète Samuël avait des fils fort dépravés. — L'absence de Jésus causa une vive inquiétude à Marie et à Joseph. — Joseph découvrit à Jacob deux songes : Jacob l'en blâma. — Le roi Darius avait un fils et deux filles. — La victoire de David causa du chagrin au roi Saül. — Saül, vous épargnez

1. Naas.
2. *Mositicus ritus*, g. *Mositici ritûs*, m.
3. En, *tournez* de cela *hoc. id. etc.*

Agag, roi des Amalécites; certainement le prophète Samuel vous en fera un crime. — L'empereur Auguste avait des amis très-fidèles. — La mort de Turenne causa une grande douleur à tous les Français. — Jacques et Jean demandèrent les deux premières places; J. C. les en blâma. — S. Jean vit quatre animaux mystérieux; chaque animal avait six ailes. — La vue d'un ange causa de l'inquiétude au père de Samson. — Scipion était libéral et magnifique : Caton l'en blâmait. — S. Jean vit un agneau mystérieux; cet agneau avait sept cornes et sept yeux. — La vue de l'étoile causa une grande joie aux mages. — L'aveugle-né rendit gloire à J. C.; les pharisiens lui en firent un crime.

RÈGLE : *Abundat divitiis. Nullâ re caret. Gaudere felicitate alienâ.*

RÈGLE : *Fruor otio.*

Crésus, roi des Lydiens, regorgeait de richesses. — Les hommes se nourrissent de pain, et les animaux se nourrissent d'herbes. — Les riches abondent en toutes choses, et les pauvres manquent de tout. — Sous l'empereur Auguste, l'univers jouissait de la paix. — Notre corps un jour fourmillera de vers. — Horace se glorifiait des dépouilles des trois Curiaces. — Le jeune Valentinien manquait de sages conseillers. — Les anciens se servaient du style. — Le vieillard Éléazar s'abstint de la chair de porc. — Antonin s'acquittait de tous les devoirs d'un bon empereur. — Saül ne se réjouit pas de la victoire de David. — Cinéas dit à Pyrrhus : « O roi, jouissez dès à présent du repos. » — Le corps d'Antiochus fourmillait de vers. — Alexandre se rendit maître de la ville de Tyr. — Les Romains se réjouissaient de la destruction de Carthage. — Cicéron s'acquittait des devoirs d'un consul vigilant et zélé. — Le roi Pharaon et tous les courtisans se réjouirent de l'arrivée de Jacob. — Nous ne jouirons pas du repos et de la gloire avant le travail et les combats. — Les vierges folles manquaient d'huile. — Nous abusons de la patience de Dieu. — L'ange du Seigneur apparut au père et à la mère de Samson, et leur dit : « Votre fils s'abstiendra de vin et de toute viande impure. » — L'empereur Titus se rendit enfin maître de la ville de Jérusalem. — Les Philistins se réjouissaient de la captivité de Samson. — David se servait de l'épée de Goliath.

RÈGLE : *Miserere pauperum.*

RÈGLE : *Vivorum memini, nec possum oblivisci mortuorum.*

Alexandre eut pitié du fils de Darius. — Le grand échanson oublia longtemps Joseph. — Ayons pitié des pauvres, et Dieu aura pitié de nous. — Dieu eut pitié d'Anne, mère de Samuel. — Le Seigneur n'oublia pas la chaste

Suzanne faussement accusée. — Dix lépreux s'écrièrent : « Jésus, notre maître, ayez pitié de nous.» —Les Romains n'avaient pas oublié les crimes de Néron; ils n'eurent point pitié de cet empereur. — O Dieu, oubliez nos crimes! — Deux aveugles suivirent Jésus en criant : « Fils de David, ayez pitié de nous! » — Pierre se souvint de la parole de Jésus. — Le riche n'avait pas eu pitié de Lazare; Abraham n'eut point pitié du riche. — César oubliait volontiers les injures. — O Dieu, souvenez-vous de vos miséricordes! — Les sages-femmes d'Égypte eurent pitié des enfants des Hébreux. — Souvenons nous des paroles de notre maître. — La fille du roi Pharaon eut pitié de Moïse. — Sisygambis n'oublia jamais les bienfaits d'Alexandre.

RÉCAPITULATION

depuis la règle : Ego audio, *jusqu'à la règle :* Vivorum memini.

Jésus dit aux disciples de Jean : « Allez, vous rapporterez ceci à votre maître : Les aveugles voient, les boiteux marchent; les sourds entendent, les muets parlent, les morts ressuscitent. » — Vous avez la foi, j'ai les œuvres. — Seigneur, nous avons péché, et vous nous avez frappés : nous implorons votre miséricorde, vous nous pardonnerez. — J'oserais offenser le Dieu du ciel et de la terre! —

Marthe et Marie obtinrent un grand miracle. — Jonathas dit à David : « Vous et moi nous serons toujours amis. — Une grande foule de peuple suivait J. C. — O Dieu, vous couronnez vos dons en couronnant nos travaux ! — Cherchons toujours la gloire de Dieu, et nous trouverons la paix du cœur. — L'aveugle recouvra la vue et suivit Jésus. — Quelqu'un disait à S. Lorenzo Giustiani : « La couronne de gloire vous attend — Cette couronne, répondit-il, attend les hommes forts et courageux, mais non les hommes lâches. » — Les hommes et les anges ignorent le dernier jour. — Nous ne pouvons servir Dieu et l'argent. — J. C. fut crucifié et expira entre deux voleurs : Marie et Jean étaient présents à ce triste spectacle. — Une mort ignominieuse menaçait l'orgueilleux Hérode. — Dieu venge les innocents : cela arriva à la chaste Suzanne. — Le conseil de Livie plut à Auguste. — Les pharisiens menacèrent l'aveugle-né et se fâchèrent contre lui. — David entra en colère contre Nabal, époux d'Abigaïl. — S. Pierre n'avait ni or ni argent, mais il avait le pouvoir de guérir les boiteux.

L'arrivée de Jacob causa une grande joie à Joseph. — Le grand prêtre secourut David : le roi Saül osa lui en faire un crime. — Xerxès regorgeait de richesses ; mais ce roi puissant et riche manquait d'amis fidèles. — Catilina abusait de la patience des Romains. — Sion a dit : « le Seigneur m'a oubliée ; » le Seigneur lui a répondu : « Je ne vous oublierai jamais. » — Dieu a pitié des hommes: les hommes oublient souvent les bienfaits de Dieu. — David dit : « J'ai péché ; » le prophète répondit : « Le Seigueur a transporté votre péché. Vous ne mourrez point, mais l'enfant mourra certainement. » — Les apôtres dirent à J.C. : « Vous parlez clairement maintenant, c'est pourquoi nous croyons. » Jésus répondit : « Vous croyez maintenant : cependant vous serez bientôt dispersés, et vous m'abandonnerez; mais je ne serai point seul, car mon Père ne m'abandonnera point. » — J. C. est la vraie vigne, et nous sommes les branches. — Alors ils m'invoqueront, et je ne les écouterai point; ils me chercheront, et ils ne me trouveront point. — Pierre dit à Jésus : « Vous me lavez les pieds ! » — O Jésus, vous ouvrez, et personne ne ferme; vous fermez, et personne ne peut ouvrir. — Nous oserions crucifier de nouveau J. C. ! — Paul et Barnabé annonçaient ensemble la bonne nouvelle aux nations. — Infortuné Saül, toi et Jonathas vous serez tués. — O Marie, vous et votre cousine, vous êtes devenues mères par miracle. — Toute l'assemblée s'écria : « Marie est la mère de Dieu ! » — Jamais J. C. ne quittera l'Église, et jamais l'Église ne quittera Jésus-Christ. — S. Luc, médecin et évangéliste, accompagna constamment S. Paul, apôtre des nations.

Une gloire éclatante est réservée aux humbles, et une horrible confusion aux superbes. — Une crèche ne convenait pas à un Dieu créateur du ciel et de la terre;

mais elle convenait à un Dieu sauveur du genre humain. — Saints apôtres, vous souffrez la faim, la soif, la prison et les opprobres, mais des trônes éclatants vous attendent. — S. Luc, évangéliste et disciple de S. Paul, avait étudié la médecine. — Le fils de Jonathas répondit à David : « Seigneur, pardonnez-moi ; mon serviteur n'a pas voulu m'obéir. » — S. Césaire assista à plusieurs conciles, et présida au second concile d'Orange. — Une mort inopinée menaçait l'impie Balthazar, roi de Babylone. — La lettre de Darius déplut à Alexandre. — Plusieurs se couchent et ne se lèvent point : cela arriva à Holopherne. — Le superbe Antiochus entra en colère contre les Machabées. — Jésus menaçait les esprits immondes, et ils s'enfuyaient. — Goliath avait une épée, une lance et un bouclier ; David avait seulement une fronde et un bâton. — Gédéon avait trois cents soldats ; chaque soldat avait une lampe et une trompette. — Marie et Joseph trouvèrent enfin J. C. : ce fut pour eux [1] le sujet d'une grande joie. — Callisthène refusa le titre de Dieu à Alexandre, et ce roi orgueilleux lui en fit un crime. — S. Jean-Baptiste s'abstint toujours de vin, et il se nourrisait de sauterelles et de miel sauvage. — Les saints jouiront avec J. C. d'un repos éternel. — Le riche crie en vain : « Père Abraham, ayez pitié de moi : » Abraham n'oubliera jamais l'inhumanité de cet homme.

[1] Pour eux, *tournez* à eux.

RÈGLE : *Do vestem pauperi.*

RÈGLE : *Minari mortem alicui.*

Dieu donna enfin un fils à Zacharie. — Dieu avait menacé Adam et Ève de la mort. — Zopyre livra à Darius la ville de Babylone. — Modeste, préfet de l'empereur Valens, menaça en vain S. Basile de l'exil. — Les mages offrirent des présents à l'enfant Jésus. — Elisabeth félicita Marie du titre de mère de Dieu. — Dieu donna à Salomon la sagesse, la gloire et les richesses. — Antiochus menaça en vain les Machabées de la mort et des plus cruels supplices. — Dieu livra à Alexandre le royaume de Darius. — Toute la contrée félicitait Zacharie et Élisabeth de la naissance d'un fils. — Dieu promit à Abraham une nombreuse postérité. — Quelques jeunes gens livrèrent à Annibal la ville de Tarente. — Dieu avait menacé les hommes du déluge. — Éliézer donna à Rébecca des pendants d'oreilles et des bracelets d'or. — Dieu avait promis aux hommes un sauveur. — Habitants d'Antioche, je vous félicite de l'heureux voyage de Flavien, votre évêque. — Dieu a livré à la mort l'auteur de la vie. — Abel et Caïn offraient des présents au Seigneur. — Les Français félicitaient souvent Turenne de la victoire. — J. C. donna les clefs du ciel à S. Pierre. — Dieu montra à Moïse la terre promise. — Illustre Chrysostome, hâtez-vous; votre peuple vous félicitera de votre heureux retour. — Dieu promet une gloire éternelle aux imitateurs de J. C. — Dieu menace les orgueilleux d'un opprobre éternel. — Dieu a donné un corps à l'homme; il lui donnera donc aussi la nourriture et le vêtement. — Les tyrans menaçaient en vain les martyrs des supplices et de la mort. — La fille d'Hérodias dit à Hérode : «Donnez-moi sur-le-champ la tête de Jean-Baptiste. » — Les princes des prêtres, les sénateurs et les docteurs de la loi livrèrent Jésus à Pilate. — David tua Goliath : les femmes le félicitèrent de cette victoire.— S. Jean-Baptiste a préparé au Seigneur un peuple parfait. — S. Paul menaça le grand prêtre Ananie de la vengeance divine. — L'ange Gabriel annonça à Zacharie une heureuse nouvelle.

RÈGLE : *Hæc via ducit ad virtutem.*

RÈGLE : *Doceo pueros grammaticam.*

RÈGLE : *Scribo ad te* ou *tibi epistolam.*

En vain la femme de Putiphar sollicita Joseph au crime. — Amilcar enseigna l'art de la guerre à Annibal. — Darius écrivit une lettre à Alexandre, et Alexandre envoya une réponse à Darius. — La pénitence conduit au bonheur éternel. — Salomon demanda à Dieu la sagesse. — Les Carthaginois envoyèrent trente députés à Scipion. — Le péché conduit au malheur éternel. — Dieu avait caché au démon la divinité de J. C. — S. Paul a écrit deux lettres aux Corinthiens. — La loi de Moïse ne conduisait point à la parfaite justice. — Ausone enseigna la rhétorique et la poésie à S. Paulin, évêque de Nole. — Joseph envoya des présents à Jacob. — Jérémie exhortait les Juifs à la pénitence. — J. C. seul nous enseigne la vérité. — O Dieu, vous avez envoyé aux hommes votre Fils. — Enfants paresseux, la fourmi vous invite au travail. — Philotas avait caché à Alexandre le complot de Dymnus. — Brutus porta à Apollon un bâton creux et une verge d'or. — Le démon nous porte sans cesse au péché. — L'enfant Samuel ne cacha rien au grand prêtre. — Pilate envoya Jésus à Hérode. — La croix nous conduira à la gloire éternelle. — J. C. avait celé aux apôtres le dessein du perfide Judas. — Parménion écrivit une lettre au roi Alexandre. — Titus invita en vain les Juifs à la paix. — J. C., notre voie, enseigna aux chrétiens le chemin de la vie. — S. Paul a écrit une lettre aux Romains. — La longue patience de Dieu nous invite à la pénitence. — Dieu nous a enseigné de grandes vérités; mais il nous a celé plusieurs mystères. — Les mages portèrent à l'enfant Jésus de l'or, de l'encens et de la myrrhe. — Jeunes gens, l'oisiveté vous conduira au crime. — Dieu nous a celé l'heure de notre mort. — Le roi Pyrrhus envoya des présents aux Romains.

—Deux vieillards impudiques sollicitaient au crime la chaste Suzanne.— J. C. enseignait aux hommes la voie de Dieu selon la vérité. — Les habitants d'Antioche envoyèrent le saint évêque Flavien à l'empereur Théodose. — L'ingratitude envers Dieu conduit à l'impiété. — Demandons instamment à Dieu la grâce de J. C., et nous l'obtiendrons certainement. — Abigaïl, épouse de Nabal, porta des vivres à David. — L'avarice conduisit Judas à la plus horrible trahison. — Mucius Scévola ne cacha point au roi Porsenna les desseins des jeunes Romains. — Cléandre envoya la tête de Parménion au roi Alexandre.

Règle : *Accepi litteras a patre meo.*

Règle : *Accepi magnam voluptatem ex tuis litteris.*

Règle : *Id audivi ex amico* ou *ab amico meo.*

Les Éphésiens reçurent une lettre de S. Paul, apôtre des nations. — Joseph ressentit une grande joie de l'arrivée de Jacob. — Rome apprit de Cicéron les noirs desseins de Catilina. — Le roi Salomon obtint du Seigneur une sagesse extraordinaire. — Rébecca avait puisé de l'eau à la fontaine, et elle la présenta à Éliézer, serviteur d'Abraham. — L'enfant mourut : David le connut à la mine et par les discours des serviteurs. — Sainte Monique demandait sans cesse à Dieu le salut de S. Augustin. — S. Germain, chasseur fort adroit, pendait à un poirier la tête des animaux. — Nous connaissons l'arbre par les fruits. — Le fils a reçu du père le pouvoir de juger les hommes. — Sisygambis ressentit une vive douleur de la mort d'Alexandre. — Daniel connut par la déposition des vieillards l'innocence de Suzanne. — Anne, stérile, demanda instamment à Dieu un fils et elle obtint du Seigneur le prophète Samuel, trois autres fils et deux filles. — David ressentit la plus vive douleur du crime et de la mort d'Ammon. — Les fils de Jacob avaient commis un crime énorme : Jacob l'apprit de Joseph. — Philémon reçut une lettre de S. Paul. — Les apôtres avaient ressenti une vive douleur de la mort de J. C. : ils ressentirent ensuite la plus grande joie de la résurrection du Sauveur. — L'épouse de Darius mourut : ce prince infortuné l'apprit d'un eunuque. — Les princes des prêtres ne voulurent point recevoir de Judas les trente deniers. — Cléanthe, pendant le jour, assistait aux leçons de Zénon, et pendant la nuit il puisait de l'eau à un puits. — J. C. ressuscita : les saintes femmes l'apprirent d'un ange. — Nous avons tout[1] reçu de Dieu. — Saint Paul obtint de Philémon la grâce d'Onésime. — Marie et Joseph ressentirent une vive douleur de l'absence de l'enfant Jésus. — Nous connaissons l'artisan par l'ouvrage. — Joseph demanda hardiment à

1. *Omnia*, sous-ent. *bona*.

Pilate le corps de Jésus. — Les Philistins pendirent à la muraille le corps du roi Saül. — Les disciples demandaient à Jésus le sens des paraboles. — Paul Émile ressentit une grande joie du retour de Scipion l'Africain. — Un médecin perfide voulait empoisonner Pyrrhus ; le roi l'apprit de Fabricius.

Règle : *Christus redemit hominem a morte.*

Règle : *Implere dolium vino.*

L'aumône délivrera l'homme de la mort éternelle. — Dieu a comblé de toute grâce Marie, mère de J. C. — Moïse délivra les Hébreux de la servitude de Pharaon. — Moïse dépouilla Aaron des habits de grand prêtre. — Les querelles des serviteurs séparèrent Loth d'Abraham. — Le Seigneur couvrit de moucherons les Égyptiens et les animaux. — J. C. séparera un jour le juste de l'impie. — Le prophète Samuel remplit une fiole d'huile, et sacra Saül roi. — La grâce de J. C. nous délivre de l'esclavage du péché. — Moïse remplit de grenouilles les maisons des Égyptiens. — J. C. nous a rachetés des peines des enfers. — Moïse revêtit des habits de grand prêtre Éléazar, fils d'Aaron. — Dieu discerna la famille d'Abraham des autres peuples. — Dieu frappa d'une plaie horrible tout le corps du saint homme Job. — O divin enfant, délivrez-nous de l'aveuglement de l'esprit! —

L'Esprit saint remplit d'un zèle ardent le cœur des apôtres. — Rébecca éloigna Jacob d'Ésaü. — Joseph enveloppa d'un linceul blanc le corps de Jésus. — Seigneur, délivrez-nous de la tyrannie de nos passions. — Dieu comblera d'honneur et de gloire les vrais disciples de J. C. — Dieu détourna l'esprit d'Alexandre du dessein d'assiéger la ville de Jérusalem. — Un des soldats remplit une éponge de vinaigre, et la présenta à J. C. — Enfant Jésus, délivrez-nous de l'empire de Satan. — Dataphernе et Cathène dépouillèrent le perfide Bessus du diadème et de la robe de Darius. — Tirons d'abord la poutre de notre œil, ensuite nous tirerons la paille de l'œil de notre frère. — Jahel remplit un vase de lait et le présenta à Sizarra.

RÈGLE : *Admonui eum periculi* ou *de periculo.*

RÈGLE : *Hoc eos moneo.*

RÈGLE : *Insimulare aliquem furti* ou *furto.*

Cicéron fut averti du complot de Catilina. — Les frères de Joseph furent accusés de larcin. — Agésilas fut averti du projet d'Épaminondas. — La femme de Putiphar accusa Joseph d'un crime abominable. — Le peuple de Constantinople fut averti du retour de S. Jean Chrysostome. — Daniel convainquit de mensonge deux vieillards impudiques. — La ville de Jérusalem fut détruite : J. C. avait averti de cela les apôtres. — Les fils du grand prêtre Héli furent accusés et convaincus de crimes abominables. — La mère et l'épouse de Darius furent averties de l'arrivée d'Alexandre. — Les fils de Brutus furent convaincus de trahison et condamnés à mort. — J. C. dit aux apôtres : « Je vous avertis d'une chose : un de vous me trahira. » — Samson fut condamné à tourner la meule. — Patron avait averti Darius de la perfidie de Bessus. — S. Paul fut condamné à la prison. — Parménion n'avait point été averti de la mort de Philotas. — J. C. a été accusé de blasphème et condamné à la croix. — Le dernier jour surprendra les hommes ; J. C. nous a avertis de cela. — Caligula et Néron étaient justement accusés de cruauté. — Jonathas informa David du dessein de Saül. — Les hérésies ravageront l'Église : Saint Paul nous a avertis de cela. — Mélitus avait accusé Socrate d'impiété. — Les fleurs des arbres nous avertissent du retour du printemps. — Des signes effrayants nous avertiront de l'arrivée du Fils de l'homme. — S. Jean Chrysostome fut condamné à l'exil. — Le Fils de l'homme reviendra : les anges ont averti les apôtres de cela. — S. Athanase, évêque d'Alexandrie, était accusé de sortilége. — La perfide Dalila avertit Samson de l'arrivée des Philistins. — Saint Polycarpe fut condamné au feu.

RÈGLE : *Damnare aliquem ad triremes.*

RÈGLE : *Arguitur prodidisse rempublicam.*

RÈGLE : *Deus amat virum bonum, illique favet.*

Socrate était accusé de corrompre la jeunesse. — Craignons et servons le Seigneur. — Les juges condamnèrent S. Pierre à être crucifié. — Méditons et étudions l'Évangile. — Les pharisiens accusaient J. C. de violer la loi. — Dieu avertit et menace le pécheur. — Les Juifs condamnèrent S. Étienne à être lapidé. — Un chrétien évite et a en horreur[1] le péché. — Les Athéniens condamnèrent Phocion à boire la ciguë. — Les courtisans louaient et flattaient le roi Xerxès. — Adam et Ève furent condamnés à abandonner le paradis terrestre. — Enfants des hommes, aimez et servez le Seigneur. — Caïn, meurtrier d'Abel, fut condamné à errer continuellement. — S. Paul étudiait et prêchait J. C. crucifié. — Nous avons péché : Dieu nous a condamnés à souffrir et à mourir. — Enfants, chérissez et contentez vos parents. — Le juge Asclépiade condamna Romain à être brûlé vif, et l'enfant Barulas à avoir la tête tranchée[2]. — Prêtres, étudiez et prêchez la loi

1. [*Ab aliquâ re*] *abhorrere.*

2. Avoir la tête tranchée, *obtruncari*, *or*, *aris*, *atus*, passif.

du Seigneur.— L'empereur Trajan aimait et favorisait Pline, auteur fort élégant.—Deux infâmes vieillards accusèrent la chaste Suzanne d'avoir commis un adultère; le peuple les condamna à être lapidés. — Les courtisans louaient et flattaient le roi Alexandre, — Le roi Assuérus condamna Aman à être attaché à une potence. — Étudions et imitons J. C., notre modèle. — Dieu condamna l'orgueilleux Nabuchodonosor à brouter l'herbe avec les animaux. — Rébecca aimait et favorisait Jacob. — Les juges condamnèrent S. Polycarpe à être brûlé vif.— Dieu n'a point épargné les anges; mais il a épargné et comblé de grâces les hommes. — La loi condamnait les adultères à être lapidés. — Jésus bénit et multiplia les cinq pains et les deux poissons. — Deux femmes furent accusées de n'avoir point observé la loi; le roi Antiochus les condamna à être précipitées. — Les Juifs rebelles persécutaient et maudissaient les prophètes du Seigneur.

RÈGLE : *Amor a Deo.*

RÈGLE : *Mœrore conficior.*

RÈGLE : *Hæc sententia neque nobis neque illi probatur.*

L'innocent Abel fut tué par Caïn. — La barque était couverte par les vagues, et Jésus dormait. —L'avis des vieillards ne fut point approuvé de Roboam. — Ève fut trompée par le serpent. — Anne, mère de Samuel, était d'abord accablée de chagrin ; mais ensuite elle fut comblée de joie. — L'avis de Gamaliel fut approuvé de tous les sénateurs. — Jésus-Christ fut tenté par le diable. — Les Égyptiens furent frappés de dix plaies extraordinaires. — La conduite des fils du grand prêtre[1] n'était approuvée ni du père ni des Israélites. — Les hommes et les animaux furent couverts d'ulcères et de tumeurs. — La sévérité de Manlius Torquatus ne fut pas approuvée de tous les Romains. — Rémus fut tué par le féroce Romulus. — Les bêtes furent frappées d'une horrible peste. — Les parents doivent être chéris et honorés par les enfants. — Les Philistins furent d'abord vaincus par Samson ; mais ensuite Samson fut trahi par Dalila, et fut pris par les Philistins. — Les champs furent ravagés par une grêle épouvantable. — La conduite du jeune Samuel était approuvée de Dieu et des hommes. — Salomon fut d'abord chéri de Dieu, mais ensuite il fut perverti par des femmes étrangères. — Le saint homme Job fut frappé d'une horrible plaie. — Le chute de Salomon nous paraît incroyable. — La ville de Jérusalem fut assiégée par Titus. — Le roi Antiochus fut frappé d'une maladie incurable. — Les commandements de Dieu et de l'Église

1. Héli.

doivent être fidèlement observés par tous les chrétiens. — Après la mort de Moïse et de Josué, les Israélites furent gouvernés par des rois. — Les Juifs furent accablés de maux, et tourmentés par une famine horrible. — L'histoire de Joseph m'a toujours paru admirable. — Le jeune Tobie fut heureusement conduit par un ange. — Le visage de Jésus fut meurtri de soufflets et couvert de crachats. — L'avis d'Achitophel avait été approuvé d'Absalon et de tous les anciens; l'avis de Chusaï fut contraire, et parut à tous le meilleur. — Le Fils de l'homme fut rejeté par les sénateurs, par les princes des prêtres et par les docteurs de la loi. — Les bergers furent environnés d'une lumière divine et saisis d'une extrême frayeur. — L'oisiveté doit être évitée de tous les jeunes gens.

RÉCAPITULATION

depuis la règle: Do vestem pauperi, *jusqu'à la règle:* Hæc sententia neque nobis neque illi probatur.

Salomon préférait la sagesse aux sceptres et aux couronnes. — Les Sarrasins menacèrent S. Louis du supplice de la croix. — J. C. nous appelle à de grands combats, et non pas aux joies du monde; au travail, et non au repos et à l'oisiveté. — Le grand Albert enseigna la théologie à S. Thomas, docteur de l'Église. — Philippe, roi de Macédoine et père d'Alexandre, écrivit une lettre à Aristote, rhéteur très-célèbre. — Les Hébreux obtinrent enfin du roi Pharaon la liberté de partir. — Les apôtres reçurent de J. C. le pouvoir de chasser les démons et deguérir les maladies. — David ressentit la plus vive douleur de la mort d'Absalon. — Les Israélites furent vaincus et l'arche fut prise : le grand prêtre l'apprit d'un soldat. — Samson délivra les Israélites de l'oppression des Philistins. — Les anges viendront, et sépareront les méchants d'avec les justes. — Les Grecs remplirent de soldats armés un énorme cheval de bois. — Le Seigneur combla Salomon de gloire et de richesses. — J. C. avertit enfin les apôtres de la trahison de Judas. — Nous étions condamnés à la mort éternelle; c'est pourquoi Dieu a condamné J. C. à la mort. — Saint Athanase fut accusé d'avoir tué Arsène, et les ariens le condamnèrent à sortir de la ville d'Alexandrie. — Mécène estimait et favorisait Virgile et Horace. — J. C. fut trahi et vendu par Judas, renié par S. Pierre, et abandonné de tous les apôtres. — Les impies seront éternellement dévorés par les flammes. — Les desseins de Catilina étaient connus de Cicéron, consul très-vigilant.

Les Juifs ont préféré Barrabas à J. C. — Tous les jours nous préférons notre volonté à la volonté de Dieu. — L'incarnation a donné un fils à la Vierge, un sauveur au monde, un modèle aux hommes, une victime aux pécheurs, un chef aux anges, un nouvel adorateur au Père, une nouvelle nature au Fils, un temple au Saint-Esprit. — David tua Goliath : les femmes le félicitèrent de cette victoire. — Les plaisirs du monde mènent aux amertumes des passions; la croix de J. C. conduit à la paix du cœur et aux délices de l'innocence. — Dieu envoya l'ange Gabriel, non aux rois et aux princes de la terre, mais à une pauvre fille, à Marie, épouse d'un artisan. — Le prophète Élie obtint de Dieu une pluie abondante. — Les soldats reçurent des princes des prêtres et des sénateurs une grosse somme d'argent. — Véturie ressentait une grande joie des victoires de Coriolan. — Salomon connut par la réponse des deux femmes la véritable mère de l'enfant. — Les apôtres ont appris de J. C. la véritable doctrine; nous l'avons apprise des évêques, successeurs des apôtres. — Dieu nous délivre des maux passés, présents et à venir. — La foi, l'espérance et la charité distinguent les enfants de Dieu des enfants du diable. — Dieu avait rempli le cœur de Madeleine d'un ardent amour. — Dieu le Père a couronné Jésus de gloire et d'honneur. — Un esclave informa les consuls du complot de Titus et de Tibérius, fils de Brutus, et de plusieurs autres jeunes Romains. — L'Antechrist fera des prodiges étonnants : J. C. nous a avertis de cela. — Les Parisiens osèrent accuser sainte Geneviève d'hypocrisie et de superstition. — Les fils de Brutus furent accusés d'avoir favorisé les Tarquins, et Brutus lui-même les condamna à mourir. — Coriolan chérissait et contentait Véturie. — Une femme s'écria : « Seigneur, fils de David, ayez pitié de moi ! ma fille est cruellement tourmentée par le démon. » — Les bienheureux seront enivrés d'un torrent de délices. — La guerre contre les Romains n'était point approuvée d'Hannon, ennemi d'Annibal.

Règle : *Hoc ad me pertinet.*

Règle : *Me pœnitet culpæ meæ.*

Règle : *Incipit me pœnitere culpæ meæ.*

La vengeance appartient à Dieu, et non aux hommes. — Sylla s'ennuya de la dictature. — Dieu livrait les Israélites aux nations étrangères : alors ils commençaient à se repentir. — Le soin des enfants regarde les parents et les maîtres. — Alexandre se repentit du meurtre de Clitus. — Marc-Aurèle aurait dû avoir honte des désordres de Faustine[1]. — Le siége de Sagonte, ville alliée, touchait les Romains. — L'empereur Théodose eut pitié de la ville d'Antioche. — La mort viendra : alors nous commencerons à nous repentir de nos crimes. — Les préceptes de J. C. regardent les riches et les pauvres. — L'empereur Auguste eut honte des désordres de Julie. — Les Égyp-

1. C'était son épouse. Elle s'appelait *Faustina junior* et était fille de *Faustina* (*Galeria*), femme d'Antonin.

tiens poursuivent les Israélites : ils pourront s'en repentir. — Les lois de Sparte regardaient la guerre. — Josué, successeur de Moïse, eut pitié des Gabaonites. — Saprice, prêtre endurci, ne voulut pas avoir pitié de Nicéphore. — Les guerres des Israélites regardaient le Seigneur. — Ésaü ne s'ennuyait pas de la chasse. — Alexandre, tu perces Clitus, tu pourras t'en repentir. — Les fautes des enfants regardent souvent les parents. — Le Seigneur eut pitié des Ninivites. — Cruel Néron, tu devais avoir honte de ta barbarie. — La guerre contre les Véiens regardait les Fabius. — Le saint homme Job s'ennuyait de la vie. — Je ne veux pas avoir éternellement honte de mes péchés, j'aime mieux en avoir honte maintenant. — Les menaces de la loi, dit S. Paul, ne regardent pas le juste, mais les impies et les scélérats. — Le riche n'avait pas eu pitié de Lazare; le père Abraham ne voulut point avoir pitié du riche. — Les affaires des autres ne nous regardent pas; mais le salut de notre âme nous regarde. — Pierre, vous reniez votre maître, vous vous repentirez bientôt de votre lâcheté. — Le déluge arriva : alors les hommes incrédules commencèrent à se repentir.

Règle : *Refert, interest regis.*

Règle : *Refert, interest meâ.*

Règle : *Interest tuâ unius.*

Règle : *Refert meâ Cæsaris.*

Règle : *Utriusque nostrûm interest.*

Règle : *Ad honorem nostrum interest.*

Il importe aux enfants. — Il m'importe. — Il importait à toi, Darius. — Il importe au bonheur des enfants. — Il importe aux jeunes gens. — Il t'importe. — Il importait à toi, Romulus. — Il importe à la santé des jeunes gens. — Il importe aux vieillards. — Il vous importait. — Il eût importé à toi, Coriolan. — Il importait à l'innocence de Suzanne. — Il importait à Adam et à Ève. — Il nous importe. — Il importait à vous, Artaxerxe et Cyrus. — Il importe à la paix de notre cœur. — Il importait à Caïn. — Il importe à toi et à moi. — Il importait à toi, Catilina. — Il importe à la tranquillité des villes. — Il importait au roi Salomon. — Ministres du Seigneur, il importe à vous et à nous. — Il importait à vous, Sylla et Marius. — Il importe à la fertilité des campagnes. — Il eût importé à Roboam, fils de Salomon. — Romains, il vous importait. —

Il eût importé à vous, Carthaginois. — Il importe à la discipline d'une armée. — Il importait au roi Jéroboam. — Mes frères, il importe à vous et à moi. — Il importait à toi, Jugurtha. — Il importait à la sagesse des législateurs et des magistrats. — Il eût importé au roi Saül. — Romulus et Rémus, il vous importait. — Annibal et Scipion, il vous importait à tous deux. — Il importe à l'intégrité des juges. — Il importait à César et à Pompée. — Anges rebelles, il vous eût importé. — Il importait à toi, Samson, et à vous, Philistins. — Il importe à la culture des terres et au soin des troupeaux. — Il importait à Philippe, roi de Macédoine. — Il importe à vous et à nous. — Artaxerxe et Cyrus étaient frères; il leur eût importé à tous deux. — Il importait à la gloire d'Alexandre.

RÈGLE : *Est regis tueri subditos.*

RÈGLE : *Meum est loqui.*

RÈGLE : *Hic liber est meus.*

Il appartient à Dieu seul de créer. — C'est à nous de célébrer la puissance de Dieu. — Réjouissons-nous : les trésors de J. C. seront à nous. — Il appartient au Seigneur de commander ; mortels, c'est à vous d'obéir. — Seigneur, les cieux sont à vous, et la terre est à nous. — Il appartient à Dieu seul de sonder les reins et les cœurs. — C'est à nous de nous taire. — O Dieu, nous sommes tout à vous.— O Jésus, c'est à vous, notre maître, d'enseigner; c'est à nous, vos disciples, d'écouter.— Secourons les pauvres, et le ciel sera à nous. — Il appartient au démon de porter au péché : c'est à nous de résister à la tentation ; mais c'est à Dieu de nous donner la victoire.—Infortuné Darius, Alexandre s'avance : bientôt le royaume de Perse ne sera plus à toi. — C'est à Dieu de frapper et de guérir ; c'est à moi, pécheur, d'accepter les maux et les maladies. — Hébreux , le Seigneur combattra , et la victoire sera à vous. — C'est à nous de frapper à la porte, c'est à Dieu d'ouvrir. — L'âme du père et l'âme du fils sont à moi, dit le Seigneur. — C'est à moi de demander et de chercher; mais c'est à Dieu de donner.— C'était à vous, Fabius, de commander, c'était à toi, Minucius, d'obéir.— Demandons la grâce de J. C., et la victoire sera à nous. — C'est au roi de gouverner, c'est aux sujets de défendre le roi. — C'était à toi, Pilate, de renvoyer l'innocent. — O Jésus, vous êtes à moi; que je sois à vous maintenant et toujours. — Il appartient à J. C. seul d'ouvrir et de fermer. — C'était à vous, Daniel, de prouver l'innocence de Suzanne. — Avare, tu enfouis des trésors; la mort s'approche, bientôt ils ne seront plus à toi.— Il appartient au Fils de Dieu de juger les vivants et les morts : c'est à nous de redouter et d'apaiser ce juge sévère. — Nabuchodonosor, tu dis fièrement : « Babylone, cette ville riche et magnifique, est à moi ; » mais bientôt elle ne sera plus à toi. — L'homme propose, mais c'est à Dieu de disposer. — Jésus dit à ses apôtres : « Ce n'est pas à vous de connaître le temps et les moments réservés à Dieu seul. » — Ménageons le temps : le temps passé n'est déjà plus à nous.

RÈGLE : *Mihi opus est amico.*

RÈGLE : *Interdico tibi domo meâ.*

Un roi surtout a besoin d'amis sages et fidèles. — L'ange du Seigneur avait interdit le vin à la mère de Samson. — L'homme a besoin du secours de Dieu. — L'empereur Trajan avait interdit l'entrée du palais aux flatteurs. — La terre a besoin de pluie et de chaleur. — Le ciel fut interdit par Dieu aux anges rebelles. — Les soldats ont besoin de la prudence du général, et le général a besoin des bras du soldat. — L'or et l'argent avaient été interdits aux Lacédémoniens par Lycurgue. — Nous avons toujours besoin de la grâce de J. C. — La terre promise fut interdite par Dieu à Moïse et à Aaron. — Catilina jura la perte de Rome : cette ville eut besoin d'un consul vigilant et zélé. — Le sage interdit aux jeunes gens le mensonge et la langue double. — Le roi Salomon disait à Dieu : « Seigneur, j'ai besoin d'une grande sagesse. » — Pères et mères, vous devez interdire à vos enfants la société des jeunes gens libertins. — Jésus disait aux pharisiens : « Les malades, et non les sains, ont besoin de médecin. » — Dieu interdit les délices du monde aux disciples de la croix. — Les Carthaginois avaient besoin d'un général habile. — Les officiers d'Absalon tuèrent Ammon : David alors interdit l'entrée du palais à Absalon. — Les pauvres ont besoin du secours des riches, et les riches ont besoin du service des pauvres. — Adam et Ève péchèrent : alors Dieu leur interdit le paradis terrestre.

RÈGLE : *Amat ludere.*

RÈGLE : *Eo lusum.*

RÈGLE : *Venio ad studendum* ou *ut studeam.*

Le roi Antiochus aimait à chasser. — Tous allaient entendre J. C. — Saint François alla[1] étudier la rhétorique, la philosophie et la théologie ; ensuite il alla étudier le droit. — Jeunes gens, apprenez à vous taire. — Les orateurs allèrent féliciter Alexandre. — S. Antoine alla réfuter l'erreur des ariens. — Enfants des hommes, cessez de médire. —

1 On n'a pu ajouter *à Paris*, *à Padoue*, parce que l'élève est censé ne pas connaître encore les questions de lieu.

Plusieurs Juifs étaient venus consoler Marthe et Marie. — Jésus est venu guérir nos plaies. — Les Gaulois étaient venus assiéger Rome ; Manlius et les Romains vinrent les repousser. — Ésaü, frère de Jacob, ne cessait de chasser. — Holopherne était venu subjuguer la Judée. — Jésus est venu servir et mourir. — Nous désirons tous acquérir le salut, mais nous ne voulons pas faire pénitence. — Les vierges folles allèrent acheter de l'huile ; ensuite elles revinrent assister aux noces, mais la porte fut fermée. — Cessons de pécher, Dieu cessera de châtier. — S. Pierre dit à quelques apôtres : « Je vais prêcher ; » et ils l'accompagnèrent. — Le soleil de justice est venu éclairer le monde. — Les Israélites dirent au prophète Samuel : « Nous voulons avoir un roi. » — S. Timothée alla assister S. Paul prisonnier. — Tous veulent régner avec J. C., mais ils ne veulent pas souffrir avec lui. — S. Antoine alla chercher le manteau de saint Athanase, et revint ensevelir le corps de saint Paul. — L'ange dit aux bergers : « Je viens vous annoncer une heureuse nouvelle. » — Les Lacédémoniens envoyèrent Xanthippe commander l'armée des Carthaginois. — Plusieurs rois et plusieurs prophètes auraient voulu voir J. C. — Enfants des hommes, cessez de faire le mal, apprenez à faire le bien. — S. Thomas venait assister au concile de Lyon ; mais il mourut. — Apprenons à obéir, et nous apprendrons à commander. — Xerxès était venu subjuguer la

Grèce ; mais Thémistocle et les autres généraux allèrent le repousser. — Le prophète Samuel ne cessait de pleurer Saül. — Les saintes femmes étaient allées embaumer le corps de Jésus, et elles revinrent annoncer la résurrection du Sauveur. — Alcibiade quitta les Lacédémoniens, et retourna commander l'armée des Athéniens.

RÈGLE : *Redeo ab ambulando.*

RÈGLE : *Redibam ab agris invisendis.*

RÈGLE : *Te hortor ad legendum, ad legendam historiam.*

Ésaü revenait de chasser. — Le démon nous pousse à pécher. — Ruth revenait de glaner. — Jeunes gens, je vous exhorte à lire l'Évangile. — Alexandre revenait de poursuivre les Perses. — Le sage exhorte les enfants à se taire. — César revenait de subjuguer la Gaule. — Jean-Baptiste exhortait les Juifs à faire pénitence. — L'empereur Adrien revenait de parcourir les villes d'Espagne. — J. C. nous exhorte à porter la croix. — David revenait de tuer Goliath. — La femme de Putiphar ne put engager Joseph à commettre le crime. — Horace revenait de tuer les trois Curiaces. — L'Apôtre nous exhorte à vivre sobrement. — Alexandre revenait de visiter l'Océan. — Jeunes gens, je vous exhorte à porter le joug de J. C. — Pompée revenait de chasser les pirates. — David exhorta Salomon à garder fidèlement la loi du Seigneur. — Tobie revenait d'ensevelir les morts, et il se coucha près d'un mur. — Deux vieillards impudiques ne purent engager Suzanne à pécher. — Scipion revenait de poursuivre les fuyards. — Riches, J. C. vous invite à vous procurer des amis.

RÈGLE : *Consumit tempus legendo.*

RÈGLE : *Dedit mihi libros legendos.*

RÈGLE : *Vidi eum ingredientem.*

Noé employa cent ans à bâtir l'arche. — J. C. nous propose une gloire éternelle à acquérir. — David, voyant Goliath approcher, ne fut point épouvanté. — Les saints passaient le temps à prier, à gémir ; nous employons le même temps à boire, à manger, à dormir, à nous promener. — J. C. voyait beaucoup de choses [1] à condamner. — Marie et saint Jean virent J. C. expirer entre deux voleurs. — J. C. a passé toute sa vie à faire du bien à tous. — Examinons notre vie, nous verrons beaucoup de péchés à expier. — Les martyrs entendaient rugir les lions, et [2] ils n'étaient point effrayés. — L'empereur Domitien passait environ une heure du jour

1. *Multa*, sous-ent. *negotia*.

2. *Et* suivi d'une négation, s'exprime par *nec*.

à attraper des mouches. — Le troisième des frères Machabées présenta volontiers sa langue à couper. — Le jeune Tobie vit un poisson énorme s'approcher, et il trembla. — Riches, employez vos richesses à faire l'aumône. — Saint Paul nous montre des ennemis furieux à vaincre. — Le jeune David ne put entendre Goliath insulter l'armée du Seigneur. — Sylla abdiqua la dictature, et passa le temps à se promener et à chasser. — Interrogeons notre cœur, nous trouverons des défauts à corriger, des vertus à acquérir. — Les bergers entendirent les anges chanter et célébrer la naissance du Sauveur. — L'épouse de Tobie passait le temps à faire de la toile. — Les soldats d'Annibal virent les Alpes à franchir, et ils furent effrayés. — Les apôtres virent monter Jésus-Christ, et une nuée le déroba aux yeux de tous. — Les bergers de la Palestine[1] passaient la nuit à garder les troupeaux. — Dieu nous a donné une loi à observer. — David, encore berger, voyait venir les lions et les ours, et il ne s'enfuyait point. — Salomon employa sept ans à bâtir le temple de Jérusalem. — Jésus donna aux apôtres les pains à distribuer. — Jacob aperçut une échelle, et il voyait les anges monter et descendre. — S. Ambroise vendit les vases sacrés, et en[2] employa le prix à soulager les pauvres. — L'ange dit à Tobie : «Donnez-moi

1. *Palæstinus*, *a*, *um*, adj.
2. En, *tournez* d'eux, *is*, *ea*, *id*.

votre fils à conduire. » — Jésus vit Marie et plusieurs Juifs pleurer, et il pleura lui-même. — Jésus passa la nuit à prier Dieu, et ensuite il choisit les douze apôtres.— J. C. nous offre le pain du ciel à manger. — Jésus cria : « Lazare, levez-vous ; » et aussitôt les apôtres virent Lazare se lever. — S. Paulin employa des richesses immenses à nourrir les membres de J. C. — Dieu donna à un ange le paradis terrestre à garder. — Un jour nous verrons revenir le fils de l'homme, et nous entendrons les anges sonner de la trompette. — Avare, tu passes ta vie à amasser des écus ; emploie tes richesses à essuyer les larmes des malheureux. — Philippe dit à Aristote, célèbre rhéteur : « Je vous donne mon fils à instruire. » — Jésus commandait ; aussitôt les Juifs entendaient parler les muets, et ils voyaient les boiteux marcher, et les morts se lever.

RÉCAPITULATION

depuis la règle : Hoc ad me pertinet, *jusqu'à la règle :* Vidi eum ingredientem.

Judas rapporta l'argent, et dit aux princes des prêtres : « J'ai livré le sang innocent. » Ces impies répondirent : « Cela vous regarde, mais cela ne nous regarde pas. » — Les Hébreux, ingrats et rebelles, s'ennuyèrent de la manne : les chrétiens ne doivent pas s'ennuyer de l'eucharistie. — Je ne veux pas me repentir pendant une éternité : j'aime mieux me repentir maintenant. — Il eût importé à Caligula et à Néron, empereurs romains. — Chrétiens, il importe à vous et à moi. — Il importait à vous, Luther et Calvin. — Joab et Amasa étaient fils de deux sœurs de David : il leur importait à tous deux. — Il importait à la gloire de Constantin et de Théodose, empereurs romains. — Il appartient à Dieu seul d'interpréter les songes. — C'est à nous de demander l'intelligence. — C'était à vous, princes des prêtres, d'ouvrir les yeux et de connaître l'innocence de J. C. — Les Scythes dirent à Alexandre : « Ce pays est à nous, il n'est pas à toi. » — Valentinien avait besoin de sages conseillers et d'amis fidèles. — L'ange du Seigneur avait interdit le vin et la bière à Jean-Baptiste, fils de Zacharie. — Démocrite ne cessait de rire, et Héraclite ne cessait de pleurer. — La Samaritaine était venue puiser de l'eau, et elle reçut l'eau vive du salut. — Saül alla chercher des ânesses, et il trouva un royaume. — Le souverain pontife vint assister aux funérailles de sainte Claire. — Les anges viendront sonner de la trompette. — L'empereur Titus revenait d'assiéger la ville de Jérusalem. — Noé invitait les hommes à détourner la colère de Dieu. — Lucullus alla combattre contre Mithridate ; il employa le temps du voyage à consulter les gens instruits et à lire l'histoire. — Dieu avait donné à Adam un jardin à cultiver. — Les hommes voyaient Héraclite toujours pleurer, et Démocrite toujours rire. — Le soleil ne put voir un Dieu expirer.

L'aîné des frères de S. Bernard dit au plus jeune : « Tout notre héritage vous regarde vous seul ; nous vous l'abandonnons. » Mais celui-ci lui répondit : « Vous choisissez le ciel, et vous me laissez la terre ; le partage n'est pas égal. » — Judas, tu trahis le Fils de l'homme : bientôt tu te repentiras de cette perfidie. — Les Juifs ne voulurent pas se repentir ; un jour certainement, ils commenceront à se repentir, et ils se repentiront amèrement de la mort de J. C. — Il eût importé au roi Xerxès. — Juifs, il vous importe. — Adam et Ève, vous étiez heureux ; il vous importait à tous deux. — Sara et Agar étaient épouses d'Abraham, il leur eût importé à toutes deux. — Il importait au bonheur de Darius et de Xerxès, rois des Perses. — C'est à vous, pasteurs, de planter et d'arroser, c'est à nous de recevoir la semence ; mais c'est à Dieu de donner l'accroissement. — Les vignerons dirent : « Tuons l'héritier, et l'héritage sera à nous. » — Hannon disait en raillant : « Annibal remporte des victoires ; cependant Annibal a toujours besoin de troupes, Annibal a toujours besoin d'argent. » — Saturninus, tribun du peuple, interdit l'eau et le feu à Métellus. — L'empereur Domitien aimait à prendre des mouches. — L'empereur Titus partit, et alla assiéger la ville de Jérusalem. — Jésus est venu chercher la brebis perdue. — Les chiens venaient lécher les ulcères de Lazare. — Madianites, tremblez; les soldats de Gédéon s'avancent et viennent de sonner de la trompette. — Les Israélites offrirent la royauté à Gédéon : il revenait de tailler en pièces l'armée des Madianites. — Annibal engagea le roi Antiochus à déclarer la guerre aux Romains. — Abdalonyme passait le temps à cultiver un jardin. — Riches, Dieu vous a donné une nombreuse famille à nourrir. — Un soldat macédonien entendit un homme gémir ; il s'approcha, et vit Darius expirer.

RÈGLE : *Deus qui regnat.*

RÈGLE : *Pater et mater quos amo.*

RÈGLE : *Virtus et vitium quæ sunt contraria.*

J. C., qui est mort, est aussi ressuscité.— Antoine et Cléopâtre, qui aimaient les plaisirs, périrent misérablement. —Nous devons à la bonté de Dieu le pain et le vin que la terre produit. — Marie, qui a enfanté J.C., fils du Dieu vivant, est vraiment mère de Dieu. — Il importe à moi qui connais J. C. — Isaac et Rébecca, qui vécurent longtemps sans enfants, obtinrent enfin deux fils. — Le mensonge et la calomnie, que nous détestons, sont pourtant fort communs. — Notre âme est plus précieuse que notre corps, qui un jour pourrira. — C'est à toi qui instruis les autres. — Joseph et Marie, que l'absence de Jésus avait vivement affligés, trouvèrent enfin ce divin enfant. — L'eau et le vin, qui sont très-utiles à l'homme, sont quelquefois très-pernicieux. — Les apôtres, qui ont prêché le nom de J. C. règnent maintenant avec lui. — Il importe à toi qui désires le ciel.— Le précurseur de J. C. était fils de Zacharie et d'Élisabeth que Dieu chérissait. — Dieu envoie la guerre et la famine que nous redoutons. — Les saintes femmes qui avaient suivi J. C. jouissent maintenant de la gloire. — Il importe à nous qui avons reçu le baptême. — Samuel et Anne stérile, que Dieu chérissait, ont été les figures de J. C. et de la vierge Marie. — Dieu seul a pu créer le soleil et la lune qui éclairent tout l'univers. — Les miracles, qui furent d'abord nécessaires à la religion, sont plus rares aujourd'hui. — C'est à nous, qui sommes appelés chrétiens. — Marie et Jean, que J. C. crucifié regarda amoureusement, étaient accablés de douleur. — Admirons le corps et l'âme que nous avons reçus de Dieu. — La prière est la clef qui ouvre les trésors du ciel. — Pison et Plancine, que les Romains accusaient d'empoisonnement, étaient odieux à tout le monde. — La fronde et le bâton, que portait David, figuraient la croix de J. C. — Les amis, qui sont les trésors des rois, sont très-rares. — Il importe à vous, qui êtes évêques ou prêtres de J. C. — Adam et Ève, que Dieu avait créés justes, n'ont pas persévéré. — Le temple et la ville, que l'empereur Titus détruisit, étaient fort célèbres. — Le ciel et la terre que nous admirons publient la puissance du Seigneur. — Détestons l'erreur et le mensonge, qui sont opposés à la vérité.

Règle : *Deus qui regnat.*

Règle : *Puer quem pœnitet.*

Règle : *Mitte quem voles.*

Règle : *Deus quem amo.*

Règle : *Pauperes quos amare et quibus opitulari debemus.*

Adorons Jésus-Christ qui nous a rachetés. — Dieu pardonne à l'homme qui se repent sincèrement. — Dieu appelle qui il veut. — Le Dieu que nous adorons est le seul et véritable Dieu. — Les dieux que les nations servaient et adoraient étaient des démons. — Révérons Marie qui a enfanté J. C. — Nous louons aujourd'hui Cimon l'Athénien qui avait pitié des malheureux. — Dieu a choisi qui il a voulu. — La vigne que Noé avait plantée lui fut funeste. — Brutus, que César aimait et avait favorisé, conspira contre ce dictateur. — J. C. opéra un miracle pour soulager le peuple qui le suivait, et qui avait besoin de nourriture. — Le démon trompe qui il peut. — Le jardin qu'Adam cultivait s'appelait le paradis terrestre. — Les hommes, que Noé avait en vain avertis et menacés du déluge, furent submergés. — Dieu chassa les anges qui s'étaient révoltés contre lui. — Dieu envoya le prophète Élie à une veuve qui avait besoin de toutes choses. — Catilina entraînait qui il pouvait. — Abel, que Caïn tua, et Joseph, que les enfants de Jacob vendirent, étaient les figures de J. C., que Judas a vendu et que les Juifs ont mis à mort. — David, que Goliath avait méprisé et maudit, remporta la victoire. — Tibère, qui succéda à Auguste, fut informé des miracles de J. C. — Sylla, qui enfin s'ennuya de la dictature, avait répandu le sang des Romains. — Dieu châtie qui il veut. — L'arbre que Dieu avait interdit à Adam et à Ève nous a été funeste. — Bessus, que Darius avait favorisé et élu général, trahit et enchaîna ce roi infortuné. — Le roi Antiochus, qui avait persécuté les Juifs, et qui ne se repentit pas sincèrement, mourut misérablement. — Le Seigneur enrichit et dépouille qui il lui plaît. — Le sang que Jésus-Christ a répandu a lavé les crimes du genre humain. — Le figuier que J. C. avait maudit sécha. — L'Esprit saint a dicté l'Évangile que nous devons étudier et méditer fort attentivement. — Jésus regarda Pierre, qui se repentit et qui pleura amèrement. — O Dieu terrible! vous aveuglez qui vous voulez, et vous éclairez qui il vous plaît. — Dédaignons les trésors que la rouille et les vers consument. — César épargna les Romains que Pompée avait favorisés. — Nous sommes les enfants d'Ève, que le serpent entretint [1] et séduisit.

RÈGLE : *Animal quem vocamus leonem.*

RÈGLE : *Quas scripsisti litteras, eæ mihi fuerunt jucundissimæ.*

RÈGLE : *Deus, cujus providentiam miramur. Merces quâ dignus es. Libri quibus utor.*

L'astre que nous appelons soleil est le flambeau du monde. — Barabbas, que les Juifs préférèrent à J. C., était un meurtrier. — Jacob, dont le fils Joseph avait été vendu, pleura longtemps. — L'animal que nous appelons singe est malfaisant. — Le corps que Marie a donné à J. C. est maintenant glorieux. — Les sacrements dont nous abusons nous deviendront funestes. — La mer, que nous appelons aussi océan, environne la terre. — Joseph, que Putiphar acheta, fut d'abord esclave et devint ensuite très-puissant. — Nous recevrons la récompense dont nous serons dignes. — L'empire que nous appelons la Russie est très-vaste. — La mort que J.C. a soufferte a été le salut du monde. — Les femmes dont Salomon adora les idoles, pervertirent le cœur de ce prince. — La tache

1. Entretenir quelqu'un, *cum aliquo loqui.*

que nous appelons péché originel est commune à tous. — La femme que Dieu donna à Adam était la figure de l'Église. — Les bienfaits dont le Seigneur nous comble sans cesse, exigent notre amour. — Le cheval que vous m'aviez prêté, m'a été d'une très-grande utilité. — Judas, que J. C. avait élu apôtre, trahit ensuite le Fils du Dieu vivant. — Nous ne devons jamais oublier les péchés dont nous étions accablés et dont nous avons reçu le pardon. — Le détroit que nous appelons Bosphore sépare l'Europe de l'Asie. — Pilate, que Tibère relégua [1], avait condamné à mort J. C. — Darius vaincu écrivit une lettre dont Alexandre vainqueur ne fut pas content. — La planète que nous appelons la lune éclaire les voyageurs pendant la nuit. — La Perse, que Darius possédait, fut subjuguée par Alexandre. — Prions instamment, et le secours dont nous avons besoin nous sera accordé. — Le fleuve que nous appelons la Seine traverse la ville de Paris. — Misérable Pilate, Jésus, que tu as condamné à mort, sera lui-même ton juge. — Le précurseur, dont la mère avait été longtemps stérile, était allié à la sainte Vierge. — Le fruit que nous appelons pomme produit une boisson agréable. — La récompense que Dieu nous promet sera éternelle. — Dieu, de qui nous avons reçu la vie, ne nous abandonnera pas. — Les

1. A Vienne en Dauphiné.

Romains n'aimaient ni Tibère ni Livie, dont ils connaissaient la cruauté et la fourberie.

RÈGLE : *Homo cui officium præstitisti.*

RÈGLE : *Romulus, a quo Roma condita fuit. Is per quem veniam impetravi.*

Dieu bénit la maison de Putiphar, à qui Joseph avait été vendu. — Bessus, par qui Darius avait été trahi, fut ensuite lui-même trahi et enchaîné. — L'ange Gabriel, par qui Dieu annonça à Marie la naissance de J. C., avait annoncé auparavant à Zacharie la naissance du précurseur. — Les hommes à qui nous avons rendu service [1] deviennent quelquefois nos ennemis. — Enfants, chérissez et respectez vos parents, par qui Dieu vous a donné la vie, et par qui vous avez été nourris et élevés. — Les évêques ont succédé aux apôtres, à qui J. C. a confié le gouvernement de l'Église. — Caïn, par qui Abel avait été tué, tremblait et redoutait la mort. — Dieu, par qui règnent les rois, est lui-même le roi des rois. — Les saintes femmes à qui l'ange apparut, furent saisies de frayeur. — L'enfant à qui il importe. — Dieu proté-

1. Rendre service à quelqu'un, *alicui officium præstare*, ou *in aliquem officium conferre*, ou *de aliquo bene mereri, mereor, meritus sum.*

geait Cyrus, par qui la ville de Babylone fut prise. — Un ange annonça la naissance de Samson, par qui Dieu voulait affaiblir la puissance des Philistins. — Les jeunes gens à qui il importait. — Les Thébains, à qui Épaminondas avait rendu de grands services, ôtèrent cependant le commandement à cet illustre général. — Les anges, par qui nous recevons de Dieu des faveurs innombrables, sont dignes de notre amour et de notre respect. — Jacob, à qui la robe de Joseph avait été envoyée, fut accablé de douleur. — Les vieillards à qui il importera. — Les Gaulois, par qui Rome avait été assiégée, furent repoussés par Camille. — Adorons J. C., par qui les anges louent la majesté de Dieu.

RÈGLE : *Mihi paruit. Tibi dedi librum. Me laudas. Mihi faves.*

RÈGLE : *Tibi promisi librum, hunc tibi dabo.*

RÈGLE : *Hoc non agam.*

RÈGLE : *Dices ei. Id illis facile est.*

RÈGLE : *Vidi tuam domum, et illius pulchritudinem miratus sum.*

RÈGLE : *Res est gravissima, huic operam dabo.*

Mon père m'a aimé, et je vous aime. Jésus l'a dit à ses apôtres ; Jésus nous le dit aussi. — Dieu avait promis un fils à Abraham, et il le lui donna. — Une reine vit le palais de Salomon, et elle en fut contente. — Le salut est une affaire très-importante, donnons-y tous nos soins. — Le monde m'a haï; le monde vous haïra. Notre Maître le disait aux apôtres : chrétiens, il vous le dit aussi. — L'enfant prodigue avait dit : « Mon père, divisez votre bien, donnez-moi ma part; » et le père la lui donna. — Les Romains aimaient Trajan, et ils en étaient aimés. — La plaie était profonde; J. C. seul a pu y remédier. — Jésus dit au serviteur : « Pourquoi me frappez-vous? » — Un fermier envoya le jeune homme garder les pourceaux : personne ne lui donnait des cosses que les pourceaux mangeaient. — Le vaisseau fit naufrage : S. Paul l'avait prévu. — Lisez l'Évangile, vous en admirerez la doctrine. — Nous pensons rarement à la mort; nous vivons mal : pensons-y souvent, et nous serons sages. — Vous ne m'avez pas choisi, mais je vous ai choisi. — Le jeune homme dit : « J'irai trouver[1] mon père, et je lui dirai : Mon père, j'ai péché; pardonnez-moi; faites-moi votre esclave. » — J. C. fut trahi et mis à mort : il l'avait prédit. — Vitellius fut élevé à l'empire : il en était certainement indigne. — Faisons pénitence : le saint précurseur nous y exhorte.

1. Aller trouver, *adire*, *adeo*, *etc.*, acc.

Demandons à Dieu la sagesse; Dieu nous exaucera et nous la donnera; J. C. nous l'a promis. — Le jeune homme partit : le père l'aperçut et courut le baiser. — Caïn était le frère d'Abel : il en fut pourtant le meurtrier. — Jeunes gens, écoutez les avis des vieillards, et soyez-y dociles. — Le monde m'a persécuté, et il vous persécutera. — Le fils vit venir le père, et lui dit : « J'ai péché, je suis indigne du nom de votre fils, je l'avoue; maintenant donc je vous servirai : je vous demande cette faveur, accordez-la-moi. » — Les Carthaginois franchirent les Alpes : cela leur fut difficile et pénible. — Les Thébains ôtèrent le commandement à Épaminondas; personne pourtant n'en était plus digne. — Les Hébreux reçurent la loi, et y furent infidèles. — Bientôt vous ne me verrez point; mais ensuite vous me reverrez : je vous le dis, mon départ vous sera utile; je vous enverrai l'Esprit saint, et il vous découvrira toute vérité. — Le père appela les serviteurs, et leur dit : « Mon fils est revenu; revêtez-le de la plus belle robe; donnez-lui un anneau et des souliers. » — La France a enfanté des orateurs célèbres, et nous admirons leur éloquence. — La grâce de J. C. nous est offerte, et très-souvent nous y résistons. — Nous sommes malades; J. C. est notre médecin; recourons à lui, et il nous soulagera. — Vous invoquerez le Seigneur, et il vous exaucera. — Le père dit encore aux serviteurs : « Amenez le veau gras, et tuez-le. Faisons bonne chère;

car mon fils était mort, et je le vois vivant; il était perdu; et je l'ai retrouvé. » — Le père l'ordonna, et les serviteurs le firent. — Samson avait aimé Dalila, et il en fut trahi. — Alexandre assiégea la ville de Tyr, et il s'en rendit maître. — Enfants, aimez le travail: la fourmi vous y invite. — Thémistocle proposa un avis fort avantageux, mais injuste: Aristide s'y opposa, et l'avis fut rejeté. — Dieu dit à Abraham: « Vous m'avez obéi; je vous bénirai, je vous protégerai, et je vous rendrai père d'une nombreuse postérité. » — David avait promis le trône à Salomon, et il le lui donna. — J. C. ressuscita: les anges l'apprirent aux saintes femmes, et elles l'annoncèrent aux apôtres. — Enfants, fuyez l'impudicité; et redoutez-en les fruits amers. — Darius écrivit une lettre à Alexandre, et Alexandre y répondit.

RÈGLE: *Superbus se laudat.*

RÈGLE: *Vox illa invenitur apud Phædrum.*

RÈGLE: *Venenum sese in venas insinuat. Si se dederit occasio. Si res ita se habeat.*

RÈGLE: *Petrus et Joannes se invicem laudant.*

Le roi Saül se tua. — La barque s'emplissait d'eau; les apôtres s'effrayaient; mais Jésus commanda aux vents et aux flots, et la tempête s'apaisa : la chose se passa ainsi. — Scipion et Annibal s'estimaient. — Le perfide Judas se pendit. — Les Machabées ne s'effrayaient pas des menaces du roi Antiochus : le poison de l'orgueil s'est glissé dans le cœur de ce prince. — Jacob et Joseph s'embrassèrent. — L'avare se tourmente. — Les amis s'acquièrent par les bienfaits. — Assistons les malheureux : l'occasion se présente souvent. — Les hommes doivent s'aimer et s'assister. — Diogène se préférait à Alexandre. — Le péché s'efface par les larmes et les bonnes œuvres. — Le poison de l'avarice s'était glissé dans le cœur du misérable Judas. — Marie et Jésus attaché à la croix se regardaient amoureusement. — Pierre n'osa s'avouer disciple de J. C. — J. C. regarda Pierre : le cœur de cet apôtre infidèle se brisa de douleur, et il pleura amèrement. La chose se passa ainsi : alors Pierre et Jésus s'aimèrent comme auparavant. — Cicéron s'était dévoué au salut de la république romaine. — Les yeux de l'impie se ferment à la lumière ; mais un jour ils s'ouvriront. — Socrate avala la ciguë : elle s'insinua dans les veines du philosophe, et il mourut paisiblement. — Platon et Dion s'estimaient et s'écrivaient des lettres. — Le Messie viendra, et il se manifestera aux pauvres et aux riches : alors les oreilles des sourds s'ouvriront, la langue des muets se déliera, et les pieds des boiteux s'affermiront. La chose se passera ainsi. — Le père et le fils se glorifieront[1]. — Cicéron aimait à se louer. — Le feu qui brûlera les impies ne s'éteindra jamais. — Le poison du mauvais exemple se glisse dans le cœur des jeunes gens. — Souvent les enfants se nuisent. — Le menteur se contredit souvent[2]. — S. Prudence s'appelait le plus vil des serviteurs de Dieu. — Élisabeth dit : « Mon fils ne s'appellera point Zacharie, mais il s'appellera Jean. » — L'occasion de nuire à Annibal se présentait quelquefois ; Hannon la saisissait : ces deux Carthaginois se haïssaient. — Philotas et Cratère se portaient envie. — L'homme qui s'élève sera abaissé, et l'homme qui s'abaisse sera élevé : cette vérité se trouve dans l'Évangile. La chose se passera donc ainsi. — Laban et Jacob se témoignèrent de l'amitié. — Dieu n'abandonnera point ceux qui s'abandonnent à lui. — Notre tristesse se changera en joie. — Nous cherchons l'occasion de pécher ; elle se présentera certainement. — La mère et l'épouse d'Artaxerce, roi des Perses, se haïssaient.

RÉCAPITULATION

depuis la règle : Deus qui regnat, *jusqu'à la règle :* Petrus et Joannes se invicem laudant.

L'arbre qui ne porte pas de bons fruits

1. Se glorifier, *sibi invicem gloriam tribuere.*
2. Se contredire, *secum pugnare.*

sera coupé et brulé. — C'est à vous qui instruisez les autres.—Nous louons aujourd'hu Constantin et Hélène, qui ont favorisé la religion chrétienne. — Détestons le schisme et l'hérésie, qui ont souvent ravagé l'Église. — L'eau et le sang que S. Jean vit couler nous sont très-précieux. — L'empereur Adrien, qui s'ennuyait de la vie, congédia les médecins.—Le démon dévore qui il peut. — Considérons les oiseaux du ciel, qui ne sèment et ne moissonnent point, et que notre Père céleste nourrit. — J'envie le bonheur des enfants que J. C. embrassait et bénissait. — Le livre que nous appelons l'Évangile annonce aux hommes la bonne nouvelle. — La lettre que Philippe écrivit à Aristote est honorable à l'un et à l'autre. — Les jeunes gens dont Roboam suivit le conseil perdirent ce malheureux prince. —L'enfant prodigue aurait voulu se rassasier des cosses dont les pourceaux se nourrissaient. — Les Romains, à qui Cinéas porta les présents du roi Pyrrhus, ne voulurent point les accepter. —La mère et l'épouse de Coriolan, à qui [1] il importait. — Les Lacédémoniens, à qui les Carthaginois avaient eu recours, leur envoyèrent Xanthippe, très-habile général.

Régulus, par qui les Carthaginois avaient d'abord été vaincus, fut vaincu par Xanthippe. — Saül voulait faire mourir Jona-

1. A qui, *tournez* auxquelles.

thas, par qui Dieu avait sauvé le peuple. — Seigneur, vous m'appellerez, et je vous répondrai. — Jésus dit aux apôtres en les quittant : « Vous m'avez aimé, et mon père vous aime. Je vous donne ma paix et je vous la laisse. » — Dieu nous comble de grâces et nous promet une récompense éternelle. — Les descendants de Noé bâtirent une tour ; mais Dieu la détruisit. — Les brebis entendent la voix du pasteur, et elles le suivent ; le pasteur les conduit, les protége et les nourrit. — Les Israélites passèrent la mer Rouge. Ils l'avaient d'abord jugé impossible, cependant cela ne leur fut point difficile. — Le démon trompa Adam et Ève, et voulut perdre leur race. — J. C. a vaincu le serpent infernal, et en a brisé la tête. — Gamaliel ouvrit un avis, tous y consentirent. — Xanthippe vomissait sans cesse des injures ; Socrate y était accoutumé. — J. C. se livra à la mort ; il expira : aussitôt le voile du temple se déchira, les pierres se fendirent, les tombeaux s'ouvrirent. Ces choses se passèrent ainsi. — Ptolémée, roi d'Egypte, et Démétrius, fils d'Antigone, se faisaient la guerre [1] ; cependant ils s'envoyaient des présents.

Le Seigneur entend la prière de la veuve qui gémit devant lui. — Il importe à nous qui avons péché. — Anne et Siméon, qui avaient ardemment désiré l'arrivée du Mes-

1. Se faire la guerre, *inter se belligerare, o, as, etc.*

sie, virent J. C. — L'encens et la myrrhe que les mages offrirent désignaient l'homme Dieu. — L'honneur et la gloire que nous espérons seront éternels. — Le Seigneur est libéral envers le riche qui donne aux pauvres. — Le bon larron, qui se repentit, obtint miséricorde. — Dieu a choisi qui il lui a plu, et il a laissé qui il a voulu. — Annoncez à mon peuple les crimes qu'il a commis. — Dieu donna aux Israélites des villes qu'ils n'avaient point bâties, des puits qu'ils n'avaient point creusés, des vignes et des oliviers qu'ils n'avaient point plantés. — Dieu nous a envoyé un Sauveur, que nous devons aimer et remercier sans cesse. — L'animal que nous nommons agneau est le symbole de la douceur. — La robe que J. C. avait portée ne fut point divisée par les soldats. — Les Juifs ont crucifié le Messie qu'ils attendaient. — Bessus, dont la perfidie est connue, ne put éviter le supplice dont il était digne. — Dieu se servira envers nous de la même mesure dont nous nous serons servis envers les autres.

Tous admiraient la puissance de J. C., à qui les vents et la mer obéissaient. — Pompée et César, à qui il importait. — David ne fut jamais abandonné de Dieu, à qui il eut toujours recours. — Le démon, par qui nous sommes tentés, a été vaincu par J. C. — J. C. par qui nous adorons Dieu le Père, est Dieu lui-même. — Moïse, par qui le peuple reçut la loi, avait été élevé par la fille du roi Pharaon. — Le Père nous a créés, le Fils nous a rachetés, le Saint-Esprit nous a sanctifiés. — J'ai invoqué le Seigneur, et le Seigneur m'a exaucé. — Impudique, tu dis : « Les ténèbres m'environnent, les murailles me couvrent, personne ne me regarde ; » mais ton ange te voit, le Seigneur te regarde et te condamne, et le démon te tourmentera. — Jésus-Christ avait choisi les apôtres, il les avait appelés, et ils le suivirent. Il les instruisit, il les envoya, il les protégea ; il leur a accordé la victoire, et il les a couronnés. — La loi dit : « Vous aimerez le Seigneur et votre prochain. » Faisons-le, et nous vivrons. — Le lépreux adora J. C., et lui dit : « Seigneur, vous pouvez me guérir ; » Jésus lui répondit : « Soyez guéri. » — Les hommes adorèrent la bête et en portèrent l'image.

Les anges sont présents devant Dieu et exécutent ses ordres. — Le démon nous tente et nous poursuit ; invoquons Dieu, et il nous en délivrera. — J. C. proposa une question aux pharisiens, mais ils ne purent y répondre. — Le roi dit aux serviteurs : « Le festin des noces est prêt ; mais ceux qui y étaient invités n'en étaient pas dignes. » — Madeleine, possédée auparavant de sept esprits impurs, se donna à J. C. ; Judas, apôtre de J. C., se livra au démon. — La mer s'entr'ouvrit, les eaux se divisèrent et laissèrent un passage aux Israélites. — L'occasion de tuer Saül se présenta deux fois à David. — L'Antechrist, cet homme de péché, s'attribuera le titre de Dieu, et voudra être adoré ; mais J. C. soufflera contre lui et le détruira : la chose se passera ainsi. — Les martyrs ne s'ébranlaient point des menaces des tyrans.—Judas avait cherché l'occasion de livrer Jésus-Christ; elle se présenta enfin, et cet apôtre perfide se livra au démonen livrant J. C. à la mort. — Artamène et Xerxès, fils de Darius qui était mort, aspiraient tous deux à la couronne ; cependant ils s'invitaient à des repas. — Pylade et Oreste se gardèrent une amitié constante.

RÈGLE : *Quis vestrûm, ex vobis, inter vos?*

RÈGLE : *Uter est doctior, tune, an frater?*

RÈGLE : *Quis te vocavit? Quem vocas?*

RÈGLE : *Quid agis? Cui rei studes?*

RÈGLE : *Quid virtute pulchrius? Quid futurum est, si...?*

Qui de nous est sans péché? — Qui des deux remportera la victoire, de César ou de Pompée? — Qui peut nous secourir? — Qui invoquerons-nous? — Que font les hommes? que désirent-ils? — Quoi de plus dur que l'esclavage du démon? — Qu'est-il arrivé? — Qui de vous observe fidèlement la loi de Dieu? — Laquelle des deux fut la plus forte, de Rome ou de Carthage? — Qui nous rassasiera de pain?—A qui aurons-nous recours? — Que cherchent les hommes? — Que trouveront-ils? — Quoi de plus admirable que la doctrine de J. C.? — Qui des hommes méprise les richesses? — Qui des deux fut le plus libéral, de Philippe ou d'Alexandre? — Qui a choisi les apôtres? — Qui ont-ils suivi? — Que faisait Domitien? Il prenait des mouches. — Quoi de plus désirable que la sagesse? — Qu'arrive-t-il lorsque...? — Qui de vous n'a jamais offensé le Seigneur? — Qui des deux fut le plus vertueux, d'Aristide ou d'Épaminondas? — Qui veut nous dévorer? — Qui redouterons-nous? — Qu'éviterons-nous? — Que nous interdirons-nous? — Quoi de plus horrible que le péché? — Qu'arrivera-t-il si...? — Qui de nous pense sérieusement à la mort? — Qui des deux a été le plus éloquent, de Démosthène ou de Cicéron? — Qui de nous a donné sa vie? à qui la consacrons-nous? — Que faisait le gourmand Vitellius? Il mangeait et buvait, et il répandait le sang des Romains. — Qu'arriva-t-il? — Quoi de plus abominable que le démon? — Qui nous apprendra à éviter la colère de Dieu? — Lequel des deux fut renvoyé, de Barabbas ou de J. C.? — Qui nous a rachetés? — Qui aimerons-nous plus que Jésus, notre rédempteur?

Qu'ont fait les martyrs? que désiraient-ils? — Quoi de plus funeste à la jeunesse que la contagion du mauvais exemple? — Qui des hommes recherche la dernière place? — Qui des deux succéda à Judas, de Mathias ou de Joseph, surnommé le Juste? — Qui est notre maître? — Qui écouterons-nous? — Que faisaient les anachorètes? que méditaient-ils? qu'étudiaient-ils? — Qu'arrivait-il lorsque...? — Qui de nous aime la pauvreté? — Qui commit un plus grand péché, de Judas qui trahit Jésus-Christ, ou de Pilate qui le condamna à mort? — Qui est notre chef? qui suivrons-nous? — Que demanda Salomon? que préféra-t-il aux richesses et à la gloire? Qu'arriva-t-il ensuite? — Qui ne préférera le salut de l'âme à la santé du corps? — Qui des deux était le plus cher à Alexandre, d'Héphestion ou de Cratère? — Qui est notre modèle? qui imiterons-nous? — Qu'ont fait les saints qui jouissent maintenant de la gloire? Qu'étudiaient-ils? que méprisaient-ils? qu'estimaient-ils? — Quoi de plus honteux que l'ivrognerie? — Qui de nous ne recherche les délices de la vie? — Qui des deux fut le plus cher à Rebecca, d'Ésaü ou de Jacob? — Dieu combat avec nous: qui pourra nous vaincre? qui ne vaincrons-nous pas? — Qu'ont fait les vierges, chastes épouses de J. C.? qu'évitaient-elles? de quoi s'abstenaient-elles? — Quoi de plus précieux que le sang de Jésus-Christ? — Qui n'aimera J. C. qui nous a rachetés? — Qui des deux fut le plus vaillant, de Saül ou de Jonathas? — Qui estime aujourd'hui la piété? — Qui appellerons-nous heureux? — Qui des deux fut le plus habile, d'Annibal ou de Scipion? — Que firent Adam et Ève? de quoi auraient-ils dû s'abstenir? —

Que serait-il arrivé si...? — Quoi de plus funeste au genre humain que le péché de nos premiers parents?

RÈGLE : *Quæ* ou *quænam mater liberos suos non amat? Quod commodum* ou *quid commodi habet vita?*

RÈGLE : *Quota hora est? Septima.*

RÈGLE : *Quanta nobis instat pernicies!*

Quel roi fut jamais plus sage que Salomon? — Quel différend termina-t-il? — Deux disciples de Jean suivirent Jésus : quelle heure était-il? Environ dix heures ou quatre heures après midi. — Quels malheurs menaçaient la nation juive ? — Quel homme ne veut pas acquérir la vie éternelle? mais quel bien faisons-nous? — J. C. expira entre deux voleurs; quel jour était-ce de la semaine? Le sixième. — Quelle est la puissance de Dieu! — Quel consul fut plus vigilant que Cicéron? Quelle conjuration découvrit-il? — J. C. prit du pain et du vin, et institua le sacrement de l'eucharistie; quel jour était-ce de la semaine? Le cinquième. — Quel a été l'amour de J. C. envers les hommes! — Quel général fut plus pauvre que Phocion? quelle récompense reçut-il des Athéniens? — La Samaritaine alla puiser de l'eau et trouva Jésus assis : quelle heure était-il? Environ six heures ou midi. — Jésus apparut à Madeleine : quelle fut la joie de cette femme! — Le Saint-Esprit, que J. C. avait promis, descendit et remplit les apôtres : quelle heure était-il? Trois heures, ou neuf heures du matin. — Quel fut le zèle des apôtres! — Quel prophète fut plus saint que le précurseur? — Quel témoignage rendit-il? — Dieu créa les oiseaux et les poissons : quel jour était-ce? Le cinquième. — Quelle fut l'admiration des anges! — Quel juge fut plus inique que Pilate? Quelle sentence prononça-t-il? — Dieu avait créé toutes choses; alors il se reposa : quel jour était-ce? Le septième. — Quelle est la rage de Satan contre les hommes! — Quel homme fut plus robuste que Samson? — Quelle énigme proposa-t-il aux Philistins? — Jésus-Christ ressuscita : quel jour était-ce? Le premier jour de la semaine. — Quelle fut la frayeur des soldats qui gardaient le tombeau! — Quelle femme égala la pureté de Marie? — Quelle ambassade reçut-elle? quel jour était-ce? Le vingt-cinquième jour du mois de mars. — Quelle fut l'humilité de cette vierge, mère de Dieu! — Quel père donnerait un serpent à un enfant qui demanderait un poisson? — Pilate dit aux Juifs : « Quel crime Jésus a-t-il commis? » — Pierre dit au boiteux qui demandait l'aumône : « Levez-vous et marchez : » et aussitôt il se leva. Quelle heure était-il? Neuf heures, ou trois heures après midi. — Quelle fut la joie de cet homme! — Quel fut le ravissement du peuple!

RÈGLE : *Quis te redemit? Jesus Christus. Quem miseret pigrorum? Neminem.*

RÈGLE : *Cujusnam interest? Meâ. Cujus est loqui? Tuum.*

Qui jugera le monde? Jésus-Christ, Fils de Dieu. — A qui devons-nous avoir recours? à Dieu. — A qui importe-t-il? à vous jeunes gens. — Qui a découvert l'Amérique? Christophe Colomb. — Qui eut honte des désordres de Julie, fille de l'empereur Auguste? Auguste lui-même. — A qui importe-t-il? A nous et à vous. — Qui est mort deux fois? Le fils de la veuve. — Quel livre lirons-nous? L'Évangile. — A qui appartenait-il de sacrer le roi Saül? A vous, prophète Samuel.— Qui a été enseveli deux fois? Lazare, frère de Marthe et de Marie. — Quel maître devons-nous écouter? J. C., qui a les paroles de la vie éternelle. — A qui importait-il? A toi, Saül.— Qui trahit J. C.? Judas. — Qui se repentit de ce crime? Cet apôtre perfide. — A qui appartenait-il de prouver l'innocence de Suzanne? A vous, Daniel. — Qui condamna à mort J. C.?

Pilate. — Qui renvoya-t-il? Barabbas, voleur et meurtrier. — A qui importait-il? A toi, Pilate, qui devais renvoyer l'innocent et le juste. — Qui vainquit Darius, roi des Perses? Alexandre, roi de Macédoine. — Qui s'ennuya de la chasse? Adrien, empereur romain. — A qui eût-il importé? A vous, Asdrubal et Annibal, qui vouliez réunir vos forces. — Qui tua Clitus? Alexandre. — A qui Alexandre avait-il succédé? A Philippe. — A qui appartenait-il de nommer roi Salomon? A vous, David, qui l'aviez promis. — Qui trahit et enchaîna le roi Darius? Bessus. — Par qui Bessus fut-il ensuite enchaîné et livré à Alexandre? Par Spitamène. — A qui Alexandre abandonna-t-il le perfide Bessus? Au frère du roi Darius. — Qui dut se repentir? L'infâme Bessus. — A qui importait-il? A vous, Aristide et Phocion. — Qui fonda la ville de Rome? Romulus. — Qui ne se repentit jamais sincèrement? Le roi Antiochus. — A qui importait-il? A toi, Antiochus, qui péris misérablement. — Qui épargna le roi des Amalécites? Saül. — Qui n'eut pas pitié de ce roi? Le prophète Samuel. — A qui eût-il appartenu? A vous, Paul Émile. — Qui les apôtres élurent-ils après la mort de Judas? Mathias. — Qui s'ennuya de la dictature? Sylla. — A qui importait-il? A vous, Romains.

RÈGLE : *Num dormis? Non dormio. Vidistine regem? Vidi.*

RÈGLE : *Quum cœnaverat, abibat.*

RÈGLE : *Nonne vidisti regem? Non vidi.*

Saül épargna-t-il Agag? Oui.—Le prophète Samuel épargna-t-il aussi ce roi des Amalécites? Non. — Les Amalécites n'avaient-ils pas épargné le peuple de Dieu? Non. — J. C. avait-il guéri un malade, il lui recommandait le silence.—Salomon succéda-t-il à David? Oui.—Fut-il un roi belliqueux? Non. — Ne conserva-t-il pas toujours la sagesse que Dieu lui avait accordée? Non. — Les Romains entreprenaient-ils une guerre, ils consultaient les dieux. — Judas reconnut-il l'innocence de Jésus? Oui. — N'obtint-il pas de Dieu le pardon du crime qu'il avait commis? Non. — Une nation se soumettait-elle volontiers aux Macédoniens, Alexandre l'épargnait. — Annibal haïssait-il les Romains? Oui. — Hannon favorisait-il Annibal? Non. — Annibal, qui avait vaincu plusieurs généraux romains, ne vainquit-il pas aussi Scipion? Non.—Alcibiade vivait-il parmi les Lacédémoniens, il était très-frugal; vivait-il avec les Perses, il oubliait toutes les lois de la tempérance. — Roboam suivit-il le conseil des vieillards? Non. — Perdit-il une partie du royaume? Oui. — Jéroboam n'adora-t-il pas le vrai Dieu? Non. — Adora-t-il le veau d'or?

Oui. — Moïse frappait-il le rocher, les eaux coulaient abondamment. — Hérode chercha-t-il l'enfant Jésus? Oui. Le trouva-t-il? Non. Ne vit-il pas de nouveau les mages? Non. — La colonne de nuée s'élevait-elle, les Israélites décampaient ; s'arrêtait-elle, ils campaient. —David avait-il recommandé Absalon aux généraux? Oui. — Joab n'épargna-t-il pas ce fils que David chérissait toujours? Non. — Un homme s'excuse-t-il devant Dieu, il est condamné ; se reconnaît-il coupable, il est justifié. — Pyrrhus envoya-t-il des présents aux Romains ? Oui. — Les Romains n'acceptèrent-ils pas ces présents ? Non. —Turenne remportait-il une victoire, il l'attribuait à la valeur des soldats. — Judas porta-t-il aux princes des prêtres l'argent qu'il avait reçu ? Oui. — Ne se repentirent-ils pas ? Non. — Jésus commandait-il aux esprits impurs, aussitôt ils sortaient. — Virgile n'admirait-il pas l'ouvrage que nous appelons l'Énéide ? Non. — Auguste livra-t-il aux flammes cet ouvrage ? Non. — Virgile l'avait-il commandé ? Oui. —S. Germain, encore laïque, avait-il tué une bête fauve, il en pendait la tête à un poirier.

RÈGLE : *Puer, abige muscas. Abeat proditor.*

RÈGLE : *Ne insulta, ne insultes, noli insultare miseris.*

RÈGLE : *Ne dicat. Domo ne exeat.*

Mon fils, recherchez la sagesse. — Que l'impie se retire. — Aimons la vérité. — Que les menteurs rougissent. — Jeunes gens, ne négligez point la foi du Seigneur. — Que la bouche de l'enfant ne profère point de mensonge.—Demandez, et vous obtiendrez; cherchez, et vous trouverez. — Que les hommes respectent le nom de Dieu. — Ne provoquez point la colère du Seigneur. — Que l'humble et le pauvre ne soient point méprisés. — Mon fils, soyez docile, et recevez mes paroles : que le médisant s'éloigne ; n'imitez point les méchants; que le poison du vice ne souille point votre cœur. — Juges, respectez le droit de la veuve et du pupille; que vos yeux considèrent le juge suprême : ne favorisez point l'homme puissant; que le riche n'opprime point le pauvre. — Paresseux, considérez la fourmi : que l'exemple de cet insecte prévoyant vous invite au travail; n'imitez point la cigale : que la paresse ne s'empare pas de vous. — Mon fils, observez les préceptes de votre père, et n'abandonnez pas la loi de votre mère; que vos yeux dirigent vos pas; que votre main n'applaudisse point au méchant et au calomniateur.

— Chrétiens, attachez-vous à la loi du Seigneur; ne croyez point au mensonge. — Que la parole de Dieu ne demeure point stérile; que cette précieuse semence porte du fruit abondamment. — Cherchez le Seigneur, ne l'abandonnez jamais; que le nom des impies soit effacé; qu'il ne soit point écrit parmi les justes. — Jésus dit aux apôtres : «Ayez confiance, j'ai vaincu le monde; que mes paroles vous fortifient; ne craignez point les hommes, et que votre cœur ne se trouble point.»

RÈGLE : *Gallus escam quærens* [1], *margaritam reperit.*

RÈGLE : *Urbem captam hostis diripuit.*

RÈGLE : *Partibus factis, sic locutus est leo.*

Le grand prêtre, se levant, interrogea Jésus. — L'empereur Titus étant mort, les Romains le pleurèrent. — La guerre ayant été résolue, Fabius s'en retourna. — La cigogne, trompée par le renard, trompa ensuite cet animal fort rusé. — S. Jean Chrysostome devant bientôt arriver, les habitants d'Antioche allèrent au-devant de lui. — Romulus étant mort, les Romains élurent Numa Pompilius. — La

1. L'élève cherchera dans les conjugaisons les participes des verbes actifs et des verbes passifs, des verbes déponents et des verbes neutres.

cigale, demandant du grain à la fourmi, ne put rien obtenir. — David étant mort, Salomon lui succéda. — Les Romains ayant été vaincus, le roi Pyrrhus renvoya les prisonniers. — Darius, devant combattre, harangua les Perses. — Les Gaulois ayant été chassés, Camille les poursuivit. — Joseph, ayant regardé Benjamin[1], fut contraint de sortir. — J. C., devant être crucifié, fut livré aux soldats. — J. C. ayant été crucifié, les princes des prêtres et les sénateurs l'insultaient. — Thomas, ayant vu Jésus, s'écria : « Mon Seigneur et mon Dieu ! » — Salomon, succédant à David, demanda à Dieu la sagesse. — Lazare étant mort et sentant déjà mauvais[2], J. C. le ressuscita. — Goliath ayant été tué, l'armée félicita David. — Les apôtres, voyant J. C. ressuscité[3], furent transportés de joie. — L'empereur Vespasien étant mort, Titus lui succéda. — Jean-Baptiste ayant été décapité[4], les disciples enlevèrent le corps et l'ensevelirent.

Titus, devant assiéger la ville de Jérusalem, invita les Juifs à la paix. — Des Ismaélites, ayant acheté Joseph, le vendirent à Putiphar. — Le roi Saül, ayant rejeté la parole du Seigneur, fut lui-même rejeté de Dieu. — Caïn, voulant tuer Abel, lui dit : « Allons nous promener. » —

1. Tournez : *Benjamin ayant été regardé* (à l'abl.); et ainsi de quelques autres participes.
2. Sentir mauvais, *fœtere*, *fœteo*.
3. Ressuscité, *a mortuis redux*, *reducis*.
4. Décapité, *obtruncatus*, *a*, *um*.

Asdrubal ayant été vaincu, Scipion l'obligea de quitter l'Espagne. — Horace, ayant tué les trois Curiaces, retourna triomphant. — Les habitants de Sagonte, étant assiégés par Annibal, demandèrent du secours aux Romains. — Scipion ayant surpris les espions de Carthage, les renvoya sains et saufs. — Une servante, ayant considéré Pierre, dit : « Cet homme est un des disciples de Jésus ; » mais Pierre, ayant entendu ces paroles, osa dire : « Je ne connais point cet homme. » — Jésus, étant accusé devant Pilate, se tut. — Jésus ayant été fouetté cruellement, Pilate le livra aux Juifs. — Les apôtres, ayant abandonné Jésus, s'enfuirent. — Joseph, apprenant l'arrivée de Jacob, alla au-devant de lui. — Jésus ayant appelé les douze apôtres, les envoya et leur donna le pouvoir de chasser les esprits impurs. — Judas, ayant jeté les pièces d'argent, s'en alla et se pendit. — Les Perses, ayant été vaincus, prirent la fuite. — Jésus ayant rompu le pain, le donna aux apôtres : ensuite, ayant rendu grâces, il leur donna la coupe. — Matthieu, se levant, suivit Jésus. — Pilate, voulant contenter le peuple, délivra Barabbas. — Les vignerons ayant saisi le serviteur, le battirent et le renvoyèrent. — Pierre et André, ayant laissé la barque et les filets, suivirent Jésus.

---

depuis la règle : Quis vestrûm....? Quis suâ sorte, etc., *jusqu'à la règle :* Partibus factis, sic locutus est leo.

Qui de nous ne préférera pas la sagesse à tous les trésors du monde? — Qui des deux fut le plus aimé de Jésus-Christ, de Pierre ou de Jean?—Qui nous comble de bienfaits? qui remercierons-nous? — Les serviteurs de Dieu ne sont point inquiets et ne disent point : « Que boirons-nous? que mangerons-nous? — Quoi de plus doux, quoi de plus léger que le joug de J. C.? — Quel père donne une pierre à son fils qui demande du pain? — Enfants d'Israël, quelle maison bâtirez-vous au Seigneur? — Pierre dit à Jésus : « Nous avons tout quitté; quelle récompense recevrons-nous? » — Jésus-Christ fut attaché à la croix; aussitôt les ténèbres couvrirent toute la terre : quelle heure était-il? Environ six heures[1]. — Quel fut l'aveuglement de Judas! — Quel sera un jour le désespoir de l'impie! — Qui est mort et n'était pas né? Adam. — Qui est né et n'est pas mort? Hénoch, père de Mathusalem. — Qui avait pitié des pauvres? S. Jean, patriarche d'Alexandrie. — A qui appartient-il de juger?

1. *Ou* environ midi.

à vous, Jésus-Christ, juge des vivants et des morts.—Qui n'avait pas eu pitié des Israélites? Les Amalécites.—Judas dit : « J'ai livré le sang innocent ; » les princes des prêtres répondirent : « A qui importe-t-il ? à toi, et non à nous. » — Qui se repentit amèrement? Pierre, qui avait renié J. C.

Antiochus persécuta-t-il les Juifs ? Oui. N'invoqua-t-il pas ensuite le Dieu qu'adoraient les Juifs ? Oui. Dieu ne pardonna-t-il pas à Antiochus? Non. — Jésus-Christ annonçait-il la parole de Dieu, tous accouraient. — Demandons-nous un bienfait temporel, nous élevons la voix ; l'avons-nous reçu, nous sommes muets. — Jean-Baptiste n'a-t-il pas fait des miracles? Non. — Le roi Hérode désirait-il voir J. C.? Oui. — J. C. fit-il quelque miracle devant ce prince? Non. — J. C. menaçait-il les vents et les flots, aussitôt ils obéissaient. — Accourez, Daniel; n'abandonnez pas la chaste Suzanne faussement accusée ; que les impudiques vieillards soient lapidés; mais que le peuple ne répande point le sang innocent. — L'Antechrist, voulant séduire les hommes, opérera de grands prodiges. — Jésus-Christ, accusé par les princes des prêtres, se taisait. — L'ange dit aux bergers : « Vous trouverez un enfant enveloppé de langes et couché dans une crèche. » — Jésus, ayant rompu les pains, les donna aux apôtres; et les apôtres, ayant reçu ces pains, les distribuèrent au peuple. — Jésus ayant été lié, les soldats l'emmenèrent. — Le Seigneur obéissant à la voix d'un homme, le soleil s'arrêta. — Le jeune homme riche, ayant entendu la réponse de Jésus, s'en alla fort triste.

Le prophète s'écriait : « Qui me donnera les ailes de la colombe? — Qui des deux fut le plus illustre, ou d'Aristide parmi les Athéniens, ou d'Épaminondas parmi les Thébains? — Qui veut nous tromper et nous perdre? Qui appréhenderons-nous? — Seigneur, je veux posséder la vie éternelle : que ferai-je? qu'étudierai-je? que m'interdirai-je? — Quelle femme fut plus courageuse que Judith? quel projet forma-t-elle? — Marie mit au monde Jésus-Christ : quel jour était-ce du mois de décembre? Le vingt-cinquième. — Jésus-Christ, notre juge, viendra environné de puissance et de majesté. Quel sera l'effroi des méchants! quelle récompense est réservée aux fidèles serviteurs de Dieu! — Qui est mort et n'a pas laissé de cadavre? La femme de Loth. — La magicienne dit au roi Saül : « Qui voulez-vous voir? » « Le prophète Samuel, » répondit Saül. — A qui appartient-il de guérir nos âmes? à vous, Jésus, notre médecin. — A qui importe-t-il? à nous qui sommes malades [1]. — Qui n'avait pas eu pitié de Lazare? Le riche. Qui n'eut pas pitié du riche? Le père Abraham.

Jésus ressuscité apparut-il aux apôtres? Oui. S. Thomas était-il présent? Non. Ne crut-il pas les apôtres qui avaient vu J. C.? Non. J. C. se montra-t-il ensuite à Thomas?

1. Voyez la règle : *Refert meâ*, *etc.* (Lhomond, p. 127).

Oui. Thomas demeura-t-il incrédule? Non. — Les Hébreux servaient-ils les dieux étrangers, ils étaient vaincus; servaient-ils le Seigneur, ils remportaient la victoire. — Moïse frappait-il l'Égypte, Pharaon permettait tout; la plaie cessait-elle, le cœur de Pharaon s'endurcissait de nouveau. — Darius, ne vous fiez point à Bessus: Alexandre, poursuis ce perfide meurtrier de Darius; que le traître soit enchaîné lui-même et livré au supplice; qu'il ne souille pas longtemps le diadème qu'il a enlevé. — Le centurion et les autres, voyant le tremblement de terre, furent effrayés et dirent: « Cet homme était véritablement fils de Dieu. » — Marie et Joseph, ayant cherché Jésus, le trouvèrent assis parmi les docteurs, les écoutant et les interrogeant. — Le garde, ayant coupé la tête de Jean-Baptiste, la donna à la fille d'Hérodias. — Chosroès, ayant pris la ville de Jérusalem, emporta la croix. — Héraclius, ayant imploré le secours de Dieu, combattit contre le roi des Perses.

RÈGLE : *Vas ex auro* ou *vas aureum*.

RÈGLE : *Velum longum tres ulnas* ou *tribus ulnis*. *Abest* ou *distat viginti passus* ou *viginti passibus*[1].

RÈGLE : *Duobus digitis major me non es.*

RÈGLE : *Cecidit decimo passu* ou *ad decimum passum.*

Joseph se servait d'une coupe d'argent. — Goliath avait dix pieds de haut[2]. — La ville de Londres est éloignée de Paris d'environ 98 lieues. — Goliath était plus grand que David d'environ cinq pieds. — S. Louis reçut la sainte couronne à cinq lieues de Sens. — Goliath portait un casque et un bouclier d'airain. — L'île d'Eubée[3] a trente-cinq lieues de long et environ dix de large : cette île est donc plus longue que large de vingt-cinq lieues. — La ville de Rome est éloignée de Paris d'environ trois cent trente lieues. — Les parents de sainte Pompose bâtirent un double monastère à deux ou trois lieues de Cordoue. — Les Athéniens élevèrent à Socrate une statue de bronze. —

1. Le lieu d'où il y a distance se met à l'ablatif avec *a* ou *ab*.
2. *Tournez :* était haut de dix pieds ; *et ainsi des autres phrases semblables.*
3. Aujourd'hui *Négrepont.*

Les murs d'Ecbatane avaient trente coudées de hauteur; les tours étaient plus hautes que les murs de soixante et dix coudées. — Lisbonne est éloignée de Paris d'environ trois cent quatre-vingt-dix lieues. — A trois lieues de Grenoble se rencontre la fontaine qui est appelée la fontaine Ardente. — L'île de Malte a seulement quatre lieues de large; elle est plus longue que large de quatre lieues. — Paris est éloigné d'Amsterdam d'environ cent neuf lieues. — A six ou sept lieues de Lyon se trouve une grotte spacieuse [1]; l'ouverture a au moins cinquante toises de haut et soixante de large. — Eliézer donna à Rébecca des bracelets d'or. — L'île de Corse a environ trente-huit lieues de longueur et dix-huit de largeur. — Moïse est plus ancien que David d'environ cinq siècles. — La ville de Vienne [2] est éloignée de Paris de deux cent quatre-vingt-cinq lieues. — Léopold bâtit une église magnifique à deux lieues de Vienne. — L'arche d'alliance était un coffre d'un bois précieux. — L'île de Chypre (ou Cypre) a quarante-cinq lieues de longueur et trente de largeur. — Virgile était plus âgé qu'Horace d'environ quatre ans. — Le bourg d'Emmaüs était éloigné de Jérusalem d'environ soixante stades [3].

S. Martin bâtit un monastère à deux lieues de Poitiers. — S. Étienne, qui est

1. La grotte de la Balme.

2. En Autriche.

3. Plus de onze kilomètres ou près de trois lieues.

surnommé le Jeune, avait un habillement de peau de mouton fort léger, et portait une chaîne de fer. — La potence d'Aman avait cinquante coudées de haut. — Lyon est éloigné de Saint-Pétersbourg d'environ cinq cents lieues. — Jésus-Christ homme était plus jeune que S. Jean de six mois ; J. C. Dieu était plus ancien de toute l'éternité. — A huit lieues de Grenoble, se trouve une montagne qui s'appelle la Montagne inaccessible. — Le tabernacle renfermait un chandelier, une table et un autel d'or. — Les montagnes de l'Alsace sont couvertes de sapins de cent vingt pieds de haut. — Paris est éloigné de Berne d'environ cent vingt lieues. — La ville de Marseille est plus ancienne que la ville d'Aix d'environ cinq cents ans. — S. Merri tomba malade environ à trois lieues de Melun. — Une châsse d'argent renferme les reliques de S. Merri. — L'île de Candie a soixante et quinze lieues de longueur et environ quinze de largeur. — La Chine est plus longue que large d'environ cent trente lieues. — La ville de Nazareth était éloignée de Bethléem d'environ quarante-cinq lieues. — Lazare fut enseveli à quinze stades de la ville de Jérusalem. — Le front d'Aaron, grand prêtre, était décoré d'une lame d'or. — Les Israélites regardaient le serpent d'airain, et ils étaient guéris. — La cellule de S. Étienne, que nous surnommons le Jeune, avait seulement cinq pieds de long et trois de large. — L'île de Sardaigne a vingt huit ou trente lieues de largeur; et elle est plus longue de trente ou trente-deux lieues. — Lyon est éloigné de la ville de Constantinople d'environ quatre cent quatre-vingt-dix lieues. — S. Nil, solitaire, mourut à cinq lieues de Rome.

RÈGLE : *Ferire gladio. Fame interiit. Vincis formâ, vincis magnitudine. Teneo lupum auribus.*

RÈGLE : *Hic liber constat viginti assibus.*

Une femme tua le roi Pyrrhus avec une tuile. — S. François, évêque de Genève, mourut d'apoplexie. — Isaïe surpasse en éloquence sublime tous les autres prophètes. — Le jeune Tobie saisit par les ouïes un poisson monstrueux, et le tira hors de l'eau. — Nous avons été achetés à un grand prix. — Alexandre tua Clitus avec une javeline. — Jésus, mourant de soif, fut abreuvé de fiel et de vinaigre. — Le rossignol l'emporte sur les autres oiseaux par la douceur du chant. — L'orgueilleux Aman reçut ordre de tenir par les rênes le cheval de Mardochée. — Le salut de notre âme a coûté le sang de J. C. — Judith, avec un sabre, coupa la tête d'Holopherne; autrement les Juifs seraient morts de soif. Judith surpassait les autres femmes en beauté, en sagesse et en courage.—Achior, qui avait été lié à un arbre par les pieds et les mains, combla Judith de bénédictions en voyant la tête d'Holopherne. — Nous pouvons acheter le ciel avec un verre d'eau froide. — Artaxerxe aurait acheté la tête de Thémistocle pour une somme considérable.

Moïse, avec la verge qu'il portait, divisa les eaux de la mer, et ouvrit un passage aux Israélites. — S. Grégoire succéda au pape Pélage, qui était mort de la peste; il excella en vertu et en science, et fut surnommé le Grand. — Les archers du préteur, voyant le pape Vigile sous l'autel, le tirèrent par les pieds, par la barbe et par les cheveux. — Suivant le poëte Horace, un avare qui était malade refusa un remède qui aurait coûté huit ou dix sous, et il aima mieux mourir. — Virginius, avec le couteau d'un boucher, perça le cœur de Virginie. — Sous Justin, la ville de Rome aurait péri de faim; mais cet empereur envoya aux Romains des vaisseaux chargés de blé. — Cicéron surpasse en éloquence tous les orateurs latins. — J. C. fut attaché à la croix par les pieds et par les mains. — Un roi de France, disait S. Louis, ne se rachète point pour de l'argent. — David lança une pierre avec la fronde et tua le Philistin; tous les soldats de Saül, en voyant ce géant, avaient pourtant tremblé de frayeur; David surpassa donc en valeur tous les Israélites; ce berger prenait les ours et les lions par la gorge et les étranglait. — Le palais du roi Salomon coûta des sommes immenses. — Darius aurait acheté la tête d'Alexandre pour une grande somme d'argent.

RÈGLE : *Veniet die dominicâ.*

RÈGLE : *Regnavit tres annos* ou *tribus annis.*

Jésus mourut le sixième jour de la semaine et il ressuscita le dimanche, ou le premier jour de la semaine suivante. — Vespasien régna paisiblement dix ans : il vécut soixante-neuf ans. — La naissance de J. C se célèbre le vingt-cinquième jour de décembre. — L'empereur Titus vécut quarante et un ans et régna seulement deux ans. — Nous célébrons la résurrection de J. C. le troisième ou le quatrième mois de l'année. — Domitien vécut quarante-cinq ans, et en régna quinze[1]. — Les poissons et les oiseaux furent créés le quatrième jour. — S. Alexandre gouverna l'Église de Rome pendant dix ans. — L'Épiphanie se célèbre dans le mois de janvier. — S. Sixte Ier tint le saint-siége neuf ans. — S. Clément mourut environ l'an cent de J. C — Tibère vécut soixante et dix-sept ans e

1. *Tournez :* et régna quinze ans; *et ainsi des autres phrases semblables.*

en régna environ vingt-trois. — Vespasien mourut l'an soixante et dix-neuf de J. C. — Néron régna treize ans et en vécut trente-deux. — L'Église célèbre la naissance de la sainte Vierge le huit du mois de septembre. — L'empereur Galba vécut soixante et douze ans, et régna seulement sept mois. — L'homme fut créé le sixième jour, et le même jour Dieu forma la femme. — L'empereur Trajan vécut environ soixante-trois ans, et régna dix-neuf ans six mois et quinze jours. — A quelle heure viendra notre Seigneur? nous n'en savons rien. — L'empereur Adrien vécut environ soixante-deux ans, et régna vingt ans et onze mois. — L'Église célèbre la naissance du saint précurseur le vingt-quatre du mois de juin. — Antonin, l'un des meilleurs empereurs romains, vécut soixante et treize ans, et régna vingt-deux ans et environ huit mois. — Nous honorons tous les saints le premier jour du mois de novembre. — L'empereur Marc-Aurèle vécut environ cinquante-neuf ans, et régna presque dix-neuf ans.

RÈGLE : *Tertium annum* ou *a tribus annis regnat.*

RÈGLE : *Abhinc tribus annis* ou *abhinc tres annos mortuus est.*

L'empereur Titus mourut l'an quatre-vingt-unième de J. C. : il y avait seulement deux ans qu'il régnait. — Domitien succéda à Titus : il y avait deux ans que Vespasien, père de ces deux empereurs, était mort.— S. Télesphore souffrit le martyre : il y avait environ dix ans qu'il occupait le saint-siége. — Domitien fut tué par les conjurés : il y avait quinze ans qu'il avait commencé à régner. — Tibère mourut l'an trente-sept de Jésus-Christ : il y avait environ vingt-trois ans qu'il régnait. — Le pape saint Fabien reçut la couronne du martyre l'an deux cent cinquante : il y avait environ quatorze ans qu'il avait été élu souverain pontife. — Galba fut tué l'an soixante-neuf de Jésus-Christ : il y avait seulement sept mois qu'il occupait le trône. — Othon se tua l'an soixante-neuf de J. C. : il y avait seulement trois mois qu'il avait succédé à l'empereur Galba. — S. Corneille mourut martyr : il y avait environ quinze mois qu'il gouvernait l'Église de Jésus-Christ. — Jésus ressuscita Lazare : il y avait quatre jours qu'il avait été enseveli. — Le pape S. Étienne souffrit le martyre : il y avait quatre ans et quatre mois qu'il occupait la chaire de S. Pierre. — L'enfant Jésus fut offert à Dieu le Père, et racheté par Joseph et Marie : il y avait quarante jours que Marie l'avait mis au monde.— Marie et Joseph trouvèrent Jésus parmi les docteurs : il y avait trois jours qu'ils le cherchaient. — Jésus apparut à Thomas et aux autres apôtres : il y avait huit jours qu'il était ressuscité. — Jésus multiplia les pains pour nourrir le peuple : il y avait trois jours que ce peuple le suivait. — Le Saint-Esprit descendit et remplit le cœur des apôtres : il y avait dix jours que Jésus avait quitté la terre.

Règle : *Deus mundum creavit intra sex dies.*

Règle : *Post tres dies proficiscar.*

Environ dans l'espace de deux ans, Rome vit cinq empereurs. — Jonathas dit à David : « Dans trois jours je vous avertirai des desseins de Saül mon père. » — Saul respirait le sang des chrétiens ; mais en un moment ce loup avide de carnage devint un doux agneau. — En sept jours les soldats d'Alexandre comblèrent des gouffres très-profonds. — Xerxès, considérant l'armée qu'il conduisait, dit en soupirant : « Dans cent ans, aucun de mes soldats ne vivra. » — Jésus disait aux Juifs : « Détruisez ce temple, et en trois jours je le rebâtirai. » — Romains, vous appelez Titus les délices du genre humain : hélas ! dans deux ans vous pleurerez amèrement la mort de ce prince chéri. — En sept ans environ l'armée d'Alexandre parcourut deux mille lieues. — S. Sixte dit à S. Laurent : « Mon fils, je ne vous abandonne point ; dans trois jours vous me suivrez. » — Les Lacédémoniens, voulant secourir les Athéniens, firent soixante et treize lieues en trois jours. — Saints apôtres, ne pleurez point le départ de votre maître : dans dix jours vous serez remplis des dons du Saint-Esprit. — Philippide, en deux jours, parcourait cinquante-sept lieues. — Roboam dit aux députés : « Revenez dans trois jours. » — Romains, vous comblez Caligula de louanges ; mais dans huit mois vous apprendrez à mieux connaître ce monstre. — Anystis, Lacédémonien, fit en un jour soixante lieues. — Jésus dit aux disciples : « La pâque se fera dans deux jours. » — En quatre jours Virgile lut à Auguste les quatre livres des Géorgiques. — Vitellius est proclamé empereur ; mais dans huit mois il sera mis à mort. — Les députés des Scythes dirent à Alexandre : « En une heure les plus grands arbres sont quelquefois déracinés. » — Bessus trahit et enchaîne Darius : dans peu de mois il sera lui-même enchaîné et livré à Alexandre.

RÉCAPITULATION

depuis la règle : Vas ex auro, *jusqu'à la règle :* Post tres dies proficiscar.

Les Israélites adorèrent un veau d'or. — Manius Curius, offrant des sacrifices aux dieux, se servait d'un petit vase[1] de bois. — Les prêtres portaient une robe et une tiare de lin. — Le Seigneur brise les portes d'airain et les

1. Petit vase, *vasculum*, g. *i*, n.

gonds de fer. — Le couvercle de l'arche était d'or. — La muraille qui borde la Chine vers le nord a environ cinq cents lieues de long. — La ville de Lyon est éloignée de Madrid d'environ cent cinquante lieues. — S. Louis était plus âgé qu'Isabelle d'environ dix mois. — S. Cloud bâtit un monastère à environ deux lieues de Paris. — Un soldat, d'un coup de lance, ouvrit le côté de Jésus-Christ. — Marie visita Élisabeth, et aussitôt le saint précurseur tressaillit de joie. — Devant Dieu, un pauvre peut surpasser les plus riches en libéralité. — Jésus, prenant par la main une fille qui était morte, lui dit : « Levez-vous, ma fille ; » et aussitôt elle se leva. — Alcibiade avait un chien qui avait coûté environ cent quarante louis. — Coriolan distribua du blé au peuple, et le vendit à un prix fort élevé. — Le temple de Jérusalem fut brûlé l'an soixante et dix de Jésus-Christ. — S. Remi, évêque de Reims, vécut environ cent ans, et fut évêque soixante et dix ans. — Saint Grégoire mourut l'an de J. C. six cent quatre; il y avait environ treize ans et six mois qu'il tenait le saint-siége. — Joseph fut mis à la tête [1] de toute l'Égypte; il y avait environ treize ans qu'il avait été vendu. — Les bourreaux percèrent les pieds et les mains de Jésus, et il fut abreuvé de fiel et de vinaigre : il y avait environ dix siècles que cela avait été prédit. — En quarante jours et quarante nuits,

1. Être mis à la tête, *præfici*, *præficior*, *præfectus sum*, dat.

les eaux couvrirent la terre et les plus hautes montagnes.

Un enfant âgé de neuf ans fit trente lieues en sept ou huit heures. — Chosroès emporte la croix, instrument de notre salut; mais dans quatorze ans Siroès la rendra. — L'autel des holocaustes était d'airain. — La robe du souverain prêtre était ornée de petites sonnettes d'or. — S. Augustin se servait de vaisselle de terre, de bois ou de marbre; les cuillers seulement étaient d'argent. — Les descendants de Noé adorèrent des statues d'or et d'argent, de marbre, de pierre et de bois. — Jésus a porté une couronne d'épines. — Le trône de Salomon était d'ivoire revêtu d'or.

Ce canal a soixante lieues de long et trente-deux pieds de large. — Le pont du Saint-Esprit a quarante-deux toises de long et environ seize pieds de large. — L'arche de Noé avait trois cents coudées de long, cinquante de large, et trente de hauteur. — La ville de Lisbonne est éloignée de Paris d'environ trois cent quatre-vingt-sept lieues. — S. Bruno est postérieur à S. Antoine au moins de sept siècles. — A trois lieues de la ville de Grenoble, les chartreux possédaient une maison très-renommée. — S. Bonaventure reçut le chapeau de cardinal à quatre ou cinq lieues de Florence. — Les bourreaux déchirèrent avec des ongles de fer les côtes de S. Cyprien, autrefois magicien. — Alexandre avait reçu une blessure : les soldats, le voyant guéri, pleurèrent de joie. — Jésus croissait en âge devant

Dieu et devant les hommes. — S. Saturnin fut attaché par les pieds à la queue d'un taureau indompté. — La reine Jeanne vendit la ville d'Avignon à Clément VI : cette ville coûta au souverain pontife une somme considérable (quatre vingt mille florins d'or). — La ville de Corinthe ayant été prise, Mummius vendit à bas prix les choses les plus précieuses. — La perle que Cléopâtre avala avait coûté une somme considérable. — Le pape Victor mourut l'an de Jésus Christ deux cent deux. — Damiette fut prise le six du mois de juin douze cent quarante-neuf. — Saint Cloud vécut environ quatre-vingt-dix ans, et gouverna quarante ans l'Église de Metz. — Les Grecs s'emparèrent enfin de Troie, qu'ils brûlèrent ; il y avait dix ans qu'ils assiégeaient cette ville. — La vierge Marie conçut et mit au monde un fils : il y avait environ sept siècles que cela avait été annoncé par le prophète Isaïe. — Virgile composa les Bucoliques en trois ans, les Géorgiques en sept ans, et l'Énéide en douze ans. — Ce canal fut creusé et achevé en quinze ans. — Enfants d'Israël, vous quittez enfin l'Égypte ; dans quarante ans vos enfants posséderont la terre promise.

Règle : *Sum in Galliâ, in urbe.*

Règle : *Natus est Avenione, Athenis.*

Règle : *Habitat Lugduni, Romæ.*

Règle : *Estne domi? Militiæ, belli.*

Règle : *Cœnabam apud patrem.*

Le Seigneur habite dans le ciel. — S. Louis, évêque de Toulouse, était né à Brignoles : encore jeune, il couchait par terre. À Sienne, il logea chez les frères mineurs. A Florence, il ne voulut point coucher dans une chambre qui lui avait été préparée. — S. Thibault naquit à Provins, et mourut dans une solitude. — Les trois apôtres qui avaient entendu la voix du Père éternel tombèrent par terre [1]. — S. Vincent de Paul (*a Paulo*) demeura quelque temps chez un médecin, et ensuite chez un renégat. — L'empereur Auguste bâtit en Espagne plusieurs villes célèbres. — S. Victor souffrit le martyre à Marseille. — Une pierre renversa par terre l'insolent Goliath. — S. Germain demeura trois jours chez Lépore, et il guérit ce seigneur, qui était dangereusement malade. — S. Bernard était né en Bourgogne. — Sainte Claire naquit à Assise. — L'empereur Théodose se prosterna à terre et pria humblement le Père des miséricordes. — Annibal combattit longtemps en Italie. — Sainte Ma-

1. Tomber par terre, *tournez* être renversé à terre, *humi prostern-i, or, prostratus sum.*

deleine mourut à Éphèse. — Jésus mangea chez Simon le lépreux. — Aristide se distingua dans la paix et dans la guerre. — S. Thomas prêcha l'Evangile dans les Indes. — S. Sébastien, né à Narbonne, fut élevé à Milan. — Rébecca annonça l'arrivée d'Éliézer à Laban, qui était au logis. — Doëg dit au roi Saül : « J'ai vu David chez le grand prêtre. » —S. Dominique naquit en Espagne; il prêcha la foi en France, et surtout dans le Languedoc. — Sainte Hélène, mère de l'empereur Constantin, était née à Drépane [1]. — S. Césaire naquit à Châlons-sur-Saône. — Démosthène brilla dans la paix et non dans la guerre. — Jésus-Christ et plusieurs apôtres mangèrent chez saint Matthieu. — Sainte Euphrasie naquit à Constantinople et mourut en Égypte. — Le Samaritain, prosterné contre terre, rendit grâces à J. C. — Jésus mangea quelquefois chez Lazare. — S. Antonin naquit à Florence, dont il fut ensuite élu évêque, et il mourut dans la même ville; il aimait beaucoup la prière : à la maison ou dans l'église, il demeurait longtemps prosterné à terre. — Saint Paul et saint Barnabé logèrent chez le proconsul Publius, qui embrassa la foi. — S. Laurent Justinien naquit à Venise, et il mourut dans la même ville, dont il avait été évêque. — S. Vaast mourut à Arras. — Scipion brilla dans la guerre. — Après la mort de J. C., la sainte Vierge logea chez saint Jean.

1. Drépane, *Drepanum*, g. *i*, n.

RÈGLE : *Eo in Galliam, in urbem. Venerunt ad eumdem rivum.*

RÈGLE : *Ibo Lutetiam, Lugdunum. Eo rus, eo domum.*

RÈGLE : *Peto collegium.*

RÈGLE : *Eo ad patrem, ad sacram concionem.*

Auguste envoya Tibère et Drusus dans les Gaules. — S. Vincent de Paul fut d'abord envoyé à Dax; puis il alla à Toulouse, et ensuite à Marseille. — Les gens opprimés allaient à David. — S. Vincent retournait à Toulouse; mais il fut pris par des pirates et emmené en Afrique. — J. C. dit à ceux qui sont accablés : « Venez à moi et je vous soulagerai. » — Saint Vincent revint en Europe, aborda en France et alla à Rome. — S. Germain alla chez l'empereur Valentinien, et lui demanda une grâce qu'il obtint. — S. Vincent quitta Rome, partit pour la France et arriva à Paris. — L'enfant prodigue dit : « Je me lèverai et j'irai vers mon père. » — S. Vincent envoya des prêtres en Irlande, en Écosse et dans les îles voisines. Il envoya d'autres prêtres à Tunis, à Tripoli et à Alger. — Vous qui avez soif, venez aux eaux. — Allons tous à Jésus, et nous serons soulagés. — S. Augustin était allé en Italie; il retourna en Afrique, et se retira à la campagne. — Saul allait à Damas pour persécuter les chrétiens. — Pierre se leva et courut au sépulcre. — Les peuples qui habitaient les Alpes et une partie de la Germanie entrèrent en Italie et la ravagèrent. — Vespasien envoya Titus à Alexandrie. — Jésus apparut à Madeleine, et lui dit : « Allez à mes frères, et dites-leur : Je monte vers mon Père et votre Père, vers mon Dieu et votre Dieu. » — Tous accouraient au baptême de Jean. — S. Patient, évêque de Lyon, envoya du blé en Provence et en Auvergne. — S. Césaire fut exilé à Bordeaux, mais ensuite il retourna à Arles. — S. Félix porta à la maison le saint évêque Maxime, qu'il avait trouvé moribond. — Sainte Pompose cherchait l'occasion de courir au martyre. — Abraham envoya Éliézer en Mésopotamie. — Auguste, vainqueur de l'Espagne, retourna à Rome. — Les soldats conduisirent Jésus chez Caïphe, grand prêtre. — L'amour conduisit les saintes femmes à la croix et ensuite au sépulcre.

RÈGLE : *Redeo ex Galliâ, ex urbe.*

RÈGLE : *Redeo Lugduno, Româ, rure, domo.*

RÈGLE : *Venio a patre, a venatione.*

Saint Germain était revenu de l'Angleterre à Auxerre, et il fut obligé de partir d'Auxerre pour l'Italie. — Jésus fut renvoyé de chez Anne chez Caïphe, grand prêtre. — Le fameux Attila passa de la Germanie dans les

Gaules, et il saccagea plusieurs villes. — Auguste partit de Rome et alla dans les Gaules. — Jésus fut conduit de chez Caïphe chez Pilate. — S. Dominique passa d'Espagne en France. Attila voulait aller d'Auxerre à Troyes; mais S. Loup, évêque de cette ville, la délivra du danger. — Les Juifs conduisirent Jésus de chez Pilate chez Hérode. — S. Jean, revenant de l'exil, alla à Éphèse. — S. Paul passa de la Phrygie dans le pays de la Galatie. — Auguste bannit de Rome le comédien Stéphanion. — S. Gérard, revenant de la chasse, aperçut une chapelle, et pria longtemps. — S. Paul voulait passer de la Mysie dans la Bithynie; mais l'esprit de Jésus ne le lui permit pas. — S. Loup alla de Toulon à Mâcon; de Mâcon il fut emmené à Troyes, et fut sacré évêque de cette ville. — Onésime s'enfuit de chez Philémon à Rome. — Joseph s'enfuit de Bethléem en Égypte, et ensuite il retourna de l'Égypte en Galilée. — S. Athanase fut relégué d'Alexandrie à Trèves. — Jésus fut conduit de chez Hérode chez Pilate. — Annibal partit de l'Afrique pour l'Italie, et remporta plusieurs victoires éclatantes. — Marie et Joseph allèrent de Nazareth à Bethléem. — Éliézer partit de chez Abraham pour aller en Mésopotamie. — Madeleine, revenant du sépulcre, annonça aux apôtres la résurrection de J. C. — Scipion partit de l'Italie pour l'Afrique, et vainquit le fameux Annibal. — S. Dominique alla de Toulouse à Rome, et de Rome il retourna à Toulouse. — Jésus sortit de chez Zachée et partit pour Jérusalem. — Laban sortit du logis, et alla trouver [1] Éliézer. — S. Jean Chrysostome retourna de l'exil à Constantinople.

RÈGLE : *Iter feci per Galliam, per Lugdunum. Transiit urbem.*

RÈGLE : *Iter faciam per domum avunculi mei.*

S. Germain et S. Loup passèrent par Nanterre pour aller en Angleterre. — S. Paul, prêchant la foi, passa par chez les Athéniens. — Les mages qui allaient à Béthléem adorer J. C. passèrent par Jérusalem; mais, en revenant de Béthléem, ils ne passèrent point par chez le roi Hérode. — S. Jean Chrysostome, qui avait été relégué à Cucuse, passa par Césarée. — Alexandre passa par chez les Massagètes et par chez les Sogdiens. — S. Martin, soldat, passa par la ville d'Amiens. — David, pour éviter la colère du roi Saül, s'enfuit, et passa par chez le grand prêtre, et ensuite par chez le roi Achis. — S. Hilaire passa par l'Italie. — S. Bruno passa par Grenoble. — S. Paul passa par chez les Éphésiens. — S. Martin, évêque de Tours, a passé par la Bourgogne. — S. Jérôme passa par Constantinople. — S. Paul, visitant les Églises, passait quelquefois par chez Philémon. — César passa

1. Aller trouver, *adire*, *adeo*, *adii*, *aditum*, acc.

par chez les Marseillais. — St. Paul, qui était conduit à Rome, passa par l'île de Malte. — César passa par Clermont. — Alexandre passa par chez les Scythes, et ensuite par chez les Indiens. — Polydamas, qui portait à Parménion des lettres perfides, avait passé par chez Cléandre. — César passa par la Gascogne. — S. Paul et Silas passèrent par Naples.

RÈGLE : *Constiterunt Corinthi, in loco nobili. Eo Romam, in urbem Italiæ. Redeo Lugduno, ex urbe Galliæ.*

RÈGLE : *Habitat in urbe Lugduno.*

RÈGLE : *Habitat in domo Cæsaris, in rure amœno.*

Sainte Pompose naquit à Cordoue, ville d'Espagne. — S. François Xavier alla de la ville de Paris dans la ville de Rome. — S. Onésime s'enfuit de la maison de Philémon. — S. Jérôme était né à Stridon, ville de la Pannonie. — S. Ambroise fut envoyé de la ville de Rome dans la ville de Milan, dont il fut élu évêque. — S. Paul, qui a été surnommé le Simple, était laboureur, et demeurait dans une campagne de la Thébaïde. — S. Jérôme alla de Constantinople, capitale de la Turquie, à Rome, capitale de l'Italie. — S. Symphorien naquit dans la ville d'Autun. — Jacob, allant en Mésopotamie, coucha dans une vaste campagne. — S. Bruno alla à Cologne, ville d'Allemagne ; à Reims, ville de France; et de Reims, ville de la Champagne, il alla à Grenoble, capitale du Dauphiné. — S. Sidoine, évêque de Clermont, était né dans la ville de Lyon. — Le démon, ayant été chassé, dit : « Je retournerai dans ma maison. » — S. François naquit à Assise, ville d'Italie. — Sainte Eulalie s'enfuit de la campagne dans la ville de Mérida, et reçut la palme du martyre. — Riches, recevez les pauvres dans vos maisons, et vous serez reçus dans la maison de Dieu. — S. Augustin, célèbre docteur de l'Eglise, vint au monde à Tagaste, ville d'Afrique. — L'évêque Valère et le diacre Vincent furent conduits de la ville de Saragosse dans la ville de Valence. — Sainte Adélaïde s'enfuit de la prison dans une campagne stérile et marécageuse.

RÈGLE : Adverbe à la question *Ubi*.

RÈGLE : Adverbe à la question *Quò*.

REGLE : Adverbe à la question *Unde*.

RÈGLE : Adverbe à la question *Quà*.

Où habitez-vous? — Où êtes-vous allé? — D'où vient votre frère? — Par où passerons-nous? — Léger a été tué là où tu es. — Venez ici, mes amis. — Qu'Antoine parte de là où il est. — Germain est entré par là où tu es. — Merri n'habite plus ici, il habite ailleurs.

— Nous irons là où tu es.— J'ai vu Matthieu à Besançon ; j'en suis arrivé d'hier. — Nous arrivons de Strasbourg ; l'empereur y a passé. — En quelque endroit que vous habitiez, je veux y aller. — D'où viennent Ambroise et Jérôme? De quelque part.— Par quelque endroit que le voleur ait passé, nous le poursuivrons. — Nous ne pouvons plus demeurer ici ; allons donc ailleurs.— J'arrive de Paris ; votre sœur arrive du même lieu ; mais nous n'avons pas passé par le même endroit. — Où avez-vous soupé? Nulle part. — Où est allé Mathurin? Quelque part. — D'où arrivent ces marchands? De quelque part. — Cherchons le moyen de sortir par quelque endroit.

RÉCAPITULATION

depuis la règle : Sum in Galliâ, in urbe, *jusqu'à la règle :* Adverbe à la question *Quà*.

Saint Cyprien naquit en Afrique. — Saint Augustin enseigna la rhétorique d'abord à Carthage, ensuite à Rome et à Milan. — Le roi Clotaire se prosterna à terre, et demanda pardon à saint Leu, qu'il avait exilé : le saint évêque mangea chez le roi. — Un Macédonien apparut à Paul pendant la nuit, et lui dit : «Passez en Macédoine pour nous secourir.» — Paul alla à Athènes et ensuite à Corinthe. — Marthe courut à la maison et dit à Marie : « Le maître vous appelle.»—Pierre, averti de Dieu même, alla chez Corneille, centurion. — Les martyrs allaient à la mort comme à la victoire. — S. Paul alla de la Mysie dans la Macédoine. — Les députés des Scythes dirent à Alexandre : « De l'Europe tu passes en Asie, et de l'Asie tu passes en Europe. » — Paul alla d'Athènes à Corinthe, de Corinthe à Éphèse, d'Éphèse à Césarée, de Césarée à Jérusalem, et de Jérusalem à Antioche. — S. Leu, archevêque de Sens, revint de l'exil maigre et défiguré. — Annibal sortit de chez Antiochus, qui l'aurait livré aux Romains. — S. Paul, retournant de Rome en Orient, passa par l'île de Crète [1]. — S. Germain alla à Ravenne et passa par Milan. — J. C., allant à Jérusalem, passa par chez Zachée, chef des publicains. — César passa chez les Suisses. — S. Athanase naquit à Alexandrie, ville d'Égypte. — S. Irénée, qui était né en Grèce, fut envoyé dans la ville de Lyon. — Des anges annoncèrent la naissance du Messie à des bergers qui gardaient les troupeaux dans une campagne voisine. — Saül envoya des archers dans la maison de David, afin de le tuer. — Sous Auguste les affaires étaient tranquilles au dedans et au dehors. — Philippe entra dans la ville de Samarie, et y prêcha Jésus-Christ; les apôtres y envoyèrent ensuite saint Pierre et saint Jean. — De toute part le peuple accourait vers Jésus. — Scipion ne rencontra point Annibal, qui avait passé par un autre endroit.

S. Jean fonda plusieurs Églises en Asie. — S. François étudia d'abord à Annecy, ensuite

1. Aujourd'hui Candie.

à Paris, et enfin à Padoue. — La sainte Vierge demeurait à Éphèse avec S. Jean. — Sainte Jeanne-Françoise établit des monastères à Grenoble, à Bourges, à Dijon, à Moulins, à Orléans, à Paris et dans plusieurs autres villes. — S. Ambroise mangea toujours au logis, et jamais dehors. — S. Martin mangea chez l'empereur Maxime, de qui il obtint la grâce qu'il lui demanda. — Parménion fut très-illustre dans la paix et dans la guerre. — Jésus priait et disait : « Mon Père, éloignez de moi ce calice. » — S. Denis et plusieurs autres évêques furent envoyés dans les Gaules pour prêcher J. C. — Le corps de S. Ennemond fut transporté de Châlons à Lyon. — Sainte Madeleine suivit la mère de J. C. à Éphèse. — J. C. apparut à deux disciples qui se retiraient à la campagne. — L'épouse de l'empereur Valentinien alla chez S. Germain, qui était malade. — S. Flavien alla vers l'empereur Théodose, et obtint la grâce des habitants d'Antioche. — Les bergers, avertis par l'ange du Seigneur, coururent à la crèche. — Jésus retourna de la Judée dans la Galilée. — S. Barnabé fut envoyé de Jérusalem à Antioche, et ensuite il fut envoyé, avec S. Paul, d'Antioche à Jérusalem. — La vraie croix, qui avait été emportée de Jérusalem dans la Perse, fut portée ensuite de la Perse à Constantinople, et de Constantinople à Jérusalem. — S. Augustin, se levant, se retira d'auprès d'Alippe et pleura librement. — Annibal ne put sortir de chez le roi Prusias. —

S. Paul voulut passer dans la Macédoine. — Auguste, retournant à Rome, passa par la Grèce. — Le roi Clovis, revenant de remporter une victoire éclatante, passa par Toul et par Reims. — S. Ignace, conduit d'Antioche à Rome, passa par chez S. Polycarpe, évêque de Smyrne. — S. Césaire, médecin, revenant d'Alexandrie à Nazianze, voulut passer par Constantinople. — Paul et Barnabé, parcourant l'île de Cypre, passèrent par chez le proconsul Sergius Paulus. — César passa par chez les Germains. — Sainte Jeanne-Françoise naquit et fut élevée à Dijon, ville de la Bourgogne, et elle mourut dans la ville de Moulins.

S. Flavien alla de la ville d'Antioche, dont il était évêque, à Constantinople, ville capitale de l'empire. — S. Paulin était né dans la ville de Bordeaux, et il mourut à Nole, ville de la Campanie. — La femme de Jéroboam entra dans la maison du prophète, en lui annonçant de grands malheurs, et elle sortit fort triste de cette maison. — Les parents de Jésus se tenaient [1] dehors, et le demandaient. — Les deux fils aînés d'Aaron furent dévorés au dedans par un feu qui ne les toucha point au dehors. — Dieu dit aux Israélites : « Vous n'entrerez point dans la terre promise ; mais dans quarante ans vos fils y entreront. » — Tobie, captif, reçut du roi la permission d'aller partout où il voudrait. — L'ange Raphaël conduisit Tobie en Médie, et

1. Se tenir, *stare*, *sto*, *steti*.

il l'en ramena. — Les Troyens accouraient de toutes parts pour voir Sinon captif. — Paul fut conduit à Athènes ; il y séjourna quelque temps; de là il alla à Corinthe : Silas ensuite arriva là même avec Timothée. — Épaminondas partit avec l'armée pour Lacédémone : Agésilas, qui fut averti de ce départ, y alla aussi; mais il ne passa pas par le même endroit. — Hérode dit aux mages : « Allez à Bethléem, et vous passerez par ici pour retourner dans votre pays ; » mais les mages, avertis par l'ange du Seigneur, n'y passèrent point.

Saint Merri vint au monde à Autun, ville ancienne. — S. Ignace fut conduit d'Antioche à Séleucie ; il passa par la ville de Smyrne, et arriva enfin à Rome. — Les Juifs menèrent Jésus dans la maison de Caïphe au prétoire. — Jules Vindex et les Gaulois se révoltèrent contre Néron, qui séjournait alors à Naples. — Les Israélites ne purent passer par chez les Iduméens. — David, prosterné à terre et couvert d'un cilice, disait à Dieu : « J'ai péché ; tournez contre moi votre colère, mais épargnez votre peuple. » — Pierre était assis dehors. — Paul et Silas passèrent par chez Lydie, marchande de pourpre. — Par le secours de Jésus-Christ, nous passons de la maladie à la santé, de la servitude à la liberté, des ténèbres à la lumière, et de la souveraine misère à un bonheur souverain et éternel. — Pompée, étant parti de Rome, se retira dans la Thessalie. — S. Paul, annonçant Jésus-Christ aux nations, passa par Athènes, par Corinthe, par Éphèse, et par beaucoup d'autres villes. — Siméon, qui porta la croix avec Jésus, revenait de la campagne. — Que l'impie retourne au Seigneur, et il recevra miséricorde. — Saül, épouvanté, demeura prosterné contre terre. — Nous ne pouvons parvenir au repos sans travail, ni à la victoire sans combat. — S. Cyprien, qui est surnommé le Magicien, prosterné à terre, n'osait lever les yeux vers le ciel. — L'homme de Dieu ne voulut point manger chez Jéroboam; mais, ayant été trompé, il mangea chez le prophète séducteur. — Paul et Barnabé, qui avaient été envoyés à Jérusalem, retournèrent à Antioche avec Jude et Silas. — L'homme de Dieu ne s'en retourna point par le même endroit. — Le pape Urbain IV naquit à Troyes. — Le pape Grégoire XI retourna d'Avignon à Rome. — Le pape Jean XXII naquit à Cahors. — Ausone, poëte et orateur, naquit à Bordeaux. — Les Israélites passèrent par chez les Amalécites et par chez les Moabites.

RÈGLE : Adverbes de quantité.

RÈGLE : Adverbes de temps et de lieu.

RÈGLE : *Pridiè, postridiè.*

Caton buvait peu de vin et beaucoup d'eau. — En quel lieu du monde trouverez-vous un orateur plus éloquent que [1] Cicéron? — Nous jeûnons la veille des grandes fêtes. — La Flandre produit beaucoup de blé et de lin. — Nulle part vous ne trouverez une contrée plus fertile en blé que l'Égypte. — Le lendemain de la naissance de Jésus-Christ, l'Église célèbre la fête de S. Étienne, premier diacre et premier martyr. — La Champagne produit beaucoup de vin, plus de seigle que de froment. — En quel lieu du monde trouverez-vous plus d'ardoises que dans l'Anjou? — Le lendemain de la fête de S. Augustin, nous célébrons le glorieux martyre de S. Jean-Baptiste. — L'Alsace possède assez de mines de plomb, de cuivre et de fer. — En aucun lieu du monde les Carthaginois n'auraient pu trouver un général plus habile qu'Annibal. — La veille de la mort de J. C., les apôtres reçurent la sainte eucharistie. — La Bretagne produit moins de

1. *Que* s'exprime par *quàm*, avec le même cas après que devant. Mais si le verbe qui précède le comparatif ne peut être sous-entendu après *quàm*, il faut former une seconde proposition avec *est* et le *sujet*. Il en est de même quand le premier terme de la comparaison est au génitif, au datif ou à l'ablatif.

blé et de vin que de chanvre et de lin ; la France en tire beaucoup de chevaux. — En quel lieu du monde les Thébains auraient-ils pu trouver un général plus habile qu'Épaminondas ? — Le lendemain de la fête de S. Jacques le Majeur, l'Église de Lyon célèbre la fête des parents de la sainte Vierge. — Le Maine produit assez de blé, de vin et de chanvre ; cette province fournit beaucoup de gibier et de volaille, assez de marbre et de fer. — Nulle part vous ne trouverez un géomètre plus habile qu'Archimède. — La veille de la fête de l'Invention de la sainte Croix, l'Église célèbre la fête de S. Athanase. — L'Anjou produit beaucoup de vin, de blé, de seigle, de lin et de fruits ; cette province nourrit beaucoup de bœufs, de vaches et de moutons ; elle fournit aussi beaucoup d'ardoises, et assez de fer et de charbon de terre. — Où trouverez-vous une ville plus renommée que Rome ? — La veille du sabbat, les saintes femmes préparèrent des parfums pour embaumer le corps de J. C. — David amassa beaucoup de fer, d'airain, d'or et d'argent. — Où trouverez-vous des soldats plus intrépides que les Français ? — S. Césaire mourut la veille de la fête de S. Augustin.

RÈGLE : *En, ecce lupus. En, ecce lupum.*

RÈGLE : *Illius ergo.*

RÈGLE : *Montis instar.*

RÈGLE : *Ire obviàm alicui.*

Jean-Baptiste, voyant venir Jésus-Christ, s'écria : «Voila l'Agneau de Dieu, qui efface les péchés du monde. —J. C. a voulu être crucifié pour l'amour des hommes ; et les hommes ne veulent rien souffrir pour l'amour de Jésus-Christ. — Des officiers très-vaillants se joignirent à David ; ils étaient légers comme des cerfs et formidables comme des lions. — Saint Ambroise, évêque de Milan, alla au-devant de l'empereur Théodose, et lui refusa l'entrée de l'église. — Les vierges entendirent ces paroles : «Voici l'époux ; » et elles allèrent au-devant de lui. — L'empereur Marc-Aurèle allait à l'école comme un enfant. — J. C., pour l'amour de Marthe et de Marie, ressuscita Lazare. — Jésus, attaché à la croix comme un scélérat, pour l'amour de nous, dit à Marie : «Voilà votre fils;» ensuite il dit à S. Jean : «Voilà votre mère. » — Les femmes allèrent au-devant de David, qui avait terrassé Goliath. — Les apôtres, qui n'avaient point compris le sens des paroles de J. C., lui dirent : «Voici deux épées. » — Dieu le Père, à cause de J. C., a pardonné aux hommes. — Les justes brilleront comme le soleil dans le royaume des cieux. — Jésus alla au-devant de Judas et des soldats. — Aruns s'écria : « Voilà Brutus, l'homme qui nous a chassés de notre patrie ; » et furieux comme un lion, il alla au-devant de lui. — Les dames romaines, pour l'amour de Brutus, portèrent le deuil pendant un an. — La perfide Dalila dit à Samson : « Voici les Philistins. » — Que n'a pas fait J. C. pour l'amour de l'Église? — Les anciens chrétiens brillaient comme des astres dans le monde. — Marthe apprit l'arrivée de Jésus, et elle alla au-devant de lui. — Jésus, montrant ceux qui écoutaient la parole de Dieu, dit : « Voici ma mère et mes frères. » — David, à cause d'Abigaïl, épargna Nabal. — Le juge des vivants et des morts a été jugé et condamné comme un criminel. — Le père de Scipion l'Africain alla au-devant d'Annibal. — Démétrius, montrant Paul aux orfèvres, leur dit : « Voilà l'ennemi de nos dieux. » — Dieu, à cause de Job, épargna les amis qui étaient venus le visiter. — Les habits de Jésus devinrent blancs comme la neige. — Darius, roi imprudent, alla au-devant d'Alexandre.

RÈGLE : *Quum Athenæ florerent.*

RÈGLE : *Quum id velis. Quum id volueris.*

Lorsque Néron régnait, S. Pierre et S. Paul souffrirent le martyre. — Lorsque Tarquin arriva à Rome, les portes lui furent fermées. — Puisque J. C. est vraiment ressuscité, il est Dieu, et notre religion est vraiment divine. — Lorsque Judas baisait J. C., les soldats s'avancèrent et se saisirent de lui. — Lorsque Saül considéra la conduite de David qui l'avait épargné deux fois, il soupira et pleura. — Puisque J. C. est notre maître, nous devons l'écouter. — Lorsque Porsenna assiégeait Rome, Mucius Scévola forma le projet de le tuer. — Lorsque le pont fut abattu, Horatius Coclès se jeta dans le Tibre. —Puisque nous avons reçu et puisque nous recevons continuellement de Dieu des bienfaits, nous devons sans cesse lui rendre grâces. — Lorsque la réponse de Nabal fut rapportée à David, il entra en colère et résolut d'exterminer la maison de Nabal. — Lorsque Jésus-Christ passait, un aveugle cria : « Fils de David, ayez pitié de moi ! » — Puisque les pauvres sont nos frères et les membres de J. C., nous devons les secourir. — Lorsque les saintes femmes allaient au tombeau, elles étaient fort tristes, mais lorsqu'elles en revinrent, elles étaient transportées de joie. — Puisque nous ne pouvons rien faire sans la grâce de J. C., nous devons continuellement la demander à Dieu. —Lorsque nous mourrons, nous n'emporterons rien avec nous. — Recourons à J. C., puisque lui seul peut nous purifier. — Lorsque Noé construisit l'arche, les hommes mangeaient et buvaient et ne pensaient point au déluge. — Lorsque Saül vit l'armée des Philistins, il fut épouvanté et consulta le Seigneur. — Puisque l'âme est plus précieuse que le corps, nous devons préférer le salut de notre âme à la santé de notre corps.

RÈGLE : *Dum canis ferret carnem.*

RÈGLE : *Clitellas dum portem meas.*

Tandis que Jésus-Christ priait, les apôtres s'endormirent. — Pourvu que nous cherchions le royaume et la justice de Dieu, le Seigneur ne nous refusera rien. — Cherchons jusqu'à ce que nous trouvions. — Tandis que Nabal se gorgeait de viandes et de vin, Abigaïl, femme très-prudente, alla trouver David, et lui offrit des présents. — Pourvu que nous implorions le secours de Dieu, nous vaincrons les ennemis de notre salut; prions jusqu'à ce que nous obtenions la victoire. — Tandis que le Seigneur parlait, le peuple entendait les tonnerres et le son de la trompette. — Pourvu que nous persévérions, nous serons sauvés. — Les Juifs campaient dans le même endroit jusqu'à ce que la nuée s'élevât. — Tandis que Marthe préparait à dîner, Marie écoutait Jésus. — Nous ne nous égarerons point, pourvu que nous suivions Jésus-Christ, notre chef. — L'étoile précéda les mages jusqu'à ce qu'elle leur eût montré l'étable où Jésus-Christ était né. — Tandis que les eaux engloutissaient les hommes et les animaux, Noé était en sûreté [1] dans

1. En sûreté : *tutus, a, um.*

l'arche. — Nous serons vraiment libres, pourvu que la grâce de Jésus-Christ nous délivre. — Marie et Joseph cherchèrent l'enfant Jésus jusqu'à ce qu'ils le trouvassent. — Les apôtres montèrent dans la barque, tandis que Jésus congédiait le peuple. — Nous obtiendrons la victoire, pourvu que nous la demandions à Dieu. — David errait et se cachait jusqu'à ce que Dieu eût frappé Saül. — Les trois apôtres s'endormirent, tandis que Jésus priait. — Jésus nous guérira, pourvu que nous reconnaissions notre maladie. — Il plut jusqu'à ce que les eaux couvrissent les plus hautes montagnes. — Tandis que le centurion Corneille priait, il vit un homme revêtu d'une robe blanche, qui lui dit : « Corneille, votre prière a été exaucée, et Dieu s'est souvenu de vos aumônes. » — Élie dit à Élisée : « Vous recevrez mon double esprit, pourvu que vous me voyiez monter. » — Frappons à la porte jusqu'à ce qu'elle nous soit ouverte.

RÈGLE : *Id si faceres, si fecisses causâ meâ.*

RÈGLE : *Si veneris, pergratum mihi feceris. Quem librum si leges, lætabor.*

Si nous connaissions le don de Dieu, nous ne cesserions de le demander. — Si nous souffrons avec J. C., nous règnerons avec lui. —

Si le roi Joas eût frappé la terre cinq ou six fois, il eût battu les Syriens jusqu'à une entière ruine. — Si nous pardonnons à nos frères, Dieu aussi nous pardonnera. — Si nous aimions Dieu, nous observerions fidèlement ses commandements. — Si nous cherchons le Seigneur notre Dieu, nous le trouverons. — Si nous pensions plus souvent à la mort, elle nous paraîtrait moins terrible, et nous deviendrions plus sages. — L'impie Jéroboam disait : « Si les enfants d'Israël continuent d'aller à Jérusalem, je perdrai bientôt le royaume, et ils me tueront. » — Si nous pensions toujours à notre dernière heure, nous ne pécherions jamais. — Les vieillards répondirent à Roboam : « Si vous contentez le peuple, il vous servira fidèlement ; » si Roboam eût suivi le conseil des vieillards, le peuple ne l'aurait point abandonné. — Si nous demandons, nous obtiendrons ; et si nous cherchons, nous trouverons. — Si nous cessions de pécher, Dieu cesserait de nous frapper. — Tobie disait : « Si nous craignons Dieu et si nous nous éloignons de tout péché, nous serons riches. »

RÈGLE : *Luce ut quiescam.*

RÈGLE : *Ut aiunt.*

RÈGLE : *Ut ab urbe discessi.*

Le laboureur sème afin de recueillir : semons à présent, afin de moissonner un jour dans le ciel. — Le temple de Jérusalem fut détruit, comme J. C. l'avait annoncé. — Dès qu'Abigaïl, montée sur un âne, aperçut David, elle descendit et se prosterna contre terre. — Pardonnons à nos frères, afin que Dieu nous pardonne. — Un lion furieux, comme le rapporte Appien, épargna Androclès. — Dès que la trompette sonnera, les morts ressusciteront. — Châtions notre corps afin qu'il devienne un jour semblable au corps de Jésus-Christ. — L'empereur Titus, comme l'historien Josèphe le rapporte, aurait voulu conserver le temple. — Dès que les apôtres furent remplis du Saint-Esprit, ils prêchèrent hardiment J. C.—Jésus-Christ envoya deux apôtres pour préparer la pâque. — Les enfants de Jacob transportèrent de l'Égypte le corps de Joseph, comme il l'avait ordonné. — Dès que l'étoile parut, les mages partirent pour aller adorer Jésus-Christ. —Supportons les défauts des autres, afin qu'ils supportent les nôtres. — L'Église subsistera jusqu'à la fin du monde, comme J. C. l'a promis. — Dès que le jour parut, Marie-Madeleine alla au sépulcre. — Les saintes femmes achetèrent des parfums pour embaumer le corps de Jésus. —Joseph prit le corps de Jésus, comme Pilate le lui avait permis, et il l'ensevelit. — Dès que l'ange eut renversé la pierre qui fermait le tombeau de Jésus-Christ, les gardes furent effrayés et demeurèrent comme morts. — Les pharisiens observaient Jésus, afin de le tenter. — L'ange dit aux saintes femmes : « Jésus qui a été crucifié n'est point ici; mais il est ressuscité comme il l'avait dit.»—La naissance de Marie a annoncé la naissance de Jésus, comme l'aurore annonce le lever du soleil. — Dès qu'Élisabeth entendit la voix de Marie qui la saluait, l'enfant tressaillit.

RÉCAPITULATION

depuis la règle : Adverbes de quantité, *jusqu'à la règle :* Ut ab urbe discessi.

La Picardie produit peu de vin, mais beaucoup de blé et d'autres grains; les habitants de cette province fabriquent beaucoup d'étoffes. —La fête du corps de J. C. peut se rencontrer[1] la veille de la Nativité de saint Jean-Baptiste. — Où trouverez-vous un apôtre plus ardent et plus zélé que saint Paul? — Les trois apôtres qui avaient accompagné J. C. entendirent une voix qui dit : « Voici mon Fils bien aimé; écoutez-le. » —Jonathas, pour l'amour de David, encourut la haine du roi Saül. — Jésus-Christ nous a avertis; il viendra comme un voleur; les justes iront au-devant de lui ; mais les méchants, tremblant de frayeur, voudront en vain se cacher.— Lorsque Auguste régnait, J. C. naquit à Béthléem. — Lorsque Samuel, prophète du Seigneur, mourut, tout le peuple pleura. — Puisque Dieu le Père nous a donné J. C., et l'a livré à la mort pour l'amour de nous, que pourra-t-il nous refuser ? — Tandis que le

1. Se rencontrer, *occurrere*, *occurro*, *occurri*, *occursum*.

mauvais riche vivait dans les délices, Lazare mourait de faim; mais tandis que Lazare jouira de Dieu dans le ciel, le riche sera tourmenté dans les enfers. — La foi nous sauvera, pourvu que les œuvres l'accompagnent. — Les bourreaux déchirèrent le corps de S. Romain, jusqu'à ce que les os fussent découverts. — Si Jésus-Christ eût condamné à mort la femme convaincue d'adultère, les pharisiens auraient accusé Jésus d'inhumanité; si Jésus lui eût pardonné, ils auraient dit : « Cet homme est ennemi de la loi. » — Si nous succombons, disait saint Louis, nous mourrons martyrs ; si nous sommes vainqueurs, Dieu sera glorifié. — Une femme disait : « Si je touche à la robe de Jésus, je serai guérie. » — Jésus ne guérit pas Lazare, afin de pouvoir le ressusciter. — David, pour éviter la mort, s'enfuit, comme Jonathas le lui avait conseillé. — Dès que David apprit la mort de Saül et de Jonathas, il pleura amèrement. — La Normandie produit beaucoup de pommes et de poires; les habitants boivent peu de vin, mais beaucoup de cidre. — Où trouverez-vous un poëte plus célèbre qu'Homère? — Le lendemain du sabbat, les saintes femmes se hâtèrent d'aller au sépulcre. — Le Seigneur dit à Moïse: « Voilà la terre que j'ai promise à Abraham, à Isaac et à Jacob; vous la voyez, mais vous n'y entrerez point. » — Dieu épargna Héliodore à cause du grand prêtre Onias. — Jésus-Christ a été crucifié comme un scélérat, et immolé comme un agneau. — Abigaïl alla au-devant de David, et lui offrit des présents. — Lorsque

Madeleine pleurait en cherchant Jésus, Jésus lui apparut. — Lorsque Jésus expira, la terre trembla, les rochers se fendirent, et les tombeaux s'ouvrirent.

Puisque l'heure de notre mort est incertaine, nous devons penser sans cesse à la mort. — Tandis que Parménion lisait la lettre écrite au nom (*nomine*) de Philotas qui avait péri, il fut percé de deux coups d'épée. — Tandis que les méchants diront aux montagnes : « Couvrez-nous, » les justes s'assembleront autour de Jésus. — Le général Barac dit à la prophétesse Débora : « Je conduirai l'armée, pourvu que vous m'accompagniez. » — Élie disait aux faux prophètes : « Criez jusqu'à ce que votre Dieu vous entende. » — Le prophète Élie avait dit : « Demain le blé abondera ; » un officier du roi osa lui dire : « Si le Seigneur ouvrait le ciel, la chose serait à peine possible. » — Quatre lépreux dirent : « Allons dans le camp des Syriens ; s'ils nous laissent la vie, nous vivrons ; s'ils nous tuent, nous mourrons. » — Jésus fut conduit dans le désert pour être tenté par le diable, et afin de terrasser ce terrible ennemi. — Les deux disciples amenèrent l'ânesse et l'ânon, comme Jésus l'avait ordonné. — Dès que les anges se furent retirés dans le ciel, les bergers allèrent à Béthléem.

RÈGLE[1] : *Credo te flere.*

RÈGLE : *Credo illum legere.*

RÈGLE : *Credebam, credidi, credideram illum legere.*

(Le *que* qui est entre deux verbes est représenté en latin par l'infinitif du second verbe, et le nom ou pronom qui, dans le français, lui sert de sujet, se met à l'accusatif, ainsi que son attribut. C'est ce qu'on appelle communément *que retranché.* Dans les phrases suivantes, il faut mettre le second verbe au présent de l'infinitif.)

Tous les peuples croient que Dieu existe. — Chaque jour nous avertit que notre mort approche. — Saül avoua que David était un serviteur fidèle. — Les astronomes assurent que le soleil est immobile. — Pilate déclare que Jésus était innocent. — Nous savons tous que la mort est certaine, mais que l'heure de notre mort est fort incertaine. — Jésus n'ignorait pas que Judas était un traître. — Tout le peuple était persuadé que Jean était un prophète. — Le saint précurseur apprit aux Juifs que J. C. était le Messie. — Nous avons appris que la croix de Jésus-Christ est le chemin du ciel. — Nous savons que notre corps est sujet à la mort,

1. Notre but n'est pas de suivre désormais toutes les règles, comme nous l'avons fait jusqu'ici ; nous nous bornerons donc aux plus faciles, et à celles dont l'usage est le plus fréquent.

et que notre âme est immortelle.—Dieu le Père avait révélé à S. Pierre que J. C. était le fils du Dieu vivant. — Le peuple pensait que S. Jean était peut-être le Christ. — Nous croyons que Dieu est aimable et terrible : car nous savons qu'il est un dieu de bonté et de miséricorde, et qu'il est aussi un dieu de justice et le dieu des vengeances. — Fabius disait aux Romains : « Considérez que les Carthaginois sont en Italie, et qu'Annibal les commande.»—Jésus répondit aux deux disciples : « Rapportez à Jean que les aveugles voient, et que les sourds entendent ; que les boiteux marchent, et que les morts ressuscitent. » — Pierre savait que Jésus avait les paroles de la vie éternelle.

RÈGLE : *Credo illum legisse.*

RÈGLE : *Credo, credam illum legisse.*

(Dans les phrases suivantes, le verbe qui est après le *que* doit se mettre au parfait et au plus-que-parfait de l'infinitif.)

Vous savez que Judas avait été choisi par J. C.; vous n'ignorez pas que cet apôtre était avare, et qu'il [1] périt misérablement. — Les livres saints nous apprennent qu'Absalon voulait régner, et que ce fils rebelle déclara la guerre à David.—Nous croyons que les apôtres étaient plus heureux que les rois et les prophètes, qui n'avaient pas vu J. C. — Nous

1. Il (lui), *ille*, *illa*, *illud*.

savons que J. C. avait d'abord apparu aux saintes femmes, qu'ensuite il apparut aux apôtres, et que Thomas était absent. — L'Évangile prouve que le nom de précurseur avait été révélé à Zacharie, que l'épouse de Zacharie était stérile, et que cependant elle fut la mère de S. Jean-Baptiste. —Nous savons que plusieurs apôtres avaient été pêcheurs, qu'ils étaient pauvres et ignorants, et que cependant ils sont devenus les maîtres du monde.— Vous n'ignorez pas que Brutus avait été élevé avec les fils de Tarquin; qu'il était prudent et rusé, et qu'il contrefit l'insensé. — Vous savez que Philippe était roi de Macédoine, qu'il fut père d'Alexandre le Grand; mais vous ignorez peut-être qu'il avait été conduit à Thèbes comme otage. — Vous avez lu certainement que l'épouse et le beau-père [1] de Samson furent brûlés; que la mère de cet homme extraordinaire avait été longtemps stérile.—Vous avez appris que Saul avait d'abord été l'ennemi des chrétiens, et qu'ensuite il prêcha le nom de J. C. — L'Évangile nous apprend que Barabbas était un voleur et un meurtrier, et que cependant cet homme fut préféré à J. C.

RÈGLE : *Credo illum cras venturum esse.*

RÈGLE : *Putabam eum cras venturum esse.*

(Dans les phrases suivantes, le verbe qui

1. Beau-père, *socer*, g. *soceri*, m.

est après le *que* doit se mettre au futur de l'infinitif. Je dis que tu mourras, *dico te esse moriturum ;* que nous mourrons, *nos esse morituros ;* qu'ils mourront, *illos esse morituros ;* qu'elles mourront, *illas esse morituras, etc.*)

Il est certain que nous mourrons. — Nous savons que J. C. reviendra pour juger les vivants et les morts. — Les vierges folles croyaient que l'époux ne viendrait pas sitôt. — Nous savons que les bons recevront une récompense éternelle, et que les méchants seront à jamais tourmentés. — Les Perses croyaient que Darius remporterait la victoire. — Hérode avait cru que les mages reviendraient à Jérusalem. — Les apôtres avaient été avertis que Jésus-Christ serait trahi. — Xerxès avait cru que les Grecs tourneraient le dos. — Donnons un verre d'eau froide à un fidèle serviteur de J. C., et soyons persuadés que nous en recevrons la récompense. — Pilate avait cru que les Juifs préféreraient Jésus à Barabbas. — L'Évangile nous apprend que notre juge viendra comme un voleur, et que les hommes seront surpris par la mort. — Noé avait annoncé que le monde serait submergé. — Jésus dit aux apôtres : « Je vous annonce que je serai livré aux gentils. » — Le prophète Michée avait annoncé que le Christ naîtrait à Béthléem. — S. Paul dit aux matelots : « Je vous annonce que le vaisseau sera brisé, et qu'aucun de vous ne périra. » — Isaïe avait prédit qu'une vierge concevrait et enfanterait un fils. — Les apôtres montrèrent le temple à J. C. : « Je vous annonce, leur dit-il, que ce temple sera détruit, et que les ennemis ne laisseront pas pierre sur pierre. » — J. C. avait annoncé que les apôtres souffriraient la persécution. — Jésus dit aux apôtres : « Je vous annonce que le Fils de l'homme sera crucifié, qu'il mourra, et qu'il ressuscitera le troisième jour. » — Jésus avait annoncé à Marthe que Lazare ressusciterait.

RÉCAPITULATION

depuis la règle : Credo te flere, *jusqu'à la règle :* Putabam eum cras, etc.

Pierre dit à Jésus : « Nous savons que vous êtes le Christ, le fils du Dieu vivant.» — Hérode savait que Jean-Baptiste était un homme juste et saint. — Vous n'ignorez pas qu'Alexandre était fils de Philippe et d'Olympias, et qu'il déclara la guerre à Darius, roi des Perses; mais savez-vous qu'il avait étudié la médecine ? — Il est certain que les Juifs embrasseront un jour la religion chrétienne. — David, roi et prophète, avait annoncé que les bourreaux perceraient les pieds et les mains de J. C. — Soyons persuadés que Dieu voit et entend tout. Les démons étaient forcés d'avouer que Jésus était le fils de Dieu. — Vous savez que Caïn était le frère d'Abel; que les dons d'Abel avaient plu à Dieu, que Caïn lui porta envie. — Nous savons certainement qu'Elie viendra et qu'il rétablira toutes choses. — Les prophètes avaient clairement annoncé que le Christ serait mis à mort. — Souvenons-nous que nous sommes les brebis de J. C., et que Jésus-Christ est notre pasteur. — Alexandre avait cru que Phocion recevrait l'argent qu'il lui envoyait : l'histoire nous apprend que Phocion ne voulut point le recevoir. — Sachez, chrétiens, que vous êtes les membres de J. C., et que Jésus-Christ est votre chef. — Cinéas croyait que les Romains accepteraient les présents du roi Pyrrhus; mais nous savons que les hommes et les femmes les rejetèrent. — Nous savons que Dieu est éternel, qu'il n'a point eu de commencement et qu'il n'aura jamais de fin. — O Jésus, nous confesserons toujours que vous êtes notre maître et que nous sommes vos disciples. — Xerxès, roi des Perses, avait pensé qu'Épaminondas ne rejetterait pas une somme d'argent considérable; nous apprenons cependant que cet illustre général la refusa.

RÈGLE : *Suadeo tibi ut legas...*, *ne ludas.*

(Après les verbes *conseiller*, *avertir*, *faire en sorte*, *etc.*, le *de* ou *que* s'exprime par *ut* avec le subjonctif, et s'il est suivi d'une négation, on l'exprime par *ne* avec le subjonctif.

Si le premier verbe est au présent ou au futur, le second se met au présent du subjonctif: *Tibi suadeo*, *suadebo ut legas*. Mais si le premier verbe est à l'un des trois parfaits, le second verbe se met à l'imparfait du subjonctif : *Tibi suadebam, suasi, suaseram ut legeres.*)

Jeunes gens, nous vous conseillons de lire souvent l'Évangile; nous vous conseillons aussi de ne pas fréquenter les libertins. — Ayons soin d'opérer le salut de notre âme, et de ne pas négliger cette affaire importante. — S. Paul avertissait Timothée de supporter le travail comme un soldat de J. C. Il faut que nous portions la croix avec Jésus-Christ. — Joseph dit à l'échanson : « Je vous prie de vous souvenir de moi. » — S. Paul avertissait Timothée de ne pas reprendre durement les vieillards. — Jésus-Christ pria S. Pierre d'éloigner la barque du rivage. — Il est juste que nous écoutions notre maître, que nous suivions notre chef, et que nous imitions notre modèle. — Éliézer dit à Rébecca, qui portait une cruche : « Je vous prie de me donner à boire. » — S. Paul avertissait Timothée de fuir les nouveautés. — Un officier dit à Jésus : « Je vous prie de venir à la maison, afin de guérir mon fils, qui est dangereusement malade. » — Pères et mères, le sage vous conseille de corriger vos enfants, et de ne pas épargner les punitions. — Moïse dit aux Israélites : « Faites en sorte qu'il ne se trouve parmi vous aucun mendiant, afin que le Seigneur vous bénisse. » — Parménion avertit Alexandre de se défier du médecin Philippe : Alexandre n'écouta point Parménion. — Un homme possédé de l'esprit impur, accourant à Jésus, lui dit : « Fils du Dieu très-haut, je vous conjure de ne point me tourmenter. » — Patron conseilla en vain à Darius de se défier de Bessus.

RÈGLE : *Timeo ne præceptor veniat.*

RÈGLE : *Timeo ut* ou *ne non præceptor veniat.*

(Après *craindre, etc.*, *de* ou *que* suivi de *ne* seulement s'exprime par *ne* avec le subjonctif; si *de* ou *que* est suivi de *ne pas* ou *ne point*, on l'exprime par *ut* ou par *ne non*, avec le subjonctif.)

Nous craignons d'être pauvres; les saints, au contraire, craignaient d'être riches. — Nous craignons de ne pas vivre longtemps; saint Ignace craignait de vivre trop longtemps. — Les vierges folles craignaient que l'époux n'arrivât trop tôt[1]; mais les vierges sages craignaient qu'il n'arrivât pas promptement. — Tobie craignait d'être tué par le démon, qui avait déjà tué sept maris de la fille de Raguël. — Les parents de Tobie craignaient qu'il n'eût pas trouvé Raguël vivant. — Nous craignons de trop souffrir; plusieurs saints ont appréhendé de ne pas souffrir assez. — Plusieurs craignaient de déplaire au monde; qu'ils craignent plutôt de ne pas plaire à Dieu. — Plusieurs personnages illustres craignaient de ne pas obtenir le consulat; Fabius, au contraire, craignait d'être élevé à cette dignité. — Sci-

1. *Trop*, devant un adverbe, s'exprime par le comparatif de cet adverbe.

pion l'Africain craignait que Masinissa ne fût dompté par la volupté. — Les Juifs n'entrèrent point dans le prétoire; car ils craignaient de ne pas manger la pâque. — Quelques-uns craignent d'être élevés aux charges; mais la plupart craignent de ne pas les obtenir. — Les Israélites craignaient que le roi Nabuchodonosor, qui avait détruit les autres villes, ne détruisît aussi la ville de Jérusalem. — Plusieurs Romains appréhendèrent que Domitien n'eût pas été tué.

RÈGLE : *Cave ne cadas. Illi dissuade ne proficiscatur.*

RÈGLE : *Non committam ut a te discedam.*

(Après les verbes *prendre garde*, *dissuader*, le *de* ou *que* s'exprime par *ne* avec le subjonctif. Après se garder bien de... n'avoir garde de, *non committere*, le *de* s'exprime pas *ut* avec le subjonctif.)

Ceux qui sont debout, dit S. Paul, doivent prendre garde de tomber. — Ceux qui sont les premiers doivent prendre garde de devenir les derniers. — Le vieillard Éléazar se garda bien de manger de la chair de porc. — Jeunes gens, prenez garde de contrister vos parents. — Prenons garde de mépriser la parole de Dieu. — Les Machabées se gardèrent bien d'enfreindre la loi de Dieu. — Prenons garde de résister à la grâce. — Fabricius n'eut garde d'écouter le médecin du roi Pyrrhus. — Ève aurait dû prendre garde de manger le fruit que Dieu lui avait interdit. — Épaminondas se garda bien de recevoir les présents de Xerxès, roi des Perses. — Les hommes auraient dû prendre garde de mépriser les exhortations de Noé. — Joseph se garda bien de se venger des injures qu'il avait reçues. — Prenons garde de fouler aux pieds le sang de la nouvelle alliance. — Fabius n'avait garde de risquer une bataille contre Annibal. — La chaste Suzanne se garda bien de consentir au crime. — Roboam aurait dû prendre garde d'irriter le peuple en préférant l'avis des jeunes gens à celui des vieillards. — Les apôtres auraient voulu dissuader Jésus de retourner en Judée. — Héliodore n'eut garde de retourner à Jérusalem. — Prenons garde de scandaliser nos frères. — Les soldats qui gardaient le tombeau se seraient bien gardés de livrer le corps de Jésus aux disciples. — Prenons garde d'insulter les pauvres, qui sont les membres de Jésus-Christ. — Les juges doivent prendre garde de condamner les innocents. — Les ariens se gardèrent bien de consentir à une conférence. — Que les riches prennent garde d'être séduits par l'éclat de l'or et de l'argent. — Fabius n'avait garde de briguer le consulat.

RÈGLE : *Dignus est ut imperet*, et mieux, *qui imperet.*

(Le *que* ou *de* après *mériter*, *être digne*, se tourne par *que* et s'exprime par *ut*, ou mieux par *qui*, *quæ*, *quod*, avec le subjonctif. Mais quand après *mériter*, *etc.*, il n'y a point de pronom qui se rapporte au sujet du verbe, on ne peut employer *qui*, *quæ*, *quod*, mais il faut se servir de *ut*.)

Annibal méritait de commander. — Fabius méritait que les Romains le nommassent consul. — Suzanne méritait que Daniel eût pitié d'elle. — Les infâmes vieillards étaient indignes que le peuple eût pitié d'eux. — David ne méritait pas que Saül le persécutât; il méritait plutôt que ce roi le récompensât et lui rendît service. — Cincinnatus méritait d'être élevé à la dictature. — Thémistocle méritait que le roi des Perses le favorisât. — L'impie Antiochus ne méritait pas que Dieu eût pitié de lui. — Anne, mère de Samuel, ne méritait pas d'être insultée par le grand prêtre. — Les Hébreux rebelles et incrédules n'étaient pas dignes d'entrer dans la terre promise. — Parménion n'avait point mérité d'être poignardé par l'ordre du roi Alexandre. — O étrange aveuglement! J. C. a été jugé indigne de vivre. — Vitellius ne méritait pas que les Romains l'épargnassent. — Jésus-Christ est certainement digne d'être constamment aimé. — Antonin méritait assurément que les Romains le respectassent et le chérissent. — J. C. a voulu être abandonné de Dieu le Père, parce que nous-mêmes méritons d'être abandonnés de lui. — Un serviteur qui méprise un maître chrétien mériterait de servir un Turc ou un idolâtre.

Règle : *Deus prohibet ne mentiamur. Id impedivit ne proficiscerer.*

Règle : *Non impedio, quis impedit quin proficiscaris.*

(Si les verbes *empêcher* et *défendre* ne sont pas accompagnés d'une négation ou d'une interrogation, le *de* ou *que* s'exprime par *ne* avec le subjonctif; mais si ces deux verbes sont accompagnés d'une négation ou d'une interrogation, alors on exprime *de* ou *que ne* par *quin* ou *quominus* avec le subjonctif. Il faut observer que le régime des verbes *empêcher, défendre*, doit en latin servir de sujet au verbe suivant.)

Daniel empêcha que Suzanne ne fût lapidée. — L'ordre de David n'empêcha pas Joab de tuer Absalon. — Saül ne put s'empêcher de reconnaître l'innocence de David. — Dieu avait défendu aux Juifs de manger de la chair de porc. — Les Gaulois ne purent empêcher Annibal de traverser les Alpes. — Gabélus, voyant le jeune Tobie, ne put s'empêcher de verser des larmes. — Samuel avait défendu au roi Saül d'offrir le sacrifice. — Les efforts des hommes ne peuvent empêcher Dieu d'exécuter les desseins qu'il a formés. — Nous ne pouvons nous empêcher de reconnaître un Dieu éternel et tout-puissant. — David empêcha le général Abisaï de tuer le roi Saül. — Les Grecs ne purent empêcher Bessus d'enchaîner le roi Darius. — Le prophète Samuel ne pouvait s'empêcher de plaindre le sort de Saül. — Claude Néron empêcha Asdrubal de porter du secours à Annibal. — La loi de Moïse défendait aux Israélites de recueillir les épis qui étaient restés. — L'opiniâtreté de Pharaon ne put empêcher les Israélites de sortir de l'Égypte. — Alexandre, voyant le fils de Darius, ne put s'empêcher d'être attendri. — La prudente Abigaïl empêcha David de tuer Nabal. — Qui avait défendu à Adam et à Ève de goûter le fruit de l'arbre de la science du bien et du mal? Dieu lui-même. — Nous ne pouvons nous défendre de désirer le bonheur. — Manlius Torquatus empêcha les Gaulois de s'emparer du Capitole. — Qui empêcha le démon de tuer Tobie, comme il avait tué les autres maris de Sara, fille de Raguël? L'ange Raphaël. — Caton ne pouvait s'empêcher d'admirer la modestie et la frugalité de Manius Curius. — Les disciples empêchèrent saint Paul de se présenter aux Éphésiens mutinés. — Les Philistins ne purent empêcher Samson de sortir de la ville, dont ils avaient fermé les portes. — Pyrrhus ne put s'empêcher d'admirer la grandeur d'âme de Fabricius. — Les sénateurs juifs défendirent en vain aux apôtres de prêcher le nom de J. C. — Le péché de saint Pierre n'a pas empêché qu'il n'ait été nommé chef des apôtres. — Je ne puis m'empêcher de condamner l'insolence de Joab; et je ne puis me défendre d'admirer la douceur et la modération de David. — Les disciples voulaient empêcher les enfants de toucher Jésus-

Christ, afin qu'il les bénît; mais J. C. ne put s'empêcher de blâmer les disciples, et il leur dit : « N'empêchez pas les enfants de venir à moi; car le royaume des cieux est réservé à ceux qui ressemblent aux enfants. » — J. C. défendait aux malades guéris de publier les miracles qu'il avait opérés; mais ils ne pouvaient s'empêcher de les divulguer. — Les travaux apostoliques et l'innocence de la vie n'empêchaient pas Timothée de dompter la chair par la tempérance. — Le roi Porsenna ne put s'empêcher d'admirer le courage de Mucius Scévola.

RÈGLE : *Gaudeo quòd tibi profui. Dicit se gaudere quòd tibi profuerit.*

(Après les verbes *se réjouir*, *se repentir*, *être fâché*, *remercier*, *etc.*, *de* ou *que* s'exprime par *quòd*, ou avec le subjonctif si la proposition dépend d'une autre proposition subordonnée. On peut aussi retrancher le *que*.)

Maharbal s'étonnait qu'Annibal ne marchât pas contre la ville de Rome, après la bataille de Cannes. — Alexandre se repentit amèrement d'avoir tué Clitus. — Saint Paul se réjouissait de souffrir pour Jésus-Christ. — Remercions Dieu de nous avoir donné des parents chrétiens. — Darius se repentit d'avoir condamné à mort Charidème. — Saint Pierre se repentit amèrement d'avoir renié Jésus-Christ. — Les martyrs se réjouissaient de souffrir la faim, la soif et les tourments. — Saint Ignace rendait grâce à Dieu d'avoir été condamné[1] à être dévoré par les bêtes, et il se réjouissait d'entendre rugir les lions. — Tout le peuple félicita Judith d'avoir coupé la tête à Holopherne. — Jésus-Christ ne se plaignait point d'être souffleté et couvert de crachats. — Les apôtres se réjouissaient d'avoir été battus de verges pour Jésus-Christ. — Les femmes allèrent au-devant de David, et le félicitèrent d'avoir terrassé Goliath. — Saint Arsène disait : « J'ai eu très-souvent regret d'avoir parlé, et je ne me suis jamais repenti d'avoir gardé le silence. » — Les apôtres se réjouissaient de chasser les démons au nom de J. C.; mais J. C. leur dit : « Ne vous réjouissez pas de ce que les démons vous obéissent; réjouissez-vous plutôt de ce que vos noms sont écrits dans le ciel. » — Pharaon et les Égyptiens se repentirent d'avoir retenu les Hébreux qui voulaient partir. — Raguël félicita le jeune Tobie de ce qu'il était le fils d'un homme vertueux. — Pilate était étonné que Jésus gardât le silence. — Annibal était vivement fâché d'être obligé de quitter l'Italie. — Jésus-Christ avait été trahi par un apôtre : ne nous étonnons pas qu'il ait été accusé par les princes des prêtres. — Abigaïl dit à David : « Je vous félicite de ce que le Seigneur a conservé vos mains pures. »

1. Voyez la règle : *Jussus est ab urbe discedere*, (Lhomond, p. 125).

Règle : *Exspecta dum* ou *donec rex advenerit.*

(Après *attendre*, *que* se tourne par *jusqu'à ce que*, et s'exprime par *dum* ou *donec* avec le subjonctif.)

Les Israélites attendaient que la colonne de nuée parût, et alors ils partaient ; ils attendaient aussi qu'elle s'arrêtât, et alors ils campaient. — Il n'est pas temps d'arracher l'ivraie ; attendons que le temps de la moisson soit arrivé. — Joseph, qui s'était retiré en Égypte, attendit que le roi Hérode fût mort. — Abraham dit aux serviteurs : « Demeurez ici, et attendez que je revienne. » — J. C. dit aux apôtres : « Ne partez point de Jérusalem ; mais attendez que vous ayez reçu la promesse du Père. » — Les veuves à qui Tabithe ou Dorcas faisait des habits attendaient que Pierre arrivât ; lorsqu'il fut venu, il dit : « Tabithe, levez-vous ; » aussitôt elle ouvrit les yeux et se leva. — Le prophète Balaam dit aux députés du roi : « Attendez que j'aie consulté le Seigneur. » — Saint Paul attendait que Timothée et Silas arrivassent à Athènes. — Tobie le jeune attendit que l'ange et Gabélus fussent arrivés ; alors ils célébrèrent les noces par un festin. — Judith attendait qu'Holopherne fût endormi ; et alors elle lui trancha la tête. — Josaphat dit au roi Achab : « Attendons, je vous prie, que nous ayons consulté la volonté du Seigneur. » —

Abraham dit aux trois anges : « Attendez, je vous prie, que je vous apporte du pain et de l'eau. »

RÈGLE : *Morbus causa fuit cur te non inviserim.*

(Après *être cause*, *que* s'exprime par *cur* avec le subjonctif.)

L'avarice fut cause que Judas trahit Jésus-Christ. — La crainte de César fut cause que Pilate condamna à mort J. C. — L'envie fut cause que Joseph fut vendu et conduit en Égypte. — Le péché d'Adam et d'Ève est cause que nous sommes très-misérables. — La cruauté de Caligula fut cause qu'il fut tué par les Romains. — Les vertus de l'empereur Antonin furent cause que les Romains le chérirent et le regrettèrent. — Le vin fut cause qu'Alexandre mourut avant le temps. — Les délices de Capoue furent cause que les troupes d'Annibal oublièrent l'ancienne discipline. — L'envie fut cause que Saül persécuta David. — L'opiniâtreté de Pharaon fut cause que l'Égypte fut frappée de plaies horribles. — Les belles qualités de Scipion furent cause qu'il fut fait édile avant le temps. — Sophonisbe avait été cause que Syphax avait fait la guerre aux Romains. — La mort de Lucrèce fut cause que les Tarquins furent chassés de Rome.

Règle : *Dubito an valeat.*

Règle : *Non dubito quin valeat. Quis dubitat quin virtus sit amabilis?*

(Si le verbe *douter* n'est accompagné ni d'une négation ni d'une interrogation, le *que* s'exprime par *an* avec le subjonctif; si le verbe *douter* est accompagné d'une négation ou d'une interrogation, le *que* s'exprime par *quin* avec le subjonctif. *Quin* renferme le *ne* français suivant, qui ne s'exprime point en latin.

Saint Thomas douta quelque temps que Jésus fût ressuscité. — Qui doute qu'il n'existe un Dieu? — Simon le pharisien paraissait douter que Jésus fût un prophète. — Qui peut douter que l'âme ne soit immortelle? — Tobie le père paraissait douter que Gabélus fût encore vivant. — Raguël dit : « Je ne doute point que Dieu n'ait exaucé ma prière. » — Satan paraissait douter que Jésus fût le Fils de Dieu. — Infortuné Darius, pouviez-vous douter que Bessus ne vous tendît des piéges? — Saint Paul réfuta certains hérétiques qui paraissaient douter que les anges eussent été créés. — Cophas, lieutenant d'Alexandre, dit à Arimaze, chef des Sogdiens, qui gardait un rocher fort élevé : « Vous ne pouvez pas douter maintenant que les soldats d'Alexandre n'aient des ailes. » — Lorsque les enfants de Jacob furent revenus de l'Égypte pour la seconde fois, ce patriarche parut d'abord douter que Joseph fût encore vivant ; mais, lorsqu'il vit les chariots que Joseph avait envoyés, il ne douta point que la chose ne fût vraie. — Les amis de Job paraissaient douter qu'il fût innocent. — Les chrétiens confessent avec les Juifs que J. C. est mort; mais ils ne doutent point qu'il ne soit véritablement ressuscité. — Les soldats de Judas Machabée doutaient d'abord qu'ils pussent résister aux troupes d'Antiochus; mais ensuite ils ne doutèrent point que Dieu ne donne la victoire à l'armée qu'il favorise. — Un auteur paraît ne pas douter que Fabius n'ait vécu un siècle entier : un historien français paraît douter qu'il ait vécu si longtemps. — Les Hébreux doutaient d'abord qu'ils pussent résister à l'armée de Pharaon ; mais ensuite ils ne doutèrent point que Dieu ne pût diviser les eaux pour ouvrir un passage. — Lorsque saint Pierre fut sorti de la prison, il parut d'abord douter qu'il fût vraiment libre; mais ensuite il ne douta point qu'il n'eût été délivré par un ange que Dieu avait envoyé.

RÉCAPITULATION

depuis la règle : Suadeo tibi ut legas, *jusqu'à la règle :* Non dubito quin valeat.

Une femme étrangère vint à Jésus, et lui dit : « Seigneur, je vous supplie de chasser le démon qui tourmente cruellement ma fille. » — S. Paul avertissait Timothée de ne pas négliger la grâce du sacerdoce. — Tobie craignait d'être dévoré par un poisson monstrueux. — Le jeune Cyrus craignait de ne pas parvenir au trône. — Prenons garde de recevoir en vain la grâce de Dieu. — Les fidèles auraient désiré dissuader saint Paul d'aller à Jérusalem. — Job, frappé d'une plaie horrible, se garda bien de maudire le Seigneur. — Charidème méritait d'être récompensé, et non d'être puni. — L'épouse et la mère de Darius méritaient qu'Alexandre eût pitié d'elles. — Régulus empêcha les Romains de renvoyer les prisonniers carthaginois. — Les gardes ne purent empêcher Jésus de sortir du tombeau. — Le traître Judas ne put s'empêcher de reconnaître l'innocence de Jésus. — Dieu défendit aux mages de passer de nouveau par la ville de Jérusalem. — La vieillesse d'Abraham et la stérilité de Sara ne purent empêcher que les promesses de Dieu ne s'accomplissent. — Hérode ne pouvait se défendre d'admirer les vertus de Jean-Baptiste. — Sainte Élisabeth félicita Marie d'avoir cru. — Les princes des prêtres étaient fâchés que Jésus fît des miracles. — L'époux ferma la porte, et n'attendit pas que les vierges folles fussent arrivées. — L'envie des prêtres et des pharisiens fut cause que le peuple préféra la vie de Barabbas à la vie de J. C. — Quelques-uns doutent qu'Alexandre ait été empoisonné ; mais nous ne pouvons douter que le vin ne lui ait été funeste.

Les vieillards conseillaient au roi Roboam d'user de bonté envers le peuple ; les jeunes gens, au contraire, lui conseillèrent de ne le point épargner. — Quelques hommes téméraires craignent de n'être pas élevés à l'épiscopat; plusieurs saints se sont cachés parce qu'ils craignaient d'être élevés à une dignité redoutable aux anges mêmes. — Jeunes gens, prenez garde d'être surpris par la mort, qui ne respecte aucun âge. — Les princes des prêtres et les sénateurs dissuadèrent le peuple de préférer Jésus à Barabbas. — Aristide se garda bien d'approuver le conseil de Thémistocle. — Domitien ne méritait pas que les Romains eussent pitié de lui; mais Vespasien et Titus avaient mérité que tous les peuples les regrettassent. — L'impie Achab ne méritait pas que le roi Josaphat le favorisât. — Dieu empêcha Alexandre d'aller à Jérusalem pour détruire cette ville. — Tous les efforts des Tyriens ne purent empêcher Alexandre de se rendre maître de Tyr. — Saül ne put s'empêcher de reconnaître l'innocence de David. — Sainte Hélène, mère de l'empereur Constantin, se réjouissait d'avoir trouvé la croix de J. C. — Jésus, qui attendait que les disciples revinssent de la ville, s'entretint avec la Samaritaine. — L'envie du démon fut cause qu'Adam et Ève furent chassés du paradis terrestre. — Achior paraissait d'abord douter que Judith eût tué Holopherne; mais lorsqu'il vit la tête de ce général, il ne douta point que Dieu n'eût puni ce monstre d'orgueil et vengé les Israélites.

Règle : *Nescis quis ego sim. Dic mihi quota hora sit. Nescio uter fuerit eloquentior.*

Règle : *Fecit quod ei præceperam.*

(*Quis*, *uter*, *quotus*, *quid*, *etc.*, entre deux verbes, demandent le second verbe au subjonctif. — *Ce qui*, *ce que*, ne pouvant se tourner par *quelle chose*, s'expriment par *quod*, et ne demandent point le subjonctif.)

Les Scythes dirent à Alexandre : « Apprends qui nous sommes, et considère qui tu es. » — Jésus demanda aux apôtres qui il était; saint Pierre répondit aussitôt : « Vous êtes le Christ. » — Nous devons aimer ce que J. C. a aimé, et mépriser ce qu'il a méprisé. — Dites-moi à quelle heure[1] mourut J. C. A la neuvième heure, savoir à trois heures après midi. — J. C. demanda aux apôtres ce qu'ils avaient dit en marchant : ils n'osaient répondre; car ils avaient examiné qui d'entre eux était le plus grand. — Évitons ce que les saints ont évité : recherchons ce qu'ils ont recherché. — L'époux dit aux vierges folles : « J'ignore qui vous êtes; » et la porte leur fut fermée. — Les apôtres firent ce que Jésus avait commandé, et préparèrent la pâque. — Les hommes peuvent ignorer qui nous sommes; mais Dieu ne peut

1. Voyez les noms de temps (Lhomond, p. 142).

l'ignorer. — Esaü et Jacob étaient frères; vous savez lequel des deux était le plus cher à Rébecca. — Dites-moi quel jour J. C. ressuscita. Le premier jour de la semaine, que nous appelons le jour du Seigneur. — Les bergers dirent : « Allons à Bethléem, et voyons ce que les anges nous ont annoncé. » — Domitien était frère de Titus ; vous n'ignorez pas lequel des deux fut le meilleur. — Vous savez laquelle des cinq parties du monde est la plus grande. — Tous admiraient ce que les bergers racontaient. — Apprenez-moi quel jour Dieu créa les poissons de la mer et les oiseaux du ciel. Le cinquième jour. — Jésus dit à Jacques et à Jean : « Vous ne savez ce que vous demandez. » — Jésus répondit aux deux disciples de Jean-Baptiste : « Rapportez à votre maître ce que vous avez vu et ce que vous avez entendu. » — Jésus demanda aux soldats qui ils cherchaient. — Alexandre était roi de Macédoine, et Darius était roi de Perse ; vous savez lequel des deux fut vaincu. — Naaman fit ce que le prophète Élisée avait commandé, et il fut guéri.

RÈGLE : *Scire velim ubi sis, unde venias, quò eas. Interrogata cur hoc diceret.*

Aman ignorait pourquoi il avait été mandé par le roi. — Vous avez appris comment les Hébreux passèrent la mer Rouge. — Jacob ignora longtemps où était Joseph. — Vous avez appris par où passèrent les enfants d'Israël. — Vous savez comment Scipion traita les espions carthaginois. — Les enfants de Jacob parurent devant Joseph, qui leur demanda d'où ils venaient. — Dieu demanda à Caïn où était Abel; Caïn osa répondre : « J'ignore où il est. » —Vous savez pourquoi Caïn avait tué Abel. — Vous savez où furent conduits les Juifs par l'ordre du roi Nabuchodonosor. — Dites-moi où mourut saint Just, évêque de Lyon. En Égypte, où il s'était retiré. — Vous n'ignorez pas pourquoi le roi Saül persécutait David. — Apprenez-moi où alla Alexandre pendant que la ville de Tyr était assiégée. En Arabie. — Savez-vous pourquoi les pharisiens haïssaient J. C.? — Dites-moi où moururent S. Pierre et S. Paul. A Rome. — L'Évangile nous apprend comment Jésus nourrit cinq mille hommes dans le désert. — L'intendant de Joseph demanda aux enfants de Jacob pourquoi ils avaient rendu le mal pour le bien. — Vous savez pourquoi Alexandre n'assiégea point la ville de Jérusalem. — Vous avez appris comment mourut Absalon. — Vous n'ignorez pas pourquoi Hérode ordonna le massacre des enfants.— Vous savez comment mourut Samson.

RÈGLE : *Vides quantùm te amem.*

(Différentes manières d'exprimer *combien*. Combien d'eau... *quantum aquæ*... Combien de science... *quanta doctrina*... Combien de livres... *quot* ou *quàm multi libri*... Combien il est modeste... *quàm modestus est*... Combien il est aimé... *quantùm amatur*... Combien il est estimé... *quanti æstimatur*, *etc.*)

L'histoire nous apprend combien de sang répandirent Sylla et Marius. — Vous savez combien Joseph avait de pouvoir en Égypte. — Vous avez appris combien Xerxès conduisit de soldats en Grèce. — Vous n'ignorez pas combien Caton était sévère. — Nous ne pourrons jamais comprendre combien Dieu a aimé les hommes. — Vous n'ignorez pas combien les Athéniens estimaient la liberté. — Vous savez combien d'or les Espagnols ont trouvé en Amérique. — Qui ignore combien Annibal montra de prudence, combien d'obstacles il surmonta, combien il était rusé, combien les Romains redoutaient le nom d'Annibal, et combien Scipion lui-même estimait ce général? — Nous savons combien d'or et d'argent renfermait le palais de Salomon; combien ce roi acquit de gloire, combien il était riche et puissant; combien il avait recherché et combien il avait estimé la sagesse, et combien ce prince égaré eut ensuite de femmes. — Qui ne sait pas combien Auguste avait d'abord répandu de sang, combien d'hommes il avait tués, combien il acquit de puissance, combien il devint doux et affable, combien les Romains le chérirent, et combien il en fut estimé? — Représentons-nous combien il tomba d'eau pendant quarante jours et quarante nuits. — L'histoire nous apprend combien Aristide avait de probité. — Vous savez combien Vitellius commit de crimes, combien il était perfide et gourmand, combien les Romains détestèrent la mémoire de cet infâme empereur, et combien, au contraire, ils estimèrent Vespasien qui lui succéda.

RÈGLE : *Nescio quid agas, quid ageres, quid egeris, quid egisses.*

(Après *quid*, *cur*, *quomodo*, *unde*, *etc.*, il faut mettre tous les temps de l'indicatif français aux mêmes temps du subjonctif, excepté les deux futurs.)

Dieu ne peut ignorer ce que nous faisons. — Jésus n'ignorait pas ce que Judas méditait. — Nous ne savons pas ce que Jésus écrivait. — Jésus dit aux apôtres : « Le fils de l'homme sera livré aux gentils, et il sera mis à mort : » ils ne comprirent pas ce qu'il avait voulu dire. — Les jeunes gens ne comprendront-ils jamais combien l'oisiveté est pernicieuse? — Vous n'ignorez pas pourquoi Jésus aimait S. Jean d'une manière particulière. — Vous savez comment périt Absalon, et pourquoi il avait voulu détrôner David. — Jésus dit aux apôtres : « Bientôt vous ne me verrez plus, et ensuite vous me verrez de nouveau ; » et ils disaient : « Nous ne savons ce que ces paroles signifient. » — Les apôtres demandèrent ce que signifiait la parabole de l'ivraie. — Nous savons combien le crime de David déplut à Dieu : personne n'ignore combien Dieu avait favorisé ce prince. — L'Évangile nous apprend combien les richesses sont dangereuses. — Les Juifs virent pleurer Jésus, et ils dirent : « Voyez combien il aimait Lazare. » — Titus assiégea et prit la ville de Jérusalem : vous n'ignorez pas combien de Juifs périrent alors, et vous savez quel crime ils avaient commis.

RÈGLE : *Mihi favet fortuna. Illum omnes admirabantur.*

RÈGLE : *Admirabantur Ciceronem quum diceret.*

(Quand un verbe, au passif en français, est neutre ou déponent en latin, il faut tourner le passif en actif : et pour cela, on prend le régime pour en faire le sujet, et le sujet pour en faire le régime. S'il n'y a point de régime dont on puisse faire le sujet, on met le verbe à la troisième personne du pluriel, en sous-entendant *homines*.)

Les Juifs avaient d'abord été favorisés de Dieu; ils furent ensuite poursuivis par la vengeance divine. — L'homme ingrat est partout détesté. — Arius fut favorisé par Constantin, empereur trop crédule. — L'empereur Titus était admiré de tous les Romains. — La perfidie sera toujours détestée. — Vitellius fut abhorré de tous les Romains. — David était persécuté par Saül. — La doctrine de J. C. sera toujours admirée. — L'or et l'argent avaient été interdits par Lycurgue. — La réponse de Jésus fut admirée par les pharisiens et les hérodiens. — Néron et Caligula seront toujours détestés. — Que les maximes de J. C. soient étudiées par tous les chrétiens. — Les Carthaginois furent secourus par les Lacédémoniens. — La perfidie de Judas sera toujours détestée. — Pélage fut réfuté par S. Augustin. — Tous les prophètes du Seigneur furent persécutés par les Juifs. — La vertu sera toujours admirée. — Les maisons marquées du sang de l'agneau furent épargnées par l'ange exterminateur. — La cavalerie était commandée par Brutus[1]. — Que les pauvres soient assistés[2] par les riches. — Le Seigneur était fidèlement servi par la famille de Tobie. — La mémoire du

1. *Tournez*, Brutus commandait : commander, *præesse*, *præsum*, *præfui*, dat.
2. *Tournez*, que les riches assistent : assister, *adesse* ou *opitulari*, dat.

perfide Absalon sera à jamais détestée. — La chair du porc était interdite aux Juifs par la loi de Moïse. —Saint Paul avait été assisté par Onésiphore. — Le bonheur apparent de Denys était envié par Damoclès. — Philémon n'était pas fidèlement servi par Onésime. —La mémoire de David sera toujours révérée. — Le jeune Tobie fut accompagné par un ange. —Saül fut épargné deux fois par David. — Les richesses d'Alexandre n'étaient pas enviées par Diogène. — Agag avait été épargné par Saül; mais il ne fut pas épargné par Samuel. — L'aile droite était commandée par Maharbal, l'aile gauche par Asdrubal; le corps d'armée était commandé par Annibal et Magon. — Absalon ne fut pas épargné par Joab. —La doctrine de J. C. est admirée, mais la vie de J. C. est rarement imitée.

RÈGLE : *Dicis Paulum a Petro amari.*

Qui ne sait pas que Caïn tua Abel ?—Vous savez qu'Annibal ne vainquit point Fabius. — Quinte-Curce nous apprend qu'Alexandre tua Clitus. — S. Luc rapporte que saint Paul reprit saint Pierre. — Nous croyons que saint Fabien envoya plusieurs évêques dans les Gaules. — Vous n'ignorez pas que Romulus tua Rémus. — L'Évangile nous apprend que saint André conduisit saint Pierre à Jésus. — Vous savez que Brutus chassa les Tarquins de Rome. —

Vous n'ignorez pas que Joab tua le général Abner. — L'histoire nous apprend que les Carthaginois vainquirent d'abord les Romains, et qu'ensuite les Romains vainquirent les Carthaginois. — Nous savons que Gamaliel avait instruit saint Paul. — Vous savez que les fils de Jacob vendirent Joseph à des marchands ismaélites. — Peut-être ignorez-vous que le roi Prusias trahit Annibal. — Vous savez qu'Horace tua les trois Curiaces. — L'histoire rapporte que Paul Émile vainquit Persée, fils de Philippe. — L'Évangile nous apprend que Marie et Joseph cherchèrent l'enfant Jésus pendant trois jours. — Vous savez que Marius vainquit Jugurtha. — Qui ignore que César défit Pompée ? — David fut vivement affligé lorsqu'il apprit qu'Ammon avait tué Absalon. — Quinte-Curce rapporte que les Macédoniens mirent en fuite les Perses. — Qui ignore que Camille chassa les Gaulois ? — L'histoire nous apprend que le roi Clovis défit les Allemands.

RÈGLE : *Virtus amatur.*

RÈGLE : *Amant virtutem.*

(Le verbe actif qui suit *on*, *l'on*, doit se tourner par le passif, et le régime français doit devenir le sujet ; ainsi, *on aime la vertu*, se tourne par, *la vertu est aimée*. Ou bien, on met le verbe à la troisième personne du pluriel ; ce qu'il faut toujours faire quand le verbe est neutre ou déponent en latin.)

On crucifia Jésus-Christ entre deux voleurs. — On lapida saint Étienne.— On admirait la modestie de Turenne. — On chassa les Tarquins de Rome. — On estimera toujours la probité.—J. C. dit aux apôtres : « Nous allons à Jérusalem : on livrera le Fils de l'homme aux gentils, on le fouettera, on le couvrira de crachats, et on le mettra à mort. » — On conduisit sainte Symphorose au temple d'Hercule : on la frappa, ensuite on la suspendit par les cheveux, enfin on la précipita dans la mer. — On attacha à sept pieux les sept fils de sainte Symphorose; on les mit à mort, et on jeta leurs corps dans une grande fosse. — Lorsque Néron régnait, on persécuta les chrétiens : on les couvrait de peaux de bêtes sauvages, afin que les chiens les dévorassent; on les crucifiait ou on les brûlait vifs. — On découvrit Vitellius, qui s'était caché; on lui lia les mains, on le traîna presque nu, on le piqua sous le menton, on le couvrit de fumier ; enfin on l'assomma de coups, et on le jeta dans le Tibre.—On coupa la langue à l'aîné des sept frères Machabées; on le mutila, et on le jeta dans une chaudière brûlante; on saisit ensuite le second : on lui arracha la peau de la tête, on le tourmenta cruellement; on mit à mort les sept frères, mais on tourmenta le plus jeune encore plus cruellement que les autres. — Zacharie s'écria : « Et vous, enfant, on vous appellera le prophète du

Très-Haut. » — Par l'ordre d'Hérode, on coupa la tête à Jean-Baptiste dans la prison. — On amenait à Jésus beaucoup de malades, et il les guérissait.

RÈGLE : *Vulpes negavit se esse culpæ proximam. Hic philosophus dicebat suâ parvi referre.*

RÈGLE : *At credo illum mentitum fuisse.*

(Quand les pronoms *il*, *elle*, *le*, *la*, *etc.*, après un *que* retranché ou exprimé, se rapportent au sujet du premier verbe, on les exprime par *suî*, *sibi*, *se*; comme dans la phrase, *le renard dit qu'il n'était pas coupable.* Mais si ces pronoms ne se rapportent pas au sujet du premier verbe, comme dans la phrase, *je crois qu'il mentait*, il faut les exprimer par *ille, illa, illud, etc.*)

Saül avoua qu'il était moins juste que David; nous pouvons assurer qu'il disait la vérité. — L'Amalécite dit qu'il avait ôté la vie à Saül; vous savez qu'il fut mis à mort par l'ordre de David. — Judas confessa qu'il avait livré le sang innocent; nous savons qu'il n'obtint point miséricorde. — Pilate pouvait-il croire qu'il n'était point coupable? nous savons qu'il avait reconnu l'innocence de Jésus. — Héliodore dit qu'il ne voulait point retourner à Jérusalem; vous savez qu'il y avait été frappé à coups de fouet. — Jésus, interrogé par le grand prêtre, confessa qu'il était le fils du Dieu vivant; vous n'ignorez pas qu'aussitôt il fut jugé digne de mort. — David avoua au prophète qu'il avait péché; et nous savons qu'il obtint miséricorde. — Socrate disait qu'il ne savait rien; nous savons cependant qu'il était très-savant. — Le superbe Aman crut qu'il avait préparé un gibet à Mardochée; vous n'ignorez pas qu'il y fut attaché lui-même. — L'échanson avait promis qu'il se souviendrait de Joseph; nous savons cependant qu'il oublia longtemps cet homme innocent. — Le généreux Éléazar annonça qu'il ne mangerait jamais de la chair de porc; vous n'ignorez pas qu'il préférait une mort glorieuse à une vie criminelle. — David ne s'irrita point contre Nathan, fidèle ministre de Dieu; il oublia qu'il était roi, et se souvint qu'il était prophète du Seigneur.

RÈGLE : *Pater amat suos liberos.*

RÈGLE : *At eorum vitia odit.*

RÈGLE : *Ejus indoles est optima.*

(*Son, sa, ses, leur, leurs*, s'expriment par *suus, sua, suum*, lorsqu'ils se rapportent au sujet du verbe; s'ils ne s'y rapportent pas, on les exprime par *ejus, illius, eorum, earum*. Ces mêmes pronoms, au commencement d'une phrase, s'expriment aussi par *ejus, illius, eorum, earum.*)

L'infâme Néron tua sa mère : vous n'ignorez pas leurs forfaits : leur histoire est assez connue. — Le jeune Tobie imita son père; Dieu bénit sa postérité : leur conduite me paraît admirable.—Brutus ne put supporter la perfidie de ses fils; il présida à leur supplice : sa sévérité m'a toujours paru excessive. — Roboam succéda à Salomon son père; mais il n'imita point sa douceur : son royaume fut divisé. — Manlius Torquatus s'était distingué par sa piété envers son père; mais il se montra cruel envers son fils; car il le condamna à mort : ce fils avait combattu sans son ordre : sa sévérité parut insupportable à la jeunesse romaine. — Saül maudit son fils Jonathas; car Jonathas aimait et estimait David son gendre : or sa haine contre David était extrême. — Asdrubal conduisait des troupes à son frère Annibal ; Claude Néron empêcha leur réunion : Asdrubal fut tué, et sa tête fut jetée dans le camp d'Annibal. — David recommanda son fils Absalon à Joab et aux autres généraux qui commandaient ses troupes; mais ses prières furent inutiles. — Les Hébreux immolèrent leurs fils et leurs filles aux démons. — Les mages trouvèrent l'enfant Jésus et Marie sa mère.—Jésus toucha les yeux de deux aveugles : aussitôt leurs yeux furent ouverts. — Dieu nous a invités aux noces de son fils. — Jésus est notre maître ; admirons sa doctrine et imitons ses vertus. — Jésus fut transfiguré devant trois apôtres : son visage devint brillant comme le soleil, et ses habits devinrent blancs comme la neige. — L'homme quittera son père et sa mère, et s'attachera à son épouse.— Jésus vit Jacques et Jean son frère, et il les appela. Leur père se nommait Zébédée. — Chacun, dit l'Apôtre, portera son fardeau. — Défions-nous du démon, et redoutons ses artifices. — Jésus trouva les trois disciples endormis : car leurs yeux étaient appesantis. — S. Jean, patriarche d'Alexandrie, distribuait ses richesses aux pauvres; l'assemblée des saints publie aujourd'hui ses aumônes : sa gloire sera éternelle. — Jésus fut trahi par son apôtre. — Jésus lava les pieds de Judas; mais le démon de l'avarice souillait son cœur. — Jésus est le roi des rois, son règne n'aura point de fin. — Salomon succéda à David son père; on admira d'abord sa sagesse : ses égarements nous paraissent incroyables.

RÉCAPITULATION

depuis la règle : Nescis quis ego sim; dic mihi quota hora sit, etc., *jusqu'à la règle :* Ejus indoles est optima.

L'épouse de Jéroboam voulut se cacher au prophète en prenant l'habillement d'une autre femme ; mais le prophète savait qui elle était. — Jésus demanda aux pharisiens ce qu'ils pensaient du Christ, et de qui il était fils. — Jacques et Jean étaient frères : vous n'ignorez pas lequel des deux vécut plus longtemps. — Jésus dit aux disciples : « Plusieurs prophètes et plusieurs rois ont désiré de voir ce que vous voyez, et ils ne l'ont point vu ; ils ont désiré d'entendre ce que vous entendez, et ils ne l'ont point entendu. » — Nous savons comment J.C., fils de David, était pourtant Seigneur de David : les Juifs ne le comprenaient pas. — Savez-vous par où passèrent les mages qui allaient adorer J. C.? par la ville de Jérusalem. — Les disciples demandèrent pourquoi ils n'avaient pu chasser le démon. — Qui ne sait pas combien de blé produit l'Égypte ; combien de fruits de toute espèce se recueillent dans ce pays ; combien cette contrée est fertile ; combien les eaux du Nil engraissent la terre, et combien l'agriculture a toujours été estimée chez les Égyptiens? — Des exemples fréquents nous apprennent combien l'heure de notre mort est incertaine. — Vous savez combien Aristide était pauvre ; vous n'ignorez pas pourquoi il fut surnommé le Juste, et pourquoi il avait été condamné à l'exil. — Judas avait été grandement favorisé par Jésus ; cependant Jésus fut persécuté par Judas. — La famille de Noé fut épargnée par les eaux du déluge. — Démosthène était admiré lorsqu'il déclamait contre Philippe. — L'Évangile nous apprend que Jésus aimait Marthe, Marie et Lazare. — On lia Samson de deux cordes neuves. — On avait d'abord admiré Néron ; mais ensuite on l'abhorra.

Antiochus, frappé de Dieu, promit qu'il enrichirait le temple du vrai Dieu, et qu'il embrasserait la religion des Juifs ; mais l'Écriture nous apprend qu'il ne recouvra point la santé, et qu'il périt misérablement. — Titus s'est immortalisé par sa bienfaisance : les Romains le regrettèrent : mais ils ne regrettèrent pas Domitien, son frère : sa cruauté et sa perfidie sont connues. — S. Jean-Baptiste envoya ses disciples à J. C., et ils devinrent ses disciples; ses vertus ont été louées par J. C. — Joseph fut vendu par ses frères; il oublia leurs injures : son histoire est admirable à lire. — Virginius tua sa fille avec le couteau d'un boucher; Appius, infâme décemvir, avait été épris de sa beauté : leur histoire est assez connue. — Les députés demandèrent à S. Jean qui il était. — J. C., notre juge, nous demandera un jour qui nous sommes. — Pilate demanda aux Juifs de quel crime ils accusaient Jésus. — Pierre et André étaient frères : vous n'ignorez pas lequel des deux fut nommé chef des apôtres. — Job, affligé, ne murmura point; mais il dit : « Le Seigneur m'a ôté ce qu'il m'avait donné. » — Moïse dit aux Israélites : « Ne refusez pas au pauvre ce qu'il vous demande; mais accordez-lui ce qu'il désire. » — Vous n'ignorez pas comment la chaste Suzanne fut délivrée. — Vous savez pourquoi l'empereur Titus refusa les couronnes que les nations lui envoyèrent. — Dites-moi où Joseph conduisit l'enfant Jésus qui était recherché par le roi Hérode. En Égypte. — Qui ne sait pas combien de gloire acquit l'empereur Titus, combien de couronnes les nations lui envoyèrent, combien il était bienfaisant, combien les Romains le chérissaient et combien il en était estimé?

Auguste dit à Cinna : « Je sais ce que vous méditez et qui sont vos complices. » — L'histoire nous apprend combien Cicéron était vigilant. — Vous n'ignorez point comment Salomon découvrit la véritable mère d'un enfant. — Zacharie recouvra la parole : en lisant l'Évangile vous apprendrez pourquoi il était devenu muet. — L'Eglise fut d'abord persécutée par les empereurs romains ; mais elle fut enfin favorisée par Constantin. — La mère et l'épouse de Darius furent consolées par Alexandre et Éphestion. — Les chrétiens ne furent pas épargnés par Néron et plusieurs autres empereurs. — Roscius était applaudi lorsqu'il déclamait. — Vous savez que Samson trompa trois fois Dalila, et qu'ensuite Dalila trahit Samson. — On jeta deux fois Daniel dans la fosse aux lions. — On avait d'abord admiré Caligula, mais ensuite on le détesta. — On crucifia saint Pierre, et l'on trancha la tête à saint Paul. — Marie confessa qu'elle était la servante du Seigneur : nous savons cependant qu'elle est la mère de Dieu, la reine des anges et des hommes. — J. C., jusqu'à la fin de sa vie, nous a donné des preuves de son amour ; nous avons été lavés dans son sang, et nous sommes encore nourris de sa chair adorable : son amour envers nous est vraiment prodigieux. — Abraham voulait immoler son fils ; mais un ange arrêta sa main : sa foi est admirable. — Joseph déclara son nom à ses frères, et il oublia leur crime : leur étonnement fut extrême.

Règle : *Quum Cicero esset consul, detecta fuit conjuratio*[1].

Règle : *Mus, elephanto quum fuisset obvius.*

Règle : *Quum Deus ei faveret, consilium perfecit suum.*

(Lorsque les verbes latins n'ont pas les participes marqués par les verbes français, on se sert des conjonctions *lorsque, après que, puisque*, qu'on exprime par *quum, postquam, etc.*)

Tibère étant empereur, J.C. mourut. — Auguste, ayant été empereur quarante et un ans, mourut à Nole. — Étant chrétiens, nous devons imiter J. C., notre chef. — Annibal, ayant vu la tête d'Asdrubal, s'écria : Je reconnais la fortune de Carthage. — Saül, ayant été épargné par David, cessa quelque temps de le poursuivre. — Néron, étant poursuivi par des cavaliers, se tua d'un coup de poignard. — Louis IX étant roi, la guerre contre les Sarrasins fut résolue. — Tibère, ayant été empereur environ vingt-trois ans, mourut à Caprée. — Étant les enfants de Dieu, nous devons estimer ce titre glorieux. — Jésus, ayant rendu grâces à

1. On peut aussi mettre les deux noms à l'ablatif et dire : *Cicerone consule, detecta fuit conjuratio.* Voir du reste Lhomond, page 177.)

son père, rompit les pains et les donna aux apôtres, qui les distribuèrent au peuple. — Abraham, étant arrivé sur la montagne, lia Isaac pour l'immoler. — David, étant suivi d'un seul homme (Abisaï), entra dans la tente de Saül. — Vespasien étant empereur, la ville de Jérusalem fut assiégée. — Vespasien, ayant été dix ans empereur, mourut et laissa la couronne à Titus, son fils. — Dieu étant notre père, nous devons nous confier en lui. — David, ayant appris la mort de Saül son ennemi, déchira ses habits et versa des larmes. — J. C., étant ressuscité, apparut d'abord aux saintes femmes. — Sisara, étant poursuivi par les ennemis, entra dans la tente de Jahel, qui le tua. — Jésus, étant monté au ciel, envoya le Saint-Esprit aux apôtres. — Jonathas, étant suivi d'un écuyer, tua un grand nombre de Philistins. — Balaam, étant monté sur une ânesse, alla trouver le roi des Moabites (Balac). — Alexandre, ayant été flatté par les courtisans, voulut passer pour un dieu. — Jésus, étant monté dans une barque, commença à enseigner le peuple. — Les Perses, ayant été poursuivis par Alexandre, s'enfuirent en différentes contrées. — Jésus, étant descendu de la montagne, guérit un lépreux, en lui disant : « Je le veux, soyez guéri. » — Jésus ayant été baisé par le traître Judas, les soldats se saisirent de lui et le lièrent. — Marie, étant arrivée dans la maison de Zacharie, salua sa cousine Élisabeth ; étant félicitée par Élisabeth, elle rendit gloire à Dieu.

RÈGLE : *Quid* ou *cur moraris? Quin* ou *cur non huc advolas?*

RÈGLE : *Quanti tibi constitit hæc domus?*

RÈGLE : *Utinam tecum loqui possim!*

(Le *que* interrogatif adverbe se tourne par *pourquoi*, et s'exprime par *quid* ou *cur*, s'il n'y a point de négation ; par *quin* ou *cur non*, s'il est suivi d'une négation ; par *quanti* avec un verbe de prix, quand il peut se tourner par *combien*.

Le *que* de désir se connaît lorsqu'on peut le tourner par *plaise à Dieu que...*, et se rend en latin par *utinam*, avec le subjonctif, sans exprimer *ne*.)

Que cherchons-nous l'occasion de pécher? — Que n'écoutons-nous plus assidûment la parole de Dieu? — Que coûta le temple bâti par Salomon? — Que ne puis-je soulager tous les malheureux ! — Que les mères pleurent-elles le sort des enfants qui meurent après le baptême? — Que n'avons-nous recours à Dieu notre père? — Qu'estimait-on le palais de Salomon? — Que ne puis-je donner ma vie pour J. C. ! — Que fournissons-nous des armes à Satan? — Que ne faisons-nous pénitence? — Que valait la drachme? Environ dix sous. — Que les jeunes gens ne comprennent-ils que le temps est précieux? — Que résistons-nous à la grâce qui nous presse? — Que n'achetons-nous les biens éternels en soulageant les pauvres? — Qu'estimez-vous l'horloge de l'église de Saint-Jean? — Que ne connaissons-nous le don de Dieu! — Que ne repoussons-nous la main qui veut nous guérir? — Que n'avons-nous pitié de notre âme? — Qu'a coûté ce canal? — Que n'ai-je les ailes de la colombe! — Ève, Dieu a parlé; qu'écoutes-tu le serpent qui veut te tromper? — Que n'acquérons-nous les vertus, qui sont les véritables richesses? — Qu'estimez-vous l'église de Saint-Marc? — Que Dieu ne met-il fin à mon exil! — Que courons nous à notre perte? — Que ne consultons-nous des personnes sages? — Qu'estime-t-on un cheval arabe? — Que les riches ne connaissent-ils le véritable usage des richesses? — Enfants des hommes, que recherchez-vous le mensonge et les vanités du monde? — Que ne suivons-nous notre pasteur et notre chef? — Qu'estimait-on Bucéphale, cheval d'Alexandre? — Que Dieu ne renouvelle-t-il la jeunesse de son Église! — Insensé Roboam, que suivais-tu le conseil des jeunes gens? que ne préférais-tu le conseil des vieillards? — Qu'estimez-vous les bracelets qu'Éliézer donna à Rébecca? — Que l'avare ne pense-t-il plus souvent à la mort! — Jeunes gens, que lisez-vous des fables mensongères? que ne lisez-vous plutôt[1] l'Évangile? — Que coûte un cheval anglais? — Les patriarches

1. *Plutôt* marque ici la préférence et s'exprime par *potiùs*.

s'écriaient : « Que les cieux ne s'ouvrent-ils pour envoyer le juste ! » — Que nous appuyons-nous sur un roseau fragile? — Que n'imitons-nous les exemples des saints? — Qu'avait coûté le chien d'Alcibiade? — Le saint homme Job s'écriait : « Que n'ai-je été transporté du sein de ma mère dans le tombeau! »

RÈGLE : *Laus virtuti solummodo debetur,* ou *Laus soli virtuti debetur.*

RÈGLE : *Nihil aliud nisi togam sumpsit.*

RÈGLE : *Sapiens nihil affirmat quod non probet. Non hinc proficiscar quin,* ou *nisi,* ou *priusquam te viderim.*

(*Ne... que* signifiant *seulement* se rend en latin par *solummodo,* ou par *solus, sola, solum,* que l'on fait accorder avec le nom qui suit. — Si *ne que* signifie *rien autre chose que*, on exprime *rien autre chose* par *nihil aliud,* et *que* par *nisi* ou *quàm,* avec le même cas après que devant.

Si *que* entre deux négations est relatif, c'est-à-dire s'il se rapporte à un nom qui précède, on l'exprime par *qui, quæ, quod,* qu'on met au cas du verbe, et le verbe se met au subjonctif; si *que* entre deux négations est adverbe, on l'exprime par *quin, nisi, priusquam,* avec le subjonctif.)

Les apôtres n'avaient que cinq pains et deux

poissons pour nourrir cinq mille hommes. — Seigneur, nous ne mettons qu'en vous notre confiance. — Nous ne donnons rien aux pauvres que Dieu ne nous rende abondamment. — Samuel avait dit au roi Saül : « N'offrez point le sacrifice que je ne sois revenu. » — Les Israélites dirent à Josué : « Nous ne servirons que le Seigneur. » — Un chrétien ne cherche que la gloire de Dieu. — Sénèque, encore jeune, n'entendait et ne lisait rien qu'il ne retînt fidèlement. — Jonathas dit à David : « Ne partez point d'ici que je ne vous aie découvert les desseins de mon père. » — Ne désirons que les trésors du ciel. — Le monde ne cherche que les délices; cependant J. C. n'a prêché que la croix et la pénitence. — Il n'est point d'animal que les hommes n'apprivoisent. — Nous ne serons point admis dans le ciel que nous ne présentions à Dieu la robe nuptiale. — Othon ne régna que trois mois et cinq jours. — Pour l'ordinaire, Caton ne buvait que de l'eau. — Il n'est point de cœur dur que la grâce de J. C. ne puisse amollir. — La rage des Juifs ne put être assouvie qu'ils n'eussent vu expirer Jésus-Christ. — Vitellius ne régna qu'environ huit mois. — Salomon n'avait demandé que la sagesse : Dieu lui donna de plus la gloire et les richesses. — Il n'est point d'obstacle qu'un chrétien ne puisse surmonter. — Les Juifs ne voulaient point croire, qu'ils ne vissent des miracles. — Un avare n'avait qu'un rat pour apaiser sa faim, et cependant il le vendit. — Un malade ne désire que la santé.

— Il n'est rien que nous ne devions sacrifier pour obéir à Dieu. — Élisée ne quitta point le prophète Élie, qu'il ne l'eût vu monter dans les airs. — Gédéon n'avait que trois cents soldats; cependant il vainquit l'armée nombreuse des Madianites. — Jésus dit aux disciples: « Le dernier jour n'est connu que de mon père. » — Il n'est point d'hommes que nous ne devions aimer. — Jacob dit à l'ange : « Je ne vous laisserai point aller [1] que vous ne m'ayez béni. » — La mort ne nous laisse que nos bonnes œuvres. — Les soldats de Gédéon n'avaient que des lampes et des vases de terre, et cependant ils furent victorieux. — Il n'est point d'artifice que n'emploie le démon pour nous perdre. — Le peuple n'avait rien à manger; Jésus ne voulut point le renvoyer qu'il n'eût été rassasié.

RÈGLE : *Quanta est mea lætitia!*

(Le *que* d'admiration ou *combien* s'exprime par *quantùm* avec le génitif, devant un substantif de choses qui ne se comptent pas: que ou combien d'eau! *quantùm aquæ!*.... par *quantus, a, um,* quand *que* ou *combien* est joint au mot *grand* : que ou combien de science! *quanta doctrina!*... par *quot* indéclinable, ou *quàm multi, æ, a*, devant un substantif de choses qui se comptent : que ou combien de livres! *quot*

1. Laisser aller, *dimitt-ere, o, dimisi, dimissum.*

ou *quàm multi libri!...* par *quàm* ou *ut* devant un adjectif ou un adverbe : combien ou qu'il est modeste! *quàm* ou *ut modestus est!...* par *quantò* devant un comparatif, devant un verbe d'excellence, ou devant *antè* ou *pòst :* qu'il est ou combien est-il plus savant! *quantò doctior est!* que ou combien vous l'emportez sur les autres! *quantò præstas aliis!* combien auparavant, *quantò antè...;* par *quàm*, *quantùm*, *ut*, devant un verbe ordinaire : que ou combien il est aimé! *quàm*, *quantùm*, *ut amatur!...* par *quanti* devant un verbe de prix ou d'estime, et avec *refert*, *interest :* combien ou qu'il est estimé! *quanti æstimatur!....* qu'il importe ou combien il importe! *quanti refert!*)

Combien / Qu' } Annibal était redouté des Romains!

Combien / Que } Scipion estimait ce général!

Combien / Qu' } il importait à Annibal...!

Que d'argent! Combien d'or! Que de modération! Combien de prudence! Que de cerisiers! Combien de chênes! Qu'Annibal était hardi! combien il était rusé! qu'il était plus habile que [1] Varron! Combien auparavant Isaïe avait prédit les mystères de J. C.! Que

1. *Que*, après un comparatif, s'exprime par *quàm*, qui demande le même cas après que devant; ou bien on met l'ablatif en supprimant le *que*. (Voyez Lhomond, page 115.)

de vin! Combien de neige! Que de puissance! Combien d'étoiles nous voyons! Que Dieu est bon! combien il est plus puissant que les dieux des nations! Combien nous avons été aimés! Combien Dieu a estimé nos âmes! Qu'il nous importe! Combien David l'emportait! Jésus avait été promis aux patriarches : combien après il a paru!

Règle : *Parum aquæ.*

(Exprimez *peu*, *beaucoup*, par *parum*, *multùm*; *parvus*, *a*, *um*; *magnus*, *a*, *um*; par *pauci*, *æ*, *a*; *multi*, *æ*, *a*; *parum*, *multùm*, *valde*, *plurimùm*, ou un superlatif; *paulò*, *multò*; *parvi*, *magni*, suivant les mots auxquels ils sont joints.)

Peu de vin. — Beaucoup de blé. — Peu d'ambition. — Beaucoup de modestie. — Peu d'élus. — Beaucoup d'appelés. — Fabius paraissait peu actif; mais il était bien prudent. — Que les jeunes gens soient un peu plus sobres, et ils seront beaucoup plus charitables envers les pauvres. — Je déplore le malheur des chrétiens qui recherchent peu les biens du ciel, et qui désirent beaucoup les richesses périssables. — Qu'ils estiment beaucoup ce qu'ils estimaient peu, et qu'ils estiment peu ce qu'ils estimaient beaucoup. — Chrétiens, il vous importe beaucoup....

RÈGLE : *Minor doctrina.*

(Exprimez *moins*, *plus*, par *minùs*, *magis*; *minor*, *major*; *pauciores*, *a*, *plures*, *a*; *minoris*, *pluris*, suivant les mots auxquels ils sont joints.)

Les vallées en Portugal produisent moins de blé; elles produisent plus d'huile et de vin. — César montrait moins de sévérité; il montrait plus de clémence. — Xerxès avait moins d'amis, il avait plus de flatteurs. — Varron était moins prudent; Fabius était plus sage. — Les Israélites redoutaient moins la voix de Moïse, ils redoutaient plus la voix de Dieu. — Il importait plus aux Carthaginois; il importait moins aux Gaulois. — Les Romains estimaient moins Domitien; Titus avait été plus estimé. — Le Limousin produit moins de vin; il produit plus de seigle que de froment. — Roboam montra moins de prudence. — Le Berri nourrit moins de chevaux et de bœufs que le Limousin; mais il nourrit plus de moutons. — Chrétiens, soyez moins orgueilleux, et vous deviendrez plus forts. — Callisthène flattait moins Alexandre; Cléon, infâme adulateur, le flattait plus. — Il importait moins à Régulus; il importait plus aux Carthaginois. — Lycurgue estimait moins l'or et l'argent, il estimait plus la discipline.

RÈGLE : *Tot libri.*

(Exprimez *tant*, *autant*, *si*, *aussi*, par *tantùm*, *tantus*, *a*, *um*; *tot* ou *tam multi*, *æ*, *a*; *tam*, *tantò*, *tanti*, suivant les mots auxquels ils sont joints.)

Les vaches de la Suisse donnent tant de lait. — Auguste montra tant de bonté envers Cinna. — Les tremblements de terre ont détruit tant de villes et tant de villages dans la Calabre. — Caton était aussi sévère. — Titus était si affable. — L'aigle l'emporte autant sur les autres oiseaux. — Le lion surpasse autant les autres animaux. — Le temple fut détruit; J. C. l'avait annoncé tant auparavant. — Les Français chérissaient autant Henri IV. — Cicéron estimait tant les livres. — Il nous importe tant. — L'Asie produit tant de blé, de vin et de riz. — Turenne montrait tant de modestie. — On trouve en Italie tant de melons, tant d'oranges, tant d'oliviers, tant de mûriers. — Les Italiens sont si propres aux arts et aux sciences; ils excellent tant pour la musique; la poésie et la peinture leur plaisent tant. — Les chevaux d'Espagne sont tant estimés. — Il importait tant à Rome et à Carthage.

RÈGLE : *Satìs multi libri.*

(Exprimez *assez*, *trop*, par *satis*, *nimis* ou *nimiùm*; *satìs magnus*, *a*, *um*; *satìs multi*, *æ*, *a*; *nimis multi*, *æ*, *a*; *satìs* (*nimis* ou un comparatif); *nimis*, *nimiò plus*, *plus æquo*; *satis magni*, *nimiò pluris*, suivant les mots auxquels ils sont joints.)

L'Espagne ne produit pas assez de blé. — Éphestion avait avalé trop de vin ; aussi il mourut. — Clitus n'avait pas montré assez de retenue en parlant. — Alexandre montra trop de rage. — Les apôtres dirent à J. C. : « Nous n'avons pas assez de pains, renvoyez le peuple. » — L'avare ne dit jamais : « J'ai trop d'écus. » — Le grand prêtre Héli ne fut pas assez sévère envers ses fils. — Alexandre était trop porté à la colère. — Nous ne lisons pas assez les livres saints. — Nous recherchons trop les livres nouveaux. — Nous estimons trop la volonté du corps, nous n'estimons pas assez le salut de notre âme. — Il importait assez à Darius. — Il importe trop à tous les chrétiens.

Récapitulation
des Adverbes de quantité.

Que la Champagne produit de vin et de blé ! — Combien la Flandre produit de lin, de seigle et de froment ! — La Provence produit tant d'orangers, tant de citronniers et de grenadiers. — Nous estimons beaucoup le vin de Bourgogne et le vin de Champagne ; on estime beaucoup plus certain vin de Hongrie [1]. — Le Dauphiné fournit beaucoup de fer, de cuivre et de plomb. — Les Turcs sont plus durs envers les chrétiens qu'envers les autres peuples. — La peste et les incendies ont beaucoup nui à la ville de Constantinople. — Le Languedoc

1. Le vin de Tokay.

fournit assez de marbre et de fer, et produit beaucoup d'huile. — Combien de poulains ont élève dans la Bretagne! — On trouve dans l'Anjou beaucoup de fer; on n'y trouve pas moins d'ardoise. — Quelle contrée fournit plus de gibier que l'Orléanais? — La Marche produit assez de blé et de seigle; mais elle produit peu de vin. — En Angleterre on boit moins de vin que de bière; on y élève beaucoup de chevaux; on y nourrit encore plus de moutons, qui fournissent beaucoup de laine, très-douce et très-fine. — L'Angleterre fournit beaucoup d'étain, et elle ne fournit pas moins de plomb. — L'Irlande produit assez de blé, de safran et de chanvre; on n'y trouve pas moins de miel et de gibier. — L'Allemagne tire beaucoup de chevaux du Danemark; mais elle n'en tire pas moins de bœufs. — La Suède est beaucoup trop stérile en blé; mais quel pays fournit plus de cuivre? — Où trouverez-vous plus d'ours et plus d'autres animaux sauvages qu'en Russie? — La Pologne recueille beaucoup de blé; elle nourrit beaucoup de bœufs, et elle ne nourrit pas moins de chevaux excellents. — Les montagnes de la Pologne fournissent assez d'argent, beaucoup de fer et de plomb, et elles ne fournissent pas moins de sel. — On estime beaucoup les chevaux de la Hongrie. — Les Allemands aiment beaucoup la magnificence, la bonne chère et le vin; ils cultivent beaucoup les sciences, et ils ont beaucoup de goût pour les arts mécaniques. — On vante beaucoup la fidélité des Suisses. — On estime tant les plantes médicinales qui croissent dans la Suisse. — On trouve tant de montagnes dans la Suisse; ce pays produit peu de blé et de vin, plus de chanvre et de lin. — On estime beaucoup les laines d'Espagne : aussi elles sont fort recherchées [1]. — L'Italie fournit tant de marbre. — On admire beaucoup la place Saint-Marc dans la ville de Venise. — L'île de Malte produit beaucoup de millet et de coton, et ne fournit pas moins de miel. — Les Turcs sont beaucoup plus portés à l'oisiveté qu'au travail.

RÉCAPITULATION

depuis la règle : Quum Cicero esset consul, *jusqu'aux différentes manières d'exprimer les Adverbes de quantité.*

Camille étant dictateur, les Gaulois furent chassés et taillés en pièces. — Sylla, ayant été environ trois ans dictateur, abdiqua cette dignité. — Jésus-Christ étant notre rédempteur, nous devons lui rendre grâce. — Rébecca, ayant aperçu Isaac qui se promenait, se couvrit d'un voile. — Joseph, étant arrivé en Égypte, fut vendu à Putiphar, officier du roi Pharaon. — Les Hébreux, étant poursuivis par les Égyp-

1. *Très*, *fort*, se tournent par *beaucoup* et s'expriment de même.

tiens, traversèrent la mer Rouge, qui leur ouvrit un passage. — Éléazar s'écria : « Que souillerais-je mes cheveux blancs en violant la loi divine? » — Maharbal disait à Annibal : « Que n'usez-vous de la victoire? » — Que coûtait la perle qu'avala Cléopâtre? — Que l'impudique ne pense-t-il plus souvent aux flammes éternelles! — Les députés de Carthage dirent aux Romains : « N'imputez la guerre qu'à Annibal. » — J. C., attaché à la croix, mourait de soif : les soldats ne lui présentèrent que du vinaigre. — Samson n'avait qu'une mâchoire d'âne, et il tua cent Philistins. — Il n'est point d'injure que César n'oubliât. — Les apôtres dirent à Thomas : « Le Seigneur est ressuscité, » et il répondit : « Je ne le croirai point que je n'aie vu la marque des clous. » — Que de sang les Romains répandirent! qu'ils avaient d'ambition! que de contrées ils subjuguèrent! qu'ils étaient avides! — Qu'ils étaient plus forts que les autres peuples! combien ils l'emportaient! — Que les nations détestaient le nom romain! — Combien il eût importé à Rome et à Carthage! — Soyons plus dociles. — Enfants, soyez moins opiniâtres. — Dieu nous a plus donné qu'aux Juifs : il nous épargnera moins. — Il importait beaucoup à Roboam. — Il n'importait pas moins à Jéroboam. — Estimons moins la santé du corps; estimons plus la santé de l'âme. — L'Arabie fournit moins d'or qu'autrefois. — La Saintonge fournit beaucoup de sel.

La Bretagne fournit autant de fer et de

plomb. — La basse Auvergne produit beaucoup de blé et de vin. — Le Berri ne fournit pas moins de chanvre et de lin ; et autant de laine. — On vante beaucoup l'église de Saint-Marc dans la ville de Venise. — La Perse produit beaucoup de melons ; on les estime beaucoup. — On trouve en Afrique beaucoup de lions ; on n'y trouve pas moins de tigres et de léopards. — Les montagnes du Pérou fournissent tant d'or et d'argent. — On estime tant le baume du Pérou. — Sixte-Quint étant souverain pontife, S. Bonaventure fut mis au nombre des docteurs. — Grégoire XIII, ayant été souverain pontife environ treize ans, mourut en embrassant le crucifix. — Le péché étant le plus grand de tous les maux, nous devons le détester et l'éviter. — David ayant commis deux crimes énormes, Dieu lui envoya son prophète. — Les mages, étant arrivés dans l'étable, adorèrent l'enfant Jésus. — L'empereur Titus, étant félicité par les nations voisines, refusa les couronnes qu'on lui présentait, et dit : « La prise de Jérusalem n'est point mon ouvrage. » — Que différons-nous à un autre temps le salut de notre âme? que ne renonçons-nous sur-le-champ à nos désordres? — Qu'estimait-on le trône du roi Salomon? — Que coûta à Jacob le droit d'aînesse? — Que ne pouvons-nous penser sans cesse aux flammes éternelles! nous deviendrions bientôt plus sages. — Le Messie n'avait été promis qu'aux Juifs. — Ne désirons que la volonté de Dieu, et nos vœux seront toujours accomplis. —

Alexandre n'épargna que la maison du poëte Pindare. — Notre juge ne considérera que notre foi et nos œuvres. — ô. C. ne faisait rien que les pharisiens ne blâmassent. — Caton disait souvent aux Romains : « Notre ville ne sera point en sûreté, que nous n'ayons détruit Carthage. » — Il n'est point de stratagème qu'Annibal n'imaginât. — Il avait été dit au vieillard Siméon : « Vous ne mourrez point que vous n'ayez vu le Christ du Seigneur. » — Que la terre est fertile ! combien la mer est profonde ! que les cieux sont élevés ! — Que de puissance Dieu a déployée en créant le monde ! — Que d'animaux les Égyptiens adoraient ! qu'ils étaient aveugles ! — Que nous sommes plus fortunés ! — Que nous devons admirer la bonté de Dieu ! — Que nous devons estimer la doctrine de . C. ! — L'Inde fournit beaucoup de riz, de millet, de sucre, de coton, d'encens, de cannelle, de baume, de nard et de myrrhe.

Les montagnes de la Chine fournissent beaucoup d'or et d'argent, de cuivre, d'étain et de fer ; elles ne fournissent pas moins de marbre, de porphyre et de jaspe. — La Chine fournit autant de thé et de tabac. — L'Afrique fournit assez d'or et d'argent, mais plus de cire, d'ivoire et d'ébène. — On trouve en Afrique beaucoup de crocodiles et beaucoup d'autres animaux. — On estime beaucoup les chevaux de Barbarie. — On trouve en Amérique beaucoup d'oiseaux et de poissons de plusieurs sortes. — On estime beaucoup le tabac de Virginie. — Le tabac de la Jamaïque est beaucoup moins estimé. — Le Brésil fournit beaucoup de diamants. — Les moutons du Chili et du Pérou surpassent de beaucoup les nôtres en grosseur. — Quelques contrées de l'Amérique fournissent beaucoup de bœufs sauvages, et elles ne fournissent pas moins de daims et de chevreuils. — L'Amérique fournit beaucoup de sucre, et autant de café, de tabac et d'indigo. — Que Dieu est bon! que nous sommes ingrats! — Combien Jésus-Christ est plus humble et plus modeste que les philosophes! combien sa doctrine l'emporte! — Combien J. C. nous a aimés! que nous devons estimer la grâce, qui est le prix de son sang! — Combien les troupes de Darius surpassaient en nombre les troupes d'Alexandre! mais combien les soldats d'Alexandre étaient plus vaillants! — Vitellius fut assommé : peu auparavant, Othon s'était tué d'un coup de poignard. — Othon était fort estimé de ses soldats; personne ne dira que Vitellius était fort estimé des Romains; au contraire, ils le méprisaient beaucoup. — Rébecca aimait Ésaü son fils, mais Jacob lui était beaucoup plus cher. — Jacob acheta le droit d'aînesse, et peu après il fut obligé d'aller en Mésopotamie. — Jacob aimait Lia, sa première[1] épouse; mais il chérissait plus Rachel, et l'estimait davantage.

1. Quand il n'est question que de deux, *premier* s'exprime par *prior*, *prioris*.

Règle : *Plus, minùs fortitudinis quàm prudentiæ.*

Les présents d'Abel furent moins agréables à Dieu que les présents de Caïn : Caïn avait moins de foi qu'Abel. — Les Macédoniens étaient plus vaillants que les Perses. — Tibère n'était pas moins fourbe que cruel. — Titus fut encore plus regretté que Vespasien. — Achab fut encore plus méchant que son père. — Judas Machabée avait beaucoup moins de soldats que les généraux d'Antiochus. — Jean-Baptiste fut plus grand que tous les autres prophètes. — S. Thomas se montra plus incrédule que les autres apôtres. — Varron avait moins de prudence que de bravoure. — S. Jean Chrysostome me paraît plus éloquent que les autres docteurs de l'Église. — Les chevaux arabes sont beaucoup plus estimés que les nôtres. — L'âme est beaucoup plus précieuse que le corps; cependant nous négligeons plus notre âme que notre corps. — Nous devons plus craindre Dieu que les hommes, et souvent nous le craignons moins que les hommes. — Judas estimait plus l'argent que le sang de J. C.

Règle : *Tantùm modestiæ, quantùm doctrinæ*, ou *tanta modestia, quanta doctrina.*

On exprime le *que* après *autant, aussi*, 1° par *quantùm* avec le génitif, devant un nom de choses qui ne se comptent pas ; si la chose peut se dire grande, on peut se servir de *quantus, a, um* : *tantùm modestiæ, quantùm doctrinæ;* ou *tanta modestia, quanta doctrina;* 2° par *quot* devant un nom de choses qui se comptent, exprimé ou sous-entendu : *tot fructus, quot flores ;* 3° par *quàm* devant un adjectif ou un adverbe : *tam prudens est quàm fortis ;* 4° par *quantùm* devant un verbe ordinaire : *tantùm te amo quantùm me amas ;* 5° par *quanti* devant un verbe de prix ou d'estime : *tanti te facio quanti me facis.*

Saint Jean Chrysostome avait autant de piété que d'éloquence. — Cyrus avait autant d'amis qu'il avait de soldats. — S. Basile était aussi intrépide que modeste. — Les Romains regrettèrent autant Titus qu'ils l'avaient aimé. — Les Français chérissaient autant Henri IV qu'ils l'estimaient. — Alexandre montrait ordinairement autant de clémence envers les vaincus que de valeur dans le combat. — Jacob eut autant de fils que nous comptons de tribus. — Épaminondas était aussi savant philosophe qu'excellent capitaine. — Cicéron aima autant la république que Catilina la détestait. — Alexandre chérissait autant Éphestion qu'il estimait Cratère. — Saint Jérôme avait autant d'humilité que d'érudition. — Compte-t-on autant de démons que de bons anges? — César était aussi clément que vaillant. — Diogène ne méprisait pas autant la gloire qu'il méprisait les richesses. — Cicéron n'estimait pas autant les trésors de Crassus qu'il estimait les livres d'Atticus. — Tibère montra autant de perfidie que de cruauté. — La foi nous donne autant de pères, d'enfants, de frères et de sœurs que nous comptons de chrétiens. — Auguste se montra aussi équitable empereur qu'il s'était montré inique triumvir. — Les pharisiens, aveuglés par l'envie, ne détestaient pas autant Barabbas qu'ils détestaient J. C. — Estimons notre âme autant que J. C. l'a estimée. — Cicéron avait peut-être autant de vanité que d'éloquence. — Nous comptons autant d'évangélistes que saint Jean vit d'animaux mystérieux. — Démosthène n'était pas aussi vaillant qu'éloquent. — Les Romains abhorrèrent autant Caligula qu'ils l'avaient d'abord chéri. — Les Romains méprisèrent Commode autant qu'ils avaient estimé Marc-Aurèle, son père.

Regle : *Quantùm doctrinæ in eo adolescente, tantùm modestiæ inerat. Quot homines, tot sententiæ.*

Lorsque *autant* est répété, alors la phrase est renversée ; il faut donc exprimer le premier par *quantùm*, *quot*, *quanti*, *quàm*, et le second par *tantùm*, *tot*, *tanti*, *tam*, selon les mots auxquels ils sont joints.

Autant les philosophes avaient de science, autant, pour l'ordinaire, ils montraient d'orgueil. — Autant de philosophes, autant de sectes différentes. — Autant les Romains avaient chéri Auguste, autant ils détestèrent Tibère. — Autant J. C. a estimé la pauvreté, autant nous devons l'estimer. — Autant Tibère était fourbe et dissimulé, autant il était cruel. — Autant Titus avait montré de bienfaisance, autant Domitien montra de cruauté. — Autant Annibal livra de combats, autant d'abord il remporta de victoires. — Autant les Romains avaient abhorré Vitellius, autant ils chérirent Vespasien. — Autant saint Paul estimait la croix de J. C., autant nous devons l'estimer. — Autant Fabius était prudent, autant Varron était téméraire. — Autant Saül montrait de haine envers David, autant Jonathas lui témoignait d'amitié. — Autant de martyrs, autant de témoins de J. C. — Autant Auguste avait favorisé les savants, autant Vitellius les persécuta. — Autant les Athéniens estimaient Aristide, autant les Thébains estimaient Épaminondas. — Autant Bétis s'était montré fidèle à Darius, autant il se montra courageux.

RÈGLE : *Eò modestior est, quò doctior.*

RÈGLE : *Id eò mirabilius visum est, quòd a nemine exspectabatur.*

RÈGLE : *Eò modestior est, quò doctior.*

D'autant devant *plus*, *moins*, s'exprime par *eò* ou *tantò*; *plus*, *moins*, s'expriment selon les mots auxquels ils se rapportent; le *que* s'exprime par *quò* ou *quantò*, s'il est suivi d'un comparatif, et par *quòd*, s'il n'est pas suivi d'un comparatif.

Lorsque *plus*, *moins*, sont répétés, en renversant la phrase, on verra que c'est la même chose que *d'autant plus, d'autant moins*, ainsi *plus il est savant, plus il est modeste*, est la même chose que : *il est d'autant plus modeste, qu'il est plus savant ;* on mettra donc *quò* devant le premier *plus* ou *moins*, et *eò* devant le second, en exprimant toujours *plus* et *moins* selon les mots auxquels ils se rapportent.

Marie est d'autant plus grande dans le ciel, qu'elle a été plus humble sur la terre. — Dieu punit d'autant plus lentement qu'il est éternel. — Plus nous sommes faibles, plus nous devons soigneusement éviter le danger. — Nous serons d'autant moins agréables à Dieu, que nous serons plus orgueilleux. — Capoue fut d'autant plus funeste aux soldats d'Annibal, qu'ils n'étaient pas accoutumés aux délices. — Plus David acquit de gloire, plus la haine de Saül augmentait. — Fabius se montra d'autant plus prudent, qu'Annibal était plus rusé. — Dieu s'est montré d'autant plus miséricordieux envers nous, que nous ne méritons que sa colère. — Plus nous nous montrerons modestes, plus nous serons estimés. — Nous estimerons d'autant plus les biens du ciel, que nous mépriserons plus les biens de la terre. — David pécha d'autant plus grièvement, que Dieu l'avait comblé de ses faveurs.

— Plus nous serons indulgents envers nos frères, plus Dieu sera indulgent envers nous. — Nous serons d'autant plus agréables à Dieu, que nous serons plus semblables à Jésus-Christ. — La gloire du ciel est d'autant plus désirable, qu'elle sera éternelle. — Plus Jésus croissait en âge, plus il croissait en sagesse. — Un arbre est d'autant plus difficile à déraciner, qu'il est plus vieux : ainsi les mauvaises habitudes sont d'autant plus difficiles à extirper, qu'elles sont plus invétérées. — Toutes choses sont d'autant plus faciles à Dieu, qu'il est tout-puissant. — Plus notre douleur sera amère, plus Dieu sera indulgent envers nous. — Les péchés du chrétien sont d'autant plus graves, qu'il est appelé à une plus grande sainteté. — Onésime était d'autant plus cher à saint Paul, qu'il l'avait engendré dans les chaînes. — Plus les apôtres ont cru difficilement, plus notre foi est certaine. — La loi de Dieu est d'autant plus facile à observer, qu'on l'aime davantage. — Adorons d'autant plus profondément Jésus-Christ, qu'il a été attaché pour nous à la croix. — Moins nous nous épargnerons, plus Dieu nous épargnera. — Nous renonçons d'autant plus difficilement au péché, que nous l'avons commis plus longtemps. — Abdalonyme est d'autant plus estimable, qu'il ne rechercha point le trône. — Plus un chrétien soulage de pauvres, plus il acquiert d'amis dans le ciel.

RÈGLE : *Tot plagas accepit, ut mortuus sit.*

RÈGLE : *Donec eris felix, multos amicos numerabis.*

Lorsque *tant... que* peut se tourner par *autant que,* on exprime *tant* par *tantùm, tot, tanti, etc.*, et *que* par *quantùm, quot, quanti, etc.*, suivant les mots auxquels ils se rapportent (*voyez ci-dessus, page 293 et suivantes :* Il n'y a pas tant de fruits que de fleurs, *non sunt tot fructus quot flores*); mais si *tant* ne peut se tourner par *autant*, alors le *que* s'exprime par *ut*, avec le subjonctif.

Tant que, signifiant *tandis que*, *tant de temps que*, s'exprime par *dum*, *donec*, *quamdiu.*

L'Égypte produit tant de blé, qu'elle nourrit plusieurs contrées. — Tant qu'Annibal respira, les Romains ne furent point tranquilles. — Plusieurs philosophes estimaient tant la science qu'ils traversaient les mers pour l'acquérir. — Tant que Fabius commanda les troupes romaines, elles ne purent être vaincues. — Manlius Torquatus montrait tant de sévérité, qu'il ne voulut point pardonner à son fils. — Tant que les Israélites demeurèrent captifs à Babylone, ils ne purent oublier Jérusalem. — Brutus abhorrait tant la tyrannie des Tarquins, qu'il condamna à mort ses fils qui les favorisaient. — Tant que nous vivons, nous pouvons perdre la grâce, et tant que nous respirons, nous pouvons aussi la recouvrer. — Sisygambis chérissait tant Alexandre, qu'apprenant sa mort, elle s'évanouit. — Tant que nous serons fidèles à Dieu, Dieu ne nous abandonnera point. — Denys le Tyran montrait tant de cruauté, qu'il n'avait pas un ami. — Tant que la nuée couvrait le tabernacle, les Israélites ne partaient point; et tant qu'elle avançait, ils ne s'arrêtaient point. — Aristide aimait tant l'équité, qu'il fut surnommé le Juste. — Tant que Saül vécut, David lui fut fidèle. — Annibal avait tant d'ennemis à Carthage, qu'à la fin il succomba. — Tant qu'Hérode régna dans la Judée, Joseph, qui avait quitté ce pays, demeura en Égypte. — Abraham avait tant de foi, qu'il voulut immoler son fils Isaac. — Tant qu'Annibal commanda les troupes carthaginoises, on ne forma aucun complot contre lui. — Dieu a tant aimé les hommes qu'il leur a donné son fils. — Tant qu'Absalon avait vécu, David avait espéré son salut. — S. Jérôme redoutait tant le jugement de Dieu, qu'il tremblait de tous ses membres. — Les Israélites furent nourris de la manne tant qu'ils demeurèrent dans le désert.

RÈGLE : *Philosophi tum veteres, tum recentiores*, ou *quum veteres, tum recentiores.*

RÈGLE : *Deus est tam bonus, ut amet homines. Tanti fit, ut...*

Tant... que, signifiant *non-seulement, mais encore*, s'exprime par *tum* répété, ou par *quum... tum.*

Quand *si* ne peut pas se tourner par *aussi*, on l'exprime par *tam, adeò, ita*, devant un verbe ordinaire; par *tanti*, devant un verbe de prix ou d'estime ; et le *que* s'exprime toujours par *ut*, avec le subjonctif.

Dieu jugera tous les hommes, tant les pauvres que les riches. — Dieu est si bon, qu'il nous a envoyé son fils.— Annibal avait beaucoup d'ennemis, tant à Rome qu'à Carthage. — Les gardes du tombeau furent si épouvantés, qu'ils restèrent comme morts. — Les malades accouraient à J. C., tant de la Judée que des autres pays. — Néron était si féroce, qu'il tua sa mère. — Pendant les sept années de disette, Joseph fournit des vivres, tant à l'Égypte qu'aux contrées voisines.— Marie était si pure, que la vue d'un ange la troubla. — Auguste pacifia tant le peuple romain que les nations étrangères. — Judas fut si perfide, qu'il trahit son maître.— Alexandre fut regretté, tant des Macédoniens que des Perses. — Job était si patient, que, frappé depuis les pieds jusqu'à la tête, il bénissait le Seigneur. — La religion chrétienne a été persécutée tant par les Juifs que par les païens. — Les ouvrages d'Homère étaient si estimés par Alexandre, qu'il fut surnommé l'amateur d'Homère. — Dieu a condamné au travail tant les pauvres que les riches. — David était si irrité contre Nabal, qu'il résolut d'exterminer toute sa maison. — La mort enlève subitement tant les vieillards que les jeunes gens. — Alcibiade était si passionné pour Homère, qu'il appliqua un vigoureux soufflet à un maître d'école qui ne put lui présenter les ouvrages de ce poëte. — L'ange du Seigneur frappa tous les premiers-nés, tant des hommes que des animaux. — Abigaïl, épouse de Nabal, était si adroite, qu'elle apaisa la colère de David. — Une grêle mêlée de foudre et de tonnerre frappa de mort tant les hommes que les bêtes. — Scipion était si estimé d'Annibal, que celui-ci l'égalait aux plus habiles généraux.

RÈGLE : *Vix advenit, quum in morbum incidit.*

RÈGLE : *Statim ut advenit, in morbum incidit.*

A peine s'exprime par *vix*, et le *que* suivant par *quum*, avec l'indicatif.

Aussitôt que s'exprime par *statim ut*; *ne pas plutôt que* est la même chose et s'exprime de même.

A peine Josué fut mort, que les enfants

d'Israël abandonnèrent le Seigneur. — Aussitôt que Jésus-Christ eut parlé, la tempête s'apaisa. — A peine Ammon eut été tué, que les enfants du roi se levèrent de table et s'enfuirent. — L'ange n'eut pas plutôt étendu la main sur la ville de Jérusalem, que plusieurs furent frappés de la peste. — A peine Tobie eut tiré le poisson, qu'il expira en palpitant. — Aussitôt qu'Adam et Ève eurent péché, ils se cachèrent. — A peine un des juges que Dieu suscitait était mort, que les enfants d'Israël adoraient les faux dieux. — Marthe n'eut pas plutôt appris l'arrivée de Jésus, qu'elle alla au-devant de lui. — A peine l'homme est-il né, que la mort l'enlève. — Aussitôt que vous entendrez retentir la trompette, publiez qu'Absalon règne. — A peine Jésus eut dit : « Jeune homme, levez-vous, » que le mort se leva. — Les apôtres n'eurent pas plutôt été remplis du Saint-Esprit, qu'ils prêchèrent J. C. — A peine Moïse eut étendu sa baguette sur la mer, que les eaux se divisèrent et ouvrirent un passage. — Aussitôt que les Égyptiens, qui poursuivaient les Israélites, eurent rebroussé chemin, les eaux les enveloppèrent et les engloutirent. — A peine Marie eut entendu les paroles de l'ange, qu'elle se troubla. — Aussitôt que Marie eut dit : « Je suis la servante du Seigneur, » l'ange se retira. — Samson n'eut pas plutôt été rasé, qu'il perdit ses forces.

Règles : *Meum in te* ou *erga te studium. Amor libertatis, etc.*

1° Quand *pour* signifie *envers*, il s'exprime par *in* ou *erga* avec l'accusatif : Mon zèle pour vous, *meum in te* ou *erga te studium.* — 2° Quand *pour* peut se tourner par *de*, on le rend par le génitif : L'amour pour la liberté : *tournez*, l'amour de la liberté, *amor libertatis.* — 3° Quand *pour* signifie *au lieu de*, il s'exprime par *pro* avec l'ablatif, ou par *loco* avec le génitif : Pour une épée, il prit un bâton, *pro gladio* ou *loco gladii, fustem sumpsit.* 4° S'il signifie *à cause de*, il s'exprime par *ob* ou *propter* avec l'accusatif : Je l'aime pour sa modestie, *illum propter modestiam amo.* — 5° Quand *pour* signifie *pour l'amour de*, il se rend par *causâ* ou *gratiâ* avec le génitif : Je ferai volontiers cela pour lui, *id libenter illius causâ faciam...;* pour vous, *tuâ causâ...;* pour moi, *meâ causâ.* — 6° *Pour*, marquant l'intention, le motif, se rend par *in* avec l'accusatif : Employez tous vos soins pour votre santé, *omnem curam in valetudinem confer.* — 7° *Pour* signifiant *à l'avantage de.... au désavantage de* se rend en latin par le datif : Je craignais pour votre vie, *vitæ tuæ metuebam.*

Le zèle de Cicéron pour la république était admirable. — Atticus et Cicéron se sont distingués par l'amour pour les livres. — Pour Numa, qui était mort, les Romains élurent Tullus

Hostilius. — Les Athéniens respectaient Aristide pour sa grande équité. — S. Paul souffrait tout pour Dieu et pour l'Église. — Le grand prêtre Osias pria pour Héliodore. — La haine d'Annibal pour les Romains est connue de tout le monde. — L'amour pour la pauvreté a rendu célèbres plusieurs généraux romains. — Pour l'eau que Sisara avait demandée, Jahel lui apporta du lait. — Les Romains abhorraient Vitellius pour sa cruauté et sa gourmandise. — Jésus-Christ a voulu souffrir la mort pour les hommes; et les hommes ne veulent rien souffrir pour J. C. — Rébecca tremblait pour son fils Jacob, qu'Ésaü avait menacé de la mort. — Saint Jean, patriarche d'Alexandrie, s'est rendu célèbre par son amour pour les pauvres. — L'amour pour la domination perdit Absalon, fils de David. — Pour un agneau, les femmes pauvres offraient une tourterelle ou un pigeonneau. — Saint Jean, pour son éloquence, fut surnommé Chrysostome ou Bouche d'or. — Caton entreprit un voyage périlleux pour son frère, qui était tombé malade. — Darius, roi des Perses, craignait pour Daniel, qui avait été jeté dans la fosse aux lions. — Qui ne connaît l'amour de Marie-Madeleine pour Jésus-Christ? — Un docteur doit demander à Dieu l'amour pour la vérité. — Les descendants de Noé, bâtissant une tour, employèrent la brique pour la pierre, et le bitume pour le ciment. — Saint Jean, pour sa chasteté, fut singulièrement aimé de J. C. — Celui qui donne un verre d'eau froide pour J. C. ne perdra pas sa récompense. — Tobie et son épouse craignaient pour leur fils, qui était allé en Médie. — Saint Paul, écrivant à Philémon, demanda grâce pour Onésime.

RÈGLE : *Surrexit ad respondendum*, ou *ut responderet*, ou *respondendi causâ*, ou *responsurus*.

RÈGLE : *Otiare, quò meliùs labores*.

RÈGLE : *Ne vobis tædium afferam*.

1° *Pour*, devant un infinitif, s'exprime par *ad* avec le gérondif en *dum*, ou par *ut* avec le subjonctif, ou par *causâ*, *gratiâ*, avec le gérondif en *di*, ou enfin par le futur en *rus, ra, rum*, que l'on fait accorder avec le sujet. 2° Si *pour* est suivi d'un comparatif, au lieu de *ut*, on se sert de *quò* avec le subjonctif. 3° Quand *pour* est accompagné d'une négation, il se rend par *ne* avec le subjonctif.

Les apôtres allèrent à la ville pour acheter des vivres. — Les Romains prirent le chemin le plus court, mais le plus dangereux, pour arriver plus tôt à Lucérie. — S. Paul travaillait de ses mains, pour n'être point à charge aux Corinthiens. — Des soldats accouraient pour tuer Panopion, qui avait été proscrit; l'esclave de Panopion, pour tromper plus facilement les soldats, prit les habits de son maître, et se mit dans son lit, où il fut tué.— S. Paul châtiait son corps pour ne pas perdre son âme. — Tous accouraient en foule pour entendre J. C. — Le laboureur remue continuellement la terre pour la rendre plus fertile. — S. Cyprien s'enfuit pour ne pas exposer au danger son troupeau. — Saint Paul parla devant le roi Agrippa et son épouse, pour se justifier. — Soyons humbles et reconnaissants, pour mériter des grâces plus abondantes. — Veillons et prions, pour ne pas succomber aux piéges de Satan. — Dieu avait pris Cyrus par la main, pour lui assujettir toutes les nations, pour désarmer les rois et pour lui ouvrir toutes les portes. — Les Israélites feignirent de prendre la fuite, pour vaincre plus facilement les ennemis. — Pierre aurait dû prendre la fuite pour ne pas s'exposer au danger de renier J. C. — Dieu nous tente pour éprouver notre foi; le diable, pour l'éteindre. — Saint Augustin s'éloigna pour pleurer plus librement. — S. Jean a précédé le Seigneur pour lui préparer la voie. — Fuyons le mal, faisons le bien jusqu'à la fin, pour ne pas perdre la couronne que Dieu nous promet. — Joseph et Marie portèrent l'enfant Jésus à Jérusalem pour le consacrer au Seigneur, et pour offrir deux tourterelles ou deux pigeonneaux. — Horace attaqua séparément les trois frères Curiaces, pour remporter plus sûrement la victoire. — Les pharisiens et les saducéens vinrent à Jésus pour le tenter. — Veillons et prions pour n'être point surpris par le démon. — Que ferons-nous pour acquérir la vie éternelle? Observons les commandements de Dieu et de l'Église. — Les saints ont recherché la solitude, pour éviter plus aisément les piéges du démon. — Semons pour recueillir, combattons pour remporter la victoire. — Recherchons la dernière place, pour être plus grands dans le ciel. — Combien de saints ont donné aux pauvres leurs richesses, pour n'être point séduits par leur éclat!

RÈGLE : *Exiit, nec fores clausit.*

RÈGLE : *Nemo fit doctus, quis potest doctus fieri, quin multa legat?*

RÈGLE : *Non proficiscar priusquam tibi valedixerim.*

Quand le verbe qui précède *sans* n'a ni négation ni interrogation, on tourne *sans* par *et ne pas*, et on l'exprime par *nec*. Quand le premier verbe est accompagné d'une négation ou d'une interrogation, on tourne *sans* par *que ne*, et on l'exprime par *quin* ou *nisi*. Si *sans* peut se tourner par *avant que*, on l'exprime par *priusquam*.

Les plaisirs du monde corrompent le cœur sans le satisfaire. — Démosthène ne devint point orateur sans travailler beaucoup. — Le jeune Tobie ne partit point sans avoir dit adieu à Raguël et à son épouse. — Saül poursuivit longtemps David sans pouvoir l'atteindre. — Jonathas et David ne purent s'embrasser sans verser des larmes. — Les descendants de Noé se disputèrent, sans achever la tour qu'ils bâtissaient. — Jacques et Jean demandèrent les deux premières places dans le royaume de J. C., sans pouvoir les obtenir. — Nous ne serons point admis dans le ciel sans avoir fait pénitence. — Tobie n'envoya point son fils en Médie sans lui avoir cherché un guide. — Jésus passa quarante jours et quarante nuits dans le désert sans boire et sans manger. — Nous ne nous réjouirons point comme citoyens dans le ciel, sans avoir gémi comme étrangers sur la terre. — Annibal franchit les Alpes sans redouter la hauteur de ces montagnes. — Les Israélites ne décampaient point sans avoir vu s'élever la nuée qui couvrait le tabernacle. — Sainte Julitte vit expirer son fils Cyrique sans verser des larmes. — S. Augustin ne se convertit point sans avoir longtemps combattu. — Judas baisa Jésus-Christ sans frémir d'horreur. — Nous ne pouvons jouir de notre patrie sans sortir de notre exil. — La femme de Putiphar sollicita Joseph sans pouvoir l'engager au crime. — Nous ne pouvons aimer Dieu sincèrement sans aimer nos frères. — Saint Jean ne sortit point du désert sans avoir entendu la voix du Seigneur. — Daniel fut exposé deux fois aux lions sans en être dévoré. — L'empereur Théodose ne put entendre le discours de S. Flavien sans être attendri. — La chaste Suzanne était conduite au supplice sans avoir commis aucun crime; mais le prophète Daniel ne put le souffrir sans avoir questionné les deux vieillards.

RÈGLE : *Postquam legi, scribo.*

RÈGLE : *Lego, legam antequam scribam.*

Après, suivi du parfait de l'infinitif actif, se tourne par *après que*, et s'exprime par *postquam* ou *quum*, et le verbe se met à différents temps de l'indicatif, suivant le sens de la phrase.

Avant, suivi d'un infinitif, se tourne par *avant que*, et s'exprime par *antequam*, *priusquam*, avec le présent ou l'imparfait du subjonctif, suivant le sens de la phrase.

Après avoir guéri le paralytique, Jésus lui dit : « Ne péchez plus. » — Avant d'entreprendre une guerre, les Romains consultaient les dieux. — Après avoir conçu Jésus-Christ, Marie alla rendre visite à sainte Élisabeth. — Saint Thomas tomba malade et mourut avant d'arriver à Lyon. — J. C. dit à ses apôtres : « Après avoir reçu le Saint-Esprit, vous me rendrez témoignage. » — Hélas! avant de naître, nous sommes enfants de colère. — Semons avant de mourir, afin de recueillir après être morts. — Jeunes gens, avant d'embrasser un état de vie, consultez la volonté du Seigneur. — Jésus dit aux disciples : « Après être ressuscité, je vous précéderai en Galilée. » — Avant d'entrer dans le ciel, le fils de Dieu a souffert. — Après avoir proposé des paraboles aux Juifs, Jésus les expliquait aux apôtres. — Avant de nous disperser par toute la terre, dirent les enfants de Noé, bâtissons une tour qui s'élève jusqu'au ciel. — Après avoir entendu le son de la trompette, tous les morts ressusciteront et seront jugés. — J. C., avant de mourir, institua le sacrement de l'eucharistie. — Après avoir vécu longtemps dans le désert, Jean prêcha le baptême de pénitence. — Achab, partez promptement, Élie vous l'ordonne : la pluie vous surprendra avant d'arriver. — Après avoir vaincu Ptolémée, César passa dans le Pont, et attaqua Pharnace, fils de Mithridate. — Pensons souvent à la mort, avant de la voir arriver. — Après avoir entendu la parole de Dieu, méditons-la. — Gédéon, avant d'attaquer les Madianites, demanda au Seigneur un nouveau signe. — Le prophète Samuel embrassa Saül, après l'avoir sacré roi. — David, avant de mourir, fit tous les préparatifs du temple. — Jésus, après avoir rendu grâces, rompit le pain et le donna à ses apôtres en disant : « Prenez et mangez ; ceci est mon corps. » — David avait obéi longtemps avant de commander. — Alexandre, après avoir tué Clitus, voulait se percer de la même javeline. — Avant de rugir comme un lion, le démon se glisse comme un serpent.

RÈGLE : *Id si faceres, si fecisses causâ meâ.*

RÈGLE : *Si voluisses et potuisses.*

RÈGLE : *Quem librum si leges, lætabor.*

RÈGLE : *Nisi caveas.*

RÈGLE : *Si non homines, at certè Deum time.*

Si, au commencement d'une phrase, se traduit par *si*, et veut le subjonctif devant un imparfait ou un plus-que-parfait. Quand il se trouve deux verbes, au lieu de répéter *si* en français, on met quelquefois *que*; ce *que* est la même chose que *si*.

Quand le second verbe est au futur, il vaut mieux mettre aussi le premier au futur en latin.

Quand *si* est suivi de *ne* seulement, on le traduit par *nisi* avec le subjonctif; mais quand *si* est suivi de *ne pas*, *ne point*, on le traduit par *si non*; et ces mots, *au moins*, *du moins*, *pour le moins*, s'expriment par *saltem*, *at certè*, *ut minimùm*.

Si Annibal eût suivi le conseil de Maharbal, peut-être se serait-il rendu maître de Rome. — Si nous ne veillons et ne prions, notre perte est certaine. — Brutus, si tu ne pardonnes pas à tes fils, du moins ne préside pas à leur supplice. — Si nous confessons Jésus-Christ, J. C. un jour nous reconnaîtra pour ses disciples. — Si Dieu n'eût eu pitié de nous, nous aurions été condamnés aux flammes éternelles. — Un enfant s'endurcira, si vous ne lui courbez le cou. — Si Darius ne suivait pas le conseil de Charidème, du moins il devait ne pas le condamner au supplice. — Élie dit à Élisée : « Si vous me voyez lorsque je serai enlevé, vous obtiendrez ce que vous me demandez; si vous ne me voyez pas, vous ne l'obtiendrez point. » — Juda dit à Jacob : « Si je ne vous ramène et si je ne vous rends Benjamin, ne me le pardonnez jamais. » — Si Nabal n'accordait pas des vivres aux troupes de David, du moins devait-il ne pas vomir des injures. — Le cruel Joab osa dire à David vivement affligé : « Certes, si Absalon vivait et que nous eussions tous péri, vous seriez content. » — Si Abigaïl n'eût apaisé la colère de David, il aurait exterminé sa maison. — Tyriens, si vous n'acceptez pas la paix qu'Alexandre vous propose, du moins ne tuez pas et ne précipitez pas dans la mer les hérauts qu'il vous a envoyés. — J. C. nous dit à tous : « Si vous m'aimez, vous garderez mes commandements. » — Jésus dit à Pierre : « Si je ne vous lave, vous ne régnerez point avec moi. » — Perfide Absalon, si tu ne respectes pas les épouses de ton père, du moins ne les couvre pas d'opprobre à la vue du soleil. — David disait : « Si le Seigneur me ramène, je verrai encore son arche et son tabernacle; s'il ne me ramène pas, je me soumets à sa volonté. » — Joab dit à David : « Si vous ne vous montrez à vos serviteurs, bientôt il ne vous restera pas un seul homme. » — Nous ne servons point Dieu, si nous n'imitons pas les exemples de son fils. — Cruel Hérode, si tu n'adores pas Jésus, du moins ne le cherche pas pour le faire mourir.

RÈGLE : *Interrogavit an esset latior bove.*
Nescio utrùm dormiat, an audiat.

Si, après les verbes de doute, comme *douter... examiner... ne pas savoir...*, s'exprime par *utrùm*, avec le subjonctif; *ou si* s'exprime par *an*, et demande aussi le subjonctif; *ou non* s'exprime par *an non, nec ne.*

Simon le pharisien paraissait douter si Jésus était un prophète. — Les deux disciples de S. Jean demandèrent à Jésus s'il était le Messie ou non. — Le diable paraissait douter si Jésus-Christ était le fils de Dieu. — Les pharisiens, députés par les Juifs, demandèrent à saint Jean s'il était Élie ou un prophète. — Pilate demanda à Jésus s'il était le roi des Juifs; et Jésus demanda à Pilate s'il disait cela de lui-même, ou si d'autres le lui avaient dit. — Tobie le père demanda à l'ange, qu'il ne connaissait point, s'il voulait conduire le jeune Tobie en Médie. — Fabius demanda aux Carthaginois s'ils voulaient la paix ou la guerre. — Jésus demanda au paralytique s'il voulait être guéri. — Une servante demanda à Pierre s'il était disciple de Jésus ou non. — Elisée demanda à son serviteur s'il était allé quelque part. — David désirait savoir si l'enfant était mort ou non. — Festus demanda à saint Paul s'il voulait être conduit à Jérusalem. — Pilate demanda au centenier si Jésus était mort, ou s'il respirait encore. — Moïse et Aaron demandèrent à Pharaon s'il voulait laisser aller les Hébreux. — Jésus demanda aux princes des prêtres et aux sénateurs du peuple si le baptême de Jean venait de Dieu ou des hommes. — Le perfide médecin de Pyrrhus demanda à Fabricius s'il voulait lui promettre une récompense.—Tremblons, car nous ignorons si nous sommes dignes d'amour ou de haine. — Le grand prêtre demanda à Jésus s'il était le Fils du Dieu vivant. — Les disciples des pharisiens et les hérodiens demandèrent à Jésus s'il était permis de payer le tribut à César, ou non; et il répondit : « Rendez à César ce qui est à César, et à Dieu ce qui est à Dieu. » — Jésus demanda à Jacques et à Jean s'ils pouvaient boire le calice qu'il voulait boire lui-même ; ils répondirent : « Nous le pouvons. » — Darius ignorait si son épouse avait été ensevelie comme une reine, ou sans appareil.

RÉCAPITULATION[1]

depuis la règle : Plus, minùs fortitudinis quàm prudentiæ, *jusqu'à la règle* : Interrogavit an esset latior bove, etc.

Les Chinois sont plus sobres que la plupart des autres peuples. — Les généraux de la Grèce avaient beaucoup moins de soldats que Xerxès, roi des Perses ; cependant ils remportèrent la victoire. — Cicéron estimait plus les livres d'Atticus que les trésors de Crassus. — L'empereur Théodose avait autant de piété que de bravoure. — S. Jean vit autant de trônes que de vieillards. — Scipion se montra aussi chaste que courageux. — Scipion ne redoutait pas autant les ennemis armés, qu'il redoutait la volupté. — Adrien, empereur jaloux, n'estimait pas autant Homère et Virgile que nous les estimons. — Autant Pierre avait annoncé de courage, autant il montra de lâcheté. — Autant de pauvres nous soulageons, autant de protecteurs nous acquérons. — Autant les Thébains estimaient Épaminondas, autant les Athéniens estimaient Aristide. — Autant Ezéchias avait été pieux, autant Manassès fut impie. —

1. En commençant ce Cours de Thèmes pour l'usage des septièmes, nous ne croyions pas aller si loin ; nous nous arrêterons donc ici ; car nous craignons déjà qu'on ne nous accuse d'avoir franchi les limites. Au reste, ce qu'on jugera trop fort pour une classe pourra servir pour une autre.

Autant l'infâme Ammon avait aimé sa sœur, autant ensuite il l'abhorra. — Sous le règne de Salomon, l'or était d'autant moins estimé qu'il était plus commun. — Joseph devint d'autant plus odieux à ses frères, qu'il avait découvert à Jacob un crime qu'ils avaient commis. — Plus Satan est rusé, plus nous devons être circonspects. — Jésus-Christ a fait tant de miracles, qu'on ne peut les compter. — Dieu déteste tant le péché, qu'il a livré son fils à la mort pour le détruire. — Tant que Samson vécut, il nuisit beaucoup aux Philistins. — Les apôtres ont annoncé l'Évangile tant aux Juifs qu'aux gentils.

L'empereur Titus était si bienfaisant, qu'il comptait ses jours par ses bienfaits. — A peine le coq eut chanté pour la seconde fois, que Pierre sortit et pleura amèrement. — Aussitôt que la trompette sonnera, les morts ressusciteront. — La femme de Loth n'eut pas plutôt regardé la ville de Sodome, qu'elle fut changée en une statue de sel. — Notre amour pour Dieu, dit saint Bernard, ne connaît point de mesure. — La grâce est une eau qui éteint la soif pour les biens et les plaisirs du monde. — Quel père donne à son fils une pierre pour du pain, un serpent pour du poisson, ou un scorpion pour un œuf? — Les Juifs allèrent à Béthanie, non-seulement pour Jésus, mais aussi pour Lazare que Jésus avait ressuscité. — L'homme qui abandonnera pour J. C. sa maison et ses amis, recevra le centuple et jouira de la vie éternelle. — Le Fils de l'homme a été un prodige pour les Juifs, comme Jonas avait été un prodige pour les Ninivites. — Raguël et Sara tremblaient pour le jeune Tobie. — L'auteur de la vie a voulu mourir pour détruire la mort. — Zachée monta sur un arbre pour mieux voir J. C. qui passait. — Saül se perça de son épée pour ne pas tomber vif entre les mains des Philistins. — Annibal passa le Rhône sans perdre un seul éléphant. — Jésus ne put regarder Jérusalem sans déplorer le malheur de cette ville. — Noé ne sortit point de l'arche sans avoir lâché le corbeau et ensuite la colombe. — Thomas dit aux apôtres : « Après avoir vu les trous des clous, je crois que Jésus est ressuscité. » — Jérémie et Jean-Baptiste étaient justes et saints avant de venir au monde. — Élisée dit au roi Joas : « Si vous eussiez frappé la terre cinq ou six fois, vous auriez battu les Syriens jusqu'à une entière ruine ; mais maintenant vous ne les battrez que trois fois. » — Si nous pardonnons à nos frères, Dieu nous pardonnera. — Si Jésus ne nous purifie, nous sommes indignes de sa table. — Pilate, si tu n'absous pas Jésus dont tu as reconnu l'innocence, au moins ne le condamne pas à mort. — Saint Paul, premier ermite, demanda à saint Antoine si les hommes adoraient encore les idoles. — Pilate demanda aux Juifs s'ils voulaient donner la liberté à Jésus ou à Barabbas. — Les bœufs de l'Abyssinie sont beaucoup plus gros que les nôtres. — Quel pays fournit plus d'or et d'argent que l'Amérique? — On trouve plus d'animaux sauvages en Afrique qu'en Europe. — Le tabac de la Jamaïque est moins estimé que le tabac de la Virginie. — Tite-Live n'attribue pas à Annibal autant de probité que de bravoure. — Darius, roi des Perses, aurait voulu avoir autant d'amis qu'il trouva de grains dans une grenade qu'il avait ouverte. — Fabricius était aussi sobre que valeureux. — Les Romains détestèrent autant Domitien qu'ils avaient chéri Vespasien, son père, et son frère Titus.

S. Louis n'estimait pas autant le nom de roi, qu'il estimait le titre de chrétien. — Autant la plupart des hommes estiment l'or et l'argent, autant nous devons estimer la sagesse. — Autant Titus était porté à la bienfaisance, autant Domitien était porté à la cruauté. — Autant nous comptons de petits [1] prophètes, autant nous comptons d'apôtres. — Vespasien fut d'autant plus estimé, que Vitellius, son prédécesseur, avait été plus digne de mépris. — Les Carthaginois redoutaient d'autant plus le passage des Alpes, qu'elles étaient gardées par les Gaulois. — Alexandre subjuguait d'autant plus les provinces, qu'il épargnait les vaincus. — Plus Livius Drusus était prodigue, plus il devenait pauvre; mais plus nous sommes généreux envers les pauvres, plus nous devenons riches aux yeux de Dieu. — La Sicile produisait tant de blé, qu'elle pouvait nourrir toute l'Italie. — S. Louis estimait tant le titre

1. Petits, *minores*, g. *um*, plur.

de chrétien, qu'il le préférait au titre de roi. — Tant qu'Épaminondas commanda les troupes des Thébains, elles furent invincibles. — L'empereur Antonin fut regretté tant du sénat que du peuple. — On voit en Amérique beaucoup d'animaux tant sauvages que domestiques. — La mère de Dieu était si humble, qu'elle s'appelait la servante du Seigneur. — Fabricius était si estimé de Pyrrhus, que ce roi lui offrit la quatrième partie de son royaume. — A peine Judas eut baisé Jésus, que les soldats le lièrent. — Aussitôt que nous aurons expiré, nous comparaîtrons devant notre juge.

David n'eut pas plutôt dit : « J'ai péché contre le Seigneur, » que le prophète lui répondit : « Le Seigneur a transféré votre péché. » — S. Patient, évêque de Lyon, s'est rendu recommandable par son amour pour les pauvres et les malheureux. — Plusieurs Grecs, par amour pour la philosophie, entreprirent de longs voyages. — Pour Moïse, que Dieu avait donné aux Juifs, les chrétiens ont reçu J. C. — Les Romains chérissaient Titus pour sa bienfaisance. — Coriolan, pour Véturie, sa mère, pardonna aux Romains. — Paul Émile, vainqueur de Persée, tremblait pour son fils qui avait poursuivi les ennemis. — Les soldats emmenèrent Jésus pour le crucifier. — Soulageons beaucoup de pauvres, pour avoir un plus grand nombre de patrons dans le ciel. — Pilate condamna Jésus à mort, pour ne pas encourir la disgrâce de César. — Aristide sortit d'Athènes sans se plaindre de l'injure des Athéniens; mais Camille ne put sortir de Rome sans faire des imprécations contre son ingrate patrie. — Le prophète Balaam ne voulut point partir sans avoir consulté le Seigneur. — Après avoir entendu la voix de Jésus, Lazare sortit du tombeau. — Avant de se pendre, Judas reconnut et déclara l'innocence de Jésus. — Si Pierre eût fui avec les autres apôtres, il n'aurait pas renié J. C. — Si nous portons la croix avec Jésus, nous régnerons avec lui. — Chrétiens, si Dieu ne vous eût favorisés, vous adoreriez aujourd'hui les idoles. — Nous péririons bientôt, si Dieu n'arrêtait les mauvais desseins du diable contre nous. — Judas, si tu ne suis pas ton maître, au moins ne le trahis pas par un baiser. — Les scribes et les pharisiens, pour tenter Jésus, lui demandèrent s'il était permis de lapider une femme convaincue d'adultère; mais Jésus, par sa sage réponse, déroba cette femme au supplice. — L'empereur Claude ne s'informa point si l'on avait tué Messaline, ou si elle-même s'était tuée, et il continua de boire et de manger.

RÉCAPITULATION GÉNÉRALE

SUR PLUSIEURS DES RÈGLES PRÉCÉDENTES.

Saint Jean vit quatre animaux : le premier ressemblait à un lion, le second à un bœuf, le troisième avait le visage d'un homme, et le quatrième ressemblait à un aigle. — Le prophète Daniel montra au roi de Babylone des traces de pieds d'hommes, de femmes et de petits enfants ; le roi connut alors que les prêtres le trompaient, et il les condamna à la mort. — L'épouse délaissée, dit l'Ecriture, a plus d'enfants que la femme qui a un mari. — Tibère montra autant de perfidie que de cruauté. — La foi nous donne autant de pères, d'enfants, de frères et de sœurs, que nous comptons de chrétiens. — Le temple fut achevé l'an du monde trois mille [1], et l'an onze du règne de Salomon. — Autant de tables d'or [2] que de chandeliers de même métal embellissaient le temple. — La mer d'airain était soutenue par douze bœufs d'airain.

Le clocher de Strasbourg a cinq cent soixante-quatorze pieds de haut. — Ce canal a été creusé à six stades [3] de la ville de Carcas-

1. Trois mille, *ter millesimus, a, um.*
2. Dix.
3. Environ un kilomètre.

sonne. — La ville de Varsovie est éloignée de Paris d'environ trois cent quarante-six lieues. — Le feu consuma en trois heures le palais de l'empereur Arcadius. — Le corps d'Hérode Agrippa fourmillait de vers. — Elymas résistait à Paul et à Barnabé. — Le proconsul Sergius était désireux d'entendre la parole de Dieu. — Hérodias perça la langue de saint Jean-Baptiste avec une aiguille. — Timothée et Maure avaient été unis par le mariage, et furent crucifiés environ l'an trois cent cinq. — Timothée, par l'ordre d'Adrien, avait d'abord été suspendu par les pieds à un poteau. — Paul et Silas commencèrent à prier : alors les fondements de la prison s'ébranlèrent, les portes s'ouvrirent, et les liens de tous les prisonniers se rompirent. — Paul dit au geôlier : « Ne vous tuez pas : aucun des prisonniers n'est sorti. » — Osa, roi de Juda, mourut de la goutte. — Le prophète Élisée dit au roi : « Demain deux mesures d'orge ne coûteront que trente sous ; et la mesure de pure farine s'achètera pour le même prix. » — La veuve, voyant son fils rappelé à la vie, dit au prophète Élie : « Je vois maintenant que vous êtes un homme de Dieu. » — Trois fois le prophète Élie remplit quatre cruches d'eau et arrosa l'holocauste et le bois, et il pria le Seigneur en disant : « Montrez, Seigneur, que je suis votre serviteur; que le peuple reconnaisse que vous êtes le Seigneur Dieu. » A peine Élie eut prononcé ces mots, que le feu du ciel tomba, et dévora tant l'holocauste que le bois, les pierres, la poussière et l'eau de la rigole. Élie dit alors : « Prenez les prophètes de Baal ; qu'il n'en échappe pas un seul. » — Le serviteur d'Élie dit à Achab : « Partez, de peur que la pluie ne vous surprenne. » — L'impie Jézabel entra en colère contre le prophète Élie. — Le Seigneur dit à Élie : « Allez, et retournez par où vous êtes venu. »

Saint Paul passa de la Galatie dans la Phrygie. — Les livres que brûlèrent ceux qui avaient exercé la magie étaient estimés environ cinquante mille deniers [1] : combien valait le denier? Environ dix sous. — Saint Paul passa dans l'île de Rhodes et par la ville de Tyr; il passa avec saint Luc par chez Philippe : Philippe, un des sept diacres, avait quatre filles qui prophétisaient. — S. Paul fut lié de deux chaînes; le tribun Lysias, le voyant enchaîné, demanda qui il était, et ce qu'il avait fait. Paul dit au tribun Lysias : « Je vous assure que je suis Juif, et non Égyptien. » — Le tribun Lysias craignait que Paul ne fût mis en pièces. — L'orateur Tertulle osa accuser S. Paul de plusieurs crimes devant le gouverneur Félix. — S. Paul défendit hardiment sa cause. — Félix, entendant parler S. Paul, ne put s'empêcher de trembler. — S. Paul, après avoir passé par l'île de Malte, arriva enfin à Rome. Il y prêcha

1. Ou environ 25,000 francs.

Jésus tant aux Juifs qu'aux gentils. — Rien n'est plus honteux à l'homme que de s'enivrer : l'homme ivre est semblable aux bêtes. — Si nous fermons notre cœur en ouvrant notre bourse, nous donnons à la cupidité ce que la charité nous demande. — Élisée suivait et servait le prophète Élie. — Le Seigneur dit à Saül : « Je vous enverrai chez les gentils. » — Le droit de citoyen romain avait coûté une somme considérable au tribun Lysias. — Achab surpassa les autres rois en méchanceté : cependant Jézabel était plus impie qu'Achab. — Les chiens avaient léché le sang de Naboth : ils vinrent lécher le sang de Jézabel dans le même lieu. — Le Seigneur combla le roi Josaphat de gloire et de richesses. — Josaphat dit à Achab : « Mes troupes sont à vous. » — Tous les faux prophètes annonçaient à Achab un heureux succès ; le seul prophète Michée osa lui déclarer la vérité. — Un prophète dit au roi Josaphat et au peuple : « Cette guerre ne vous regarde pas, mais elle regarde le Seigneur votre Dieu. » — Les soldats du roi Josaphat ne purent en trois jours ramasser toutes les dépouilles des ennemis.

Un prophète du Seigneur dit aux Israélites et à leur roi Josaphat : « Allez au-devant de l'ennemi ; le Seigneur sera avec vous. » — Les lévites chantaient les louanges du Seigneur en disant : « Louez le Seigneur, car sa miséricorde est éternelle. — Le roi et le peuple se réjouirent d'avoir obtenu de Dieu une victoire éclatante. — Élie dit au roi Ochosias : « Puisque vous avez consulté un dieu étranger, vous ne relèverez pas de votre maladie, et je vous annonce que vous mourrez certainement. » — Paul dit aux Juifs : « Puisque vous rejetez la parole de Dieu, nous irons l'annoncer aux gentils. » — Quarante-deux enfants que le prophète Élisée avait maudits, furent dévorés par deux ours. — Le roi Ézéchias et le peuple prosternés en terre adoraient le Seigneur. — Si nous avions de la foi, nous transporterions les montagnes. — Chrétiens, sachez que vous êtes le temple de Dieu. — Il est certain que nous ne parviendrons jamais au ciel, si nous suivons le chemin qui conduit aux enfers. — Il appartient aux vierges de suivre l'agneau; prêtres, il vous appartient de l'immoler. — La Sunamite dit au prophète Élisée : « Mon Seigneur, je vous prie de ne pas me tromper. » — Le fils de la Sunamite s'en alla à la campagne : on le porta ensuite malade de la campagne à la maison, et il y mourut. Le prophète Élisée arriva à la maison, et il ressuscita le jeune homme. — On traîna les chrétiens aux autels des idoles ou au supplice. — Ésaü et Jacob étaient frères : l'aîné fut assujetti au plus jeune. — Marie a été la plus sage et la plus modeste des filles, la plus sainte des épouses, et la plus tendre des mères. — Joram fut percé d'une flèche, et tomba mort. Ochosias fut aussi blessé, et mourut peu de temps après. — Jésus disait à ses disciples : « N'achetez-vous pas deux passereaux pour un sou ? » — Dieu moissonne les élus, et le diable moissonne les impies. — Reconnaissons que nous avons péché, que Dieu seul est juste et la source de toute justice.— Le roi Joas fit le bien devant le Seigneur, tant qu'il fut dirigé par le grand prêtre Joïada. — Zacharie, fils du grand prêtre Joïada, dit aux Juifs : « Puisque vous avez abandonné le Seigneur, sachez qu'il vous abandonnera aussi. »

Nous devons d'autant moins abhorrer les souffrances, que nous chantons avec l'Église le bonheur des martyrs. — Les apôtres avaient d'abord travaillé toute la nuit sans rien prendre; mais ensuite ils prirent tant de poissons que le filet se rompait. — Le roi Osias chercha le Seigneur, tant que vécut le prophète Zacharie; et, tant qu'il chercha le Seigneur, il obtint de lui d'heureux succès.— Lorsque les Juifs lapidaient Étienne, Saul gardait les habits des témoins. Lorsqu'ensuite il alla à Damas, il fut environné d'une lumière éclatante, et il entendit une voix qui lui disait : « Saul, pourquoi me persécutez-vous? »—Saint Paul se montra toujours d'autant plus humble, qu'il avait persécuté l'Église. C'est pourquoi il disait : « Je suis le plus petit des apôtres, et je ne suis pas digne d'être appelé l'apôtre de Jésus-Christ. »— Caïphe dit : « Il importe au salut du peuple qu'un seul homme meure. »—Quelques Juifs, voyant pleurer Jésus, disaient : « Il a ouvert les yeux d'un aveugle-né, il pouvait donc empêcher que Lazare ne mourût. » — L'Évangile nous apprend que Caïphe, par qui Dieu prédit la mort de J. C., était alors grand prêtre. — C'est une preuve d'amour de souffrir volontiers la mort. — Jésus dit : « Marthe, si vous croyez, vous verrez la gloire de Dieu; » Marthe répondit : « Seigneur, je crois que vous êtes le fils du Dieu vivant. » — Jésus dit : « Mon père, je vous rends grâces de m'avoir exaucé. » — Jésus ressuscita Lazare environ à quinze stades [1] de la ville de Jérusalem. — Lazare, qui était mort depuis quatre jours, ayant entendu la voix de Jésus, sortit du tombeau les pieds et les mains liés. — Nous ne pouvons dire combien Jésus a fait de miracles. — Euloge exhorta sainte Flore au martyre. Elle fut condamnée à avoir la tête tranchée [2]. — Le bon pasteur appelle ses brebis, et elles entendent sa voix. — Les disciples de Jésus doivent se chérir. — Jésus ayant dit : « Je serai trahi, » les apôtres étonnés se regardèrent. — David, prince guerrier, voulait bâtir un temple au Seigneur; mais cet honneur était réservé à Salomon, roi pacifique. — Cherchons ce que nous ne voyons pas, méprisons ce que nous voyons. — Il est vrai que la langue ne peut toujours parler; mais le cœur ne peut toujours gémir et prier. — Le prophète Isaïe disait aux Juifs : « Vos mains sont pleines de sang ; mais recherchez le Seigneur, et vos péchés deviendront blancs comme la neige. » — Si vous écoutez

1. Moins de trois kilomètres.
2. Avoir la tête tranchée, *obtrunc ari*, *or*, *etc.*

ma parole, dit le Seigneur, vous serez rassasiés. Si vous provoquez ma colère, l'épée vous dévorera.—L'Apôtre nous exhorte à racheter le temps. — O aveuglement déplorable! nous employons le temps précieux de la vie ou à mal faire ou à ne rien faire. — La vie des hommes passe comme l'ombre. — L'orgueil a chassé l'ange du ciel, et l'homme du paradis. — Chrétiens, souvenez-vous que votre chef a été couronné d'épines.

Nous sommes de vrais pauvres devant Dieu ; mais nous n'imitons pas les pauvres : ils sont humbles, nous sommes orgueilleux ; ils demandent instamment, nous sommes muets ; ils gémissent, nous aimons notre misère ; ils sont reconnaissants et baisent la main d'un homme bienfaisant, nous sommes ingrats et nous repoussons la main de Dieu. — Quelques princesses employaient le temps à visiter les prisons et les hôpitaux. — Saint Eloi était le plus industrieux des orfèvres de son temps. — Éthaï dit à David : « Mon Seigneur et mon roi, vous et moi nous aurons le même sort; nous vivrons ensemble et nous mourrons ensemble. » — Joab, après avoir tué Absalon, osa se fâcher contre David. — Nous savons que le témoignage de S. Jean est véritable. — Les enfants que Dieu protége et bénit jouiront du bonheur. — Pierre dit à Jésus : « Vous savez que je vous aime. » — Joab aurait acheté dix pièces d'argent la tête d'Absalon; le soldat n'aurait pas voulu la vendre mille pièces d'argent ; et vous, saint roi David, vous auriez acheté de votre propre vie la vie de ce fils infortuné. — Le pécheur est un vrai captif; il appartient aux chrétiens de jouir de la vraie liberté. — David connut, par la réponse du courrier, qu'Absalon avait été tué. — Tandis que Jésus parlait, le cœur des deux disciples auxquels il apparut était embrasé. — Les richesses sont beaucoup plus dangereuses que nous ne pensons. — Plusieurs contredisent J. C., non par la langue, mais par la vie. — Souvenons-nous que le disciple n'est pas plus grand que le maître. — Thomas, ne soyez pas incrédule. — La mort d'Absalon coûta des larmes à David. — Aimons nos ennemis du cœur, des œuvres et de la langue. — Toute la vaisselle du roi Salomon était de l'or le plus pur. — Un ange du Seigneur délivra saint Pierre de la prison, la porte de fer s'ouvrit devant eux. — Esdras et Néhémie dirent au peuple : « Ne vous attristez point et ne pleurez point; car la joie du Seigneur est notre force. » — Pierre frappa avec l'épée le serviteur du grand prêtre.

Pyrrhus, fils d'Achille, saisit Priam par les cheveux, et le traîna indignement. Priam ne put s'empêcher de lui reprocher cette barbarie. — Un rocher qui avait environ quatre stades[1] de haut dominait[2] le mont Caucase. — Plus nous serons soumis à la loi de Dieu,

1. Environ 675 mètres.
2. Dominer, *imminere*, *immineo*, *etc*.. dat.

plus nous serons libres. — C'est une faiblesse humaine de pécher : c'est une malice diabolique de persévérer. — Pharaon se montrait d'autant plus opiniâtre, que Dieu le pressait plus vivement. — Daniel et les compagnons de ce prophète ne furent nourris que de légumes. — Le père et la mère de Suzanne, qui étaient justes, avaient instruit cette chaste fille selon la loi de Moïse. — Les gens qui avaient été envoyés par les grands prêtres dirent : « Nous avons trouvé la prison fermée fort exactement; mais nous n'avons trouvé personne dedans.» — Nous ne sommes que des branches inutiles, si le céleste vigneron ne nous cultive en sa manière. — Notre vie nous apprendra si nous sommes les enfants de Dieu ou les esclaves du démon. — Combien est aveugle celui qui préfère le joug accablant du démon au doux et aimable joug de Jésus! — La vertu des pères ne sert à rien aux enfants, s'ils ne leur sont semblables. — L'ange céla son nom au père de Samson. — Les Israélites amenèrent l'arche; les Philistins dirent alors : « Malheur à nous! »

Il est très-prudent de choisir un état de vie propre au salut. — En vain nous nous glorifions du nom de Jésus, si nous ne faisons les œuvres du chrétien. — Sans doute Samuel avait soigneusement élevé ses fils; cependant leur vie n'était pas pure. — Saül rencontra le prophète Samuel qui allait au sacrifice. — L'Antechrist voudra passer pour un dieu. —

Qui de nous sait s'il est digne d'amour ou de haine? — Dieu, qui nous a révélé plusieurs vérités, nous a caché plusieurs mystères. — Jésus a toujours brûlé de soif, mais de l'ardente soif du salut des âmes. — S. Étienne restait debout, tandis qu'on l'accablait de pierres. — Les chrétiens disaient aux païens : « Nous remplissons les villes, les îles, les places publiques et le sénat : nous ne vous laissons que les temples de vos dieux. » — Abigaïl dit à David : « Je vous félicite de ce que le Seigneur a conservé vos mains pures. » — Craignons de perdre la foi de l'Évangile, si nous n'en conservons la pureté. — Job était un homme d'un cœur simple et droit; il était persuadé que nous recevons de Dieu les biens et les maux. Il offrait souvent à Dieu des sacrifices ; « car, disait-il, je crains que mes enfants n'aient péché contre le Seigneur. » — Nous obtiendrons tout de Dieu d'autant plus facilement que nous demanderons plus humblement. — Saint Augustin ne voyait que Jésus-Christ dans les saintes Écritures; la loi et les prophètes ne parlent que de lui et de l'Église. — L'homme qui n'a pas été criblé ne sait s'il est froment ou une paille légère. — Job était si défiguré, qu'il put à peine être reconnu de ses amis. Ils pleurèrent longtemps sans pouvoir parler. — La femme, s'approchant, déclara devant tout le monde pourquoi elle avait touché la robe de Jésus et comment elle avait été guérie.

FIN.

DICTIONNAIRE

DES EXERCICES PRÉLIMINAIRES

jusqu'à la règle : *Do vestem pauperi.*

A, *prép.*, ad, *acc.* (*se rend souvent par le dat.*).

ABANDONNER, *verbe*, desererĕre, o, is, deseru-i, desert-um, *act.*

ABEILLE, *nom*, ap-is, is, *f.*

ABONDANT, *adj.*, abundans, abundant-is.

ABONDER, *verbe*, abund-are, o, as, abundav-i, abundat-um, *n.*, *abl.*

ABORD (D'), *adv.*, primo.

ABOYER, *verbe*, latr-are, o, as, latrav-i, latrat-um, *n.*

ABSENCE, *nom*, absenti-a, æ, *f.*

ABSTENIR (S'), *verbe*, abstin-ĕre, eo, es, abstinu-i, *n.*

ABUSER, *verbe*, abut-i, or, ĕris, abus-us sum, *dép.*, *abl.*

ACCOMPAGNER, *verbe*, comitari, or, aris, comitat-us sum *dép.*, *acc.*

ACCORDER, *verbe*, d-are, o, as, ded-i, dat-um, *act.*

ACCOUTUMÉ A, *adj.*, assuet-us. a, um, *dat.*

ACCUSER, *verbe*, accus-are, o, as, accusav-i, accusat-um, *act.*

ACHEVER, *verbe*, perfic-ĕre, io, is, perfec-i, perfect-um, *act.*

ACQUÉRIR, *verbe*, acquir-ĕre, o, is, acquisiv-i, acquisit-um, *act.*

ACQUITTER (S'), *verbe*, fung-i, or, ĕris, funct-us sum, *dép.*, *abl.*

ADMIRABLE, *adj.*, admirabil-is, is, e.

ADMIRATION, *nom*, admirati-o, on-is *f.*—*Plein d'admiration pour*, mirabund-us, a, um, *adj. qui gouverne l'acc.*

ADMIRER, *verbe*, mir-ari, or, aris, mirat-us sum, *dép.*, *acc.*

ADORER, *verbe*, ador-are, o, as, adorav-i, adorat-um, *act.*

ADOUCIR, *verbe*, len-ire, io, is, leniv-i, lenit-um, *act.*

AFFABLE, *adj.*, affabil-is, is, e (*sans superl.*).

AFFLIGÉ, *part.*, afflict-us, a, um.

AGACER, *verbe*, hebet-are, o, as, hebetav-i, hebetat-um, *act.*

AGIR, *verbe*, ag-ĕre, o, is, eg-i, act-um, *n.*

AGNEAU, *nom*, agn-us, i, *m.*

AGRÉABLE A, *adj.*, jucund-us, a, um, *dat.*

AIGLE, *nom*, aquil-a, æ, *f.*

AILE, *nom*, al-a, æ, *f.*

AIMER, *verbe*, am-are, o, as, amav-i, amat-um, *act.*

AIR, *nom*, aer, is, *m.*

AIRE, *nom*, are-a, æ, *f.*

Aisé, *adj.*, facil-is, is, e, *dat.*
Aliment, *nom*, cib-us, i, *m.*
Aller, *verbe*, ire, eo, is, iv-i, it-um, *n. irrég.*
Alliance, *nom*, fœd-us, er-is, *n.*
Allié, *adj.*, affin-is, is, e.
Alors, *adv.*, tum.
Alpes, *nom*, Alp-es, ium, *f.*
Amasser, *verbe*, conger-ĕre, o, is, congess-i, congest-um, *act.*
Ambigu, *adj.*, ambigu-us, a, um (*sans superl.*).
Ambitieux, *adj.*, ambitios-us, a, um.
Ambition, *nom*, ambiti-o, onis, *f.*
Ame, *nom*, anim-a, æ, *f.*
Amèrement, *adv.*, multis lacrimis.
1 Ami, *nom*, amic-us, i, *m.*
2 Ami, *adj.*, amic-us, a, um, *dat.*
Amour, *nom*, amor, is, *m.*
1 Ancien, *adj.*, antiqu-us, a, um.
2 Anciens (les), *nom*, veter-es, um, *m. pl.*
Anesse, *nom*, asin-a, æ, *f.*
Ange, *nom*, angel-us, i, *m.*
Animal, *nom*, animal, is, *n.*
Annoncer, *verbe*, nunti-are, o, as, nuntiav-i, nuntiat-um, *act.*
Apaiser, *verbe*, sed-are, o, as, (*sans parf. ni sup.*), *act.*
Apôtre, *nom*, apostol-us, i, *m.*
Apparaître, *verbe*, appar-ĕre, eo, es, apparu-i, apparit-um, *n.*
Appeler, *verbe*, voc-are, o, as, vocav-i, vocat-um, *act.*
1 Apprendre (*par cœur*), *verbe*, disc-ĕre, o, is, didic-i, discit-um (*rare*), *act.*
2 Apprendre (*par ouï-dire*), *verbe*, aud-ire, io, is, audiv-i, audit-um, *act.*
Approuver, *verbe*, comprob-are, o, as, comprobav-i, comprobat-um, *act.*
Arbre, *nom*, arbor, is, *f.*
Arche, *nom*, arc-a, æ, *f.*
Ardent, *adj.*, ardens, ardent-is.
Ardeur, *nom*, ardor, is, *m.*
Argent, *nom*, argent-um, i, *n.*
Armée, *nom*, exercit-us, ûs, *m.*
Armes, *nom*, arm-a, orum, *n. pl.*
Arracher, *verbe*, avell-ĕre, o, is, avuls-i, avuls-um, *act.*
Arrogance, *nom*, superbi-a, æ, *f.*
Arrivée, *nom*, advent-us, ûs, *m.*
1 Arriver (*pour les personnes*), *verbe*, adven-ire, io, is, adven-i, advent-um, *n.*
2 Arriver (*pour les choses*), *verbe*, accidĕre, accidit, *n.*
Arroser, *verbe*, irrig-are, o, as, irrigav-i, irrigat-um, *act.*
Art, *nom*, ars, art-is, *f.*
Aspect, *nom*, aspect-us, ûs, *m.*
Assemblée, *nom*, concili-um, i, *n.*
Assidu, *adj.*, assidu-us, a, um.
Assiéger, *verbe*, obsid-ĕre, eo, es, obsed-i, obsess-um, *act.*
Assis (être), *verbe*, sed-ĕre, eo, es, sed-i, sess-um, *n.*
1 Assister quelqu'un, *verbe*, juv-are, o, as, ju-vi, jut-um, *act.*
2 Assister a, *verbe*, ad-esse,

ad-sum, ad-fui, *n.*, *dat.*

ASSOCIÉ, *adj.*, soci-us, a, um.

ASSURÉMENT, *adv.*, profecto.

ASSURER, *verbe*, affirm-are, o, as, affirmav-i, affirmat-um, *act.*

ATHÉE, *nom*, athe-us, i, *m.*

ATHLÈTE, *nom*, athlet-a, æ, *m.*

ATROCE, *adj.*, atrox, *gén.* atroc-is.

ATTACHER (s'), *verbe*, adhær-ēre, eo, es, adhæs-i, adhæs-um, *n.*, *dat.*

ATTAQUER, *verbe*, aggred-i, ior, ĕris, aggress-us sum, *dép.*, *acc.*

ATTEINDRE, *verbe*, atting-ĕre, o, is, attig-i, attact-um, *act.*

1 ATTENDRE, *verbe ayant pour suj. un nom de personne*, exspect-are, o, as, exspectav-i, exspectat-um, *act.*

2 ATTENDRE, *verbe ayant pour suj. un nom de chose*, man-ēre, eo, es, mans-i, mans-um, *act.*

ATTENTAT, *nom*, facin-us, or-is, *n.*

AUCUN, *adj.* (*avec une nég.*), null-us, a, um.

AUDACIEUX, *adj.*, audax, audac-is.

AU DELA, *prép.*, trans, *acc.*

AUJOURD'HUI, *adv.*, hodie.

AUMÔNE, *nom*, eleemosyn-a, æ, *f.* — *Faire l'aumône*, stipem erog-are, o, as, erogav-i, erogat-um.

AUPRÈS DE, *prép.*, prope, *acc.*

AUSSI, *adv.*, etiam.

AUTEL, *nom*, ar-a, æ, *f.*

AUTOMNE, *nom*, autumn-us, i, *m.*

AUTOUR DE, *prép.*, circum, *acc.*

AUTRE, *adj.*, ali-us, a, ud. — *Les autres*, ceter-i, æ, a.

AUTREFOIS, *adv.*, olim.

AVANT, *prép.*, ante, *acc.*

AVANTAGEUX, *adj.*, commod-us, a, um. — *Il est avantageux*, expedit.

AVARE, *adj.*, avar-us, a, um.

AVEC, *prép.*, cum, *abl.*

AVERTIR, *verbe*, mon-ēre, eo, es, monu-i, monit-um, *act.*

AVEUGLE, *adj.*, cæc-us, a, um. —*Aveugle-né*, cæc-us nat-us, *m.*

AVEUGLEMENT, *nom*, cæcitas, cæcitat-is, *f.*

AVIDE, *adj.*, avid-us, a, um.

AVIS, *nom*, sententi-a, æ, *f.*

AVOIR, *verbe*, hab-ēre, eo, es, habu-i, habit-um. — *Il avait du goût pour*, tournez : *Il était ayant du goût pour*, erat studiosus, *avec le gén.*

BAIGNER, *verbe*, allu-ĕre, o, is, allu-i, *act.*

BAPTÊME, *nom*, baptism-us, i, *m.*

BARBARE, *nom*, barbar-us, i, *m.*

BATIR, *verbe*, ædific-are, o, as, ædificav-i, ædificat-um, *act.*

BATON, *nom*, bacul-us, i, *m.*

BEAU, BELLE, *adj.*, pul-cher, chra, chrum. *Comp.*, pulchrior; *superl.*, pulcherrim-us.

BEAUTÉ, *nom*, pulchritud-o, in-is, *f.*

BELLIQUEUX, *adj.*, bellicos-us, a, um.

BÉNÉDICTION, *nom*, benedicti-o, on-is, *f.*

BÉNIR, *verbe*, benedic-ĕre, o, is, benedix-i, benedict-um, *n.*, *dat.*

BERGER, *nom*, pastor, is, *m.*

1 BIEN (*richesses*), *nom*, bonum, i, *n.* — *Faire du bien*, benefac-ĕre, io, is, fec-i, fact-um, *n.*, *dat.*

2 BIEN, *adv.*, *suivi d'un adj.*, *se rend par le superl. de l'adj.*, *ou par* valde *avec le posit.* — *Bien des choses*, multa.

BIENFAISANCE, *nom*, beneficenti-a, æ, *f.*

BIENFAISANT, *adj.*, benefic-us, a, um.

BIENFAIT, *nom*, benefici-um, i, *n.*

BIENTÔT, *adv.*, brevi.

BIZARRE, *adj.*, moros-us, a, um.

BLAMABLE, *adj.*, vituperatione dign-us, a, um.

BLAMER, *verbe*, vitio vert-ĕre, o, is, vert-i, vers-um; *nom de la chose à l'acc.*, *nom de la pers. au dat.*

BLANC, *adj.*, candid-us, a, um.

BLÉ, *nom*, frument-um, i, *n.*

BLESSURE, *nom*, vuln-us, er-is, *n.*

BOITEUX, *adj.*, claud-us, a, um.

BON, BONNE, *adj.*, bon-us, a, um. *Comp.*, melior; *superl.*, optimus.

BONHEUR, *nom*, felicitas, felicitat-is, *f.*

BONTÉ, *nom*, bonitas, bonitat-is, *f.*

BOUC, *nom*, hirc-us, i, *m.*

BOUCHE, *nom*, os, or-is, *n.*

BOUCLIER, *nom*, clype-us, i, *m.*

BRANCHE, *nom*, ram-us, i, *m.*

BREBIS, *nom*, ov-is, is, *f.*

BRILLANT, *adj.*, micans, micant-is.

BRISER, *verbe*, frang-ĕre, o, is, freg-i, fract-um, *act.*

BROUTER, *verbe*, pasc-ĕre, o, is, pav-i, past-um, *act.*

1 BRULER (*soi-même*), *verbe*, ard-ēre, eo, es, ars-i, ars-um, *n.*

2 BRULER (*quelque chose*), *verbe*, ur-ĕre, o, is, uss-i, ust-um, *act.*

BRUIT, *nom*, strepit-us, ûs, *m.*

BRUTAL, *adj.*, fer-us, a, um.

BUISSON, *nom*, dum-us, i, *m.*

CACHER, *verbe*, abscond-ĕre, o, is, abscond-i, abscondit-um, *acc.*

CALME, *adj.*, placid-us, a, um.

CAMPAGNE, *nom*, camp-us, i, *m.*

CAMPER, *verbe*, castramet-ari, or, aris, castrametat-us sum, *dép.*

CAPITAINE, *nom*, dux, duc-is, *m.*

CAPTIVITÉ, *nom*, captivitas, captivitat-is, *f.*

CAR, *conj.*, nam; enim, *après le premier mot de la phrase.*

CARACTÈRE, *nom*, indol-es, is, *f.*

CAUSE (A), *prép.*, causâ, *gén.*

CAUSER, *verbe*, *se rend par* esse *avec deux datifs. Causer la perte de quelqu'un*, esse alicui exitio.

CE *ou* CET, CETTE, *adj.*, hic, hæc, hoc; ille, illa, illud. — *C'est pourquoi*, quare.

CECI, *pron.*, hoc, *n.*

CÈDRE, *nom*, cedr-us, i, *f.*

CELA, *pron.*, illud *ou* hoc, *n.*

CÉLÈBRE, *adj.*, insign-is, is, e; celeber, celebr-is, celebr-e.

CENT, *adj.*, centum, *indécl.* — *Trois cents*, trecent-i, æ, a.

CEPENDANT, *conj.*, attamen; tamen, *après le premier mot de la phrase.*

CERTAINEMENT, *adv.*, certe.

CHAGRIN, *nom*, mœror, is, *m.*

CHAÎNE, *nom*, caten-a, æ, *f.*

CHAIR, *nom*, caro, car-nis, *f.*

CHAIRE, *nom*, cathedr-a, æ, *f.*

CHAMP, *nom*, camp-us, i, *m.*

CHANTER, *verbe*, can-ĕre, o, is, cecin-i, cant-um, *act.*

CHAQUE, *adj.*, quisque, quæque, quodque.

CHASSE, *nom*, venati-o, on-is, *f.*

CHASSER, *verbe*, expell-ĕre, o, is, expul-i, expuls-um, *act.*

CHASTE, *adj.*, cast-us, a, um.

CHASTETÉ, *nom*, castitas, castitat-is, *f.*

CHATEAU, *nom*, castell-um, i, *n.*

CHATIMENT, *nom*, pœn-a, æ, *f.*

CHEMIN, *nom*, vi-a, æ, *f.*; semit-a, æ, *f.*

CHÊNE, *nom*, querc-us, ûs, *f.*

CHER, *adj.*, car-us, a, um.

CHERCHER, *verbe*, quær-ĕre, o, is, quæsiv-i, quæsit-um, *act.*; inquir-ere, o, is, inquisiv-i, inquisit-um, *act.*

CHÉRI, *adj.*, dilect-us, a, um.

CHÉRIR, *verbe*, dilig-ĕre, o, is, dilex-i, dilect-um, *act.*

CHEVAL, *nom*, equ-us, i, *m.*

CHEVEU, *nom*, capill-us, i, *m.*

CHEVREAU, *nom*, hæd-us, i, *m.*

CHEZ, *prép.*, apud, *acc.*

CHIEN, *nom*, can-is, is, *m.*

CHOISIR, *verbe*, elig-ĕre, o, is, eleg-i, elect-um, *act.*

CHOSE, *nom*, res, rei, *f.*

CHRÉTIEN, *nom*, christian-us, i, *m.*

CHRIST, *nom*, Christ-us, i, *m.*

CIEL, *nom*, cœl-um, i, *n.*

CIGOGNE, *nom*, ciconi-a, æ, *f.*

CITOYEN, *nom*, civ-is, is, *m.*

CLAIREMENT, *adv.*, aperte.

CLÉMENCE, *nom*, clementi-a, æ, *f.*

CŒUR, *nom*, anim-us, i, *m.*; cor, cord-is, *n.*

COLÈRE, *nom*, ir-a, æ, *f.* — *Entrer en colère*, irasc-i, or, ĕris, irat-us sum, *dép.*, *dat.*

COLONNE, *nom*, column-a, æ, *f.*

COMBAT, *nom*, certam-en, inis, *n.*; pugn-a, æ, *f.*

COMBATTRE, *verbe*, decert-are, o, as, decertav-i, decertatum, *n.*

COMÈTE, *nom*, comet-a, æ, *f.*

COMMANDER, *verbe*, imper-are, o, as, imperav-i, imperatum, *n. et act.*

COMMENCEMENT, *nom*, initium, i, *n.*; principi-um, i, *n.*

COMMENCER, *verbe*, incip-ĕre, io, is, incep-i, incept-um, *act.*

COMMETTRE, *verbe*, admitt-ĕre, o, is, admis-i, admiss-um, *act.*

COMPAGNIE, *nom*, societas, societat-is, *f.*

COMPAGNON, *nom*, soci-us, i, *m.*

COMPASSION, *nom*, miserati-o, on-is, *f.*

COMPRENDRE, *verbe*, intellig-ĕre, o, is, intellex-i, intellect-um, *act.*

COMPTER, *verbe*, numer-are,

o, as, numerav-i, numerat-um, *act.*

Concevoir (un projet), *verbe*, in-ire, in-eo, is, iniv-i, init-um, *acc.*

Concile, *nom*, concili-um, i, *n.*

Condamnation, *nom*, damnati-o, on-is, *f.*

Condamner, *verbe*, damn-are, o, as, damnav-i, damnat-um, *act.*

Condisciple, *nom*, condiscipul-us, i, *m.*

Confus, *adj.*, confus-us, a, um.

Confusion, *nom*, pudor, is, *m.*

Conjurés, *nom*, conjurat-i, orum, *m. pl.*

Conjurer, *verbe*, conspir-are, o, as, conspirav-i, conspirat-um, *n.*, *rég. ind. à l'acc. avec* in.

Connaître, *verbe*, nosc-ĕre, o, is, nov-i, not-um, *act.*

Conscience, *nom*, conscienti-a, æ, *f.*

Conseil, *nom*, consili-um, i, *n.*

Conseiller, *nom*, consiliari-us, i, *m.*

Considérer, *verbe*, intu-ēri, eor, eris, intuit-us sum, *dép.*, *acc.*

Consoler, *verbe*, sol-ari, or, aris, solat-us sum, *dép.*, *acc.*

Constamment, *adv.*, constanter.

Consul, *nom*, consul, is, *m.*

Consulat, *nom*, consulat-us, ûs, *m.*

Consumer, *verbe*, consum-ĕre, o, is, consumps-i, consumpt-um, *act.*

Content de, *adj.*, content-us, a, um, *abl.*

Contenter, *verbe*, satisfac-ĕre, io, is, fec-i, fact-um, *n.*, *dat.*

Contraire, *adj.*, contrari-us, a, um.

Contre, *prép.*, in, *acc.*; adversùs, *acc.*

Contredit, *nom*, controversi-a, æ, *f.* — *Sans contredit*, sine controversia.

Convaincre, *verbe*, convinc-ĕre, o, is, convic-i, convict-um, *act.*

Convenir, *verbe*, dec-ēre, decet, decuit, *impers.*, *acc.*

Coq, *nom*, gall-us, i, *m.*

Corne, *nom*, cornu, *indécl. au sing.*, *n.*

Corps, *nom*, corp-us, or-is, *n.*

Coucher (se), recumb-ĕre, o, is, recubu-i, recubit-um, *n.*

Couleur, *nom*, color, or-is, *m.*

Coup, *nom*, vuln-us, er-is, *n.*

Coupable, *adj.*, re-us, a, um.

Courage, *nom*, virtus, virtut-is, *f.*

Courageusement, *adv.*, fortiter.

Courageux, *adj.*, fort-is, is, e.

Courir, *verbe*, curr-ĕre, o, is, cucurr-i, curs-um, *n.*

Couronne, *nom*, coron-a, æ, *f.*

Couronner, *verbe*, coron-are, o, as, coronav-i, coronat-um, *act.*

Course, *nom*, curs-us, ûs, *m.*

Court, *adj.*, brev-is, is, e.

COURTISAN, *nom*, aulic-us, i, *m.*

COUSIN, *nom*, cognat-us, i, *m.*

COUSINE, *nom*, cognat-a, æ, *f.*

CRAINDRE, *verbe*, tim-ēre, eo, es, timu-i (*sans supin*), *n.*

CRAINTE, *nom*, timor, is, *m.*

CRÉATEUR, *nom*, creator, is, *m.*

CRÈCHE, *nom*, præsep-e, is, *n.*

CRÉER, *verbe*, cre-are, o, as, creav-i, creat-um, *act.*

CRI, *nom*, clamor, is, *m.*

CRIER, *verbe*, clam-are, o, as, clamav-i, clamat-um, *act. et n.*

CRIME, *nom*, scel-us, er-is, *n.* — *Faire un crime d'une chose à quelqu'un* (*donner une chose à crime à quelqu'un*), dare rem crimini alicui.

CRIMINEL, *adj.*, nocens, nocent-is.

CROIRE, *verbe*, cred-ĕre, o, is, credid-i, credit-um, *act.*; put-are, o, as, putav-i, putat-um, *act.*

CROIX, *nom*, crux, cruc-is, *f.*

CRUAUTÉ, *nom*, crudelitas, crudelitat-is, *f.*

CRUCIFIER, *verbe*, crucifig-ĕre, o, is, crucifix-i, crucifix-um, *act.*

CRUEL, *adj.*, fer-us, a, um; crudel-is, is, e.

CUEILLIR, *verbe*, leg-ĕre, o, is, leg-i, lect-um, *act.*

1 CURIEUX (*sans rég.*), *adj.*, curios-us, a, um.

2 CURIEUX DE (*qui désire*), *adj.*, cupid-us, a, um, *gén.*

DANGER, *nom*, pericul-um, i, *n.*

DANGEREUX, *adj.*, periculos-us, a, um.

DANS, *prép.*, in, *abl.* (*sans mouvement*). — *Dans l'espace de*, intra, *acc.*

DANSER, *verbe*, salt-are, o, as, saltav-i, saltat-um, *n.*

DE, *prép.*, *se rend très-souvent par le gén. du nom suivant.* — *D'entre*, inter, *acc.*

DÉBAUCHÉ, *adj.*, dissolut-us, a, um.

DÉCHU, *part.*, laps-us, a, um.

DÉCOUVRIR, *verbe*, patefac-ĕre, io, is, patefec-i, patefact-um, *act.*

DÉFAUT, *nom*, viti-um, i, *n.*

DÉFENDRE (*protéger*), *verbe*, tu-ēri, eor, eris, tuit-us sum, *dép.*, *acc.*

DÉFENDU, *part.*, vetit-us, a, um.

DÉGRADÉ, *adj.*, depravat-us, a, um.

DÉLICAT, *adj.*, delicat-us, a, um.

DÉLIVRER, *verbe*, liber-are, o, as, liberav-i, liberat-um, *act.*

DEMAIN, *adv.*, cras.

DEMANDER, *verbe*, pet-ĕre, o, is, petiv-i *ou* peti-i, petit-um, *act.*

DEMEURER, *verbe*, man-ēre, eo, es, mans-i, mans-um, *n.*

DÉMON, *nom*, dæmon, is, *m.*

DENT, *nom*, dens, dent-is, *m.*

DÉPLAIRE, *verbe*, displic-ēre, eo, es, displicu-i, displicit-um, *n.*

DÉPLORABLE, *adj.*, lugend-us, a, um.

DÉPOUILLES, *nom*, exuvi-æ, arum, *f. pl.*

DÉPRAVATION, *nom*, depravati-o, on-is, *f.*

DÉPRAVÉ, *adj.*, dissolut-us, a, um.

DERNIER, *adj.*, postrem-us, a, um.

DÈS, *prép.*, a, ab, *abl.* — *Dès à présent*, jam nunc.

DÉSIR, *nom*, cupiditas, cupiditat-is, *f.*

DÉSIRER, *verbe*, cup-ĕre, io, is, cupiv-i, cupit-um, *act.*

DÉSIREUX DE, *adj.*, cupid-us, a, um, *gén.*

DÉSOBÉISSANT, *adj.*, inobsequens, inobsequent-is

DÉSORDRE, *nom*, flagiti-um, i, *n.*

DÉSORMAIS, *adv.*, deinceps.

DESSEIN, *nom*, consili-um, i, *n.*

DESSOUS (AU) DE, *prép.*, infra, *acc.*

DESTRUCTION, *nom*, excidi-um, i, *n.*

DÉTESTER, *verbe*, detest-ari, or, aris, detestat-us sum, *dép.*, *acc.*

DÉTRUIRE, *verbe*, diru-ĕre, o, is, diru-i, dirut-um, *act.*

DEUX, *adj.*, du-o, æ, o, *gén.* duor-um.

DEVENIR, *verbe*, fieri, fi-o, is, fact-us sum, *neut. pass.*

DEVIN, *nom*, vat-es, is, *m.*

DEVOIR, *nom*, offici-um, i, *n.*

DEVOIR, *verbe*, deb-ēre, eo, es, debu-i, debit-um, *act.*

DÉVOT, *adj.*, pi-us, a, um.

DICTATEUR, *nom*, dictator, is, *m.*

DICTATURE, *nom*, dictatur-a, æ, *f.*

DIEU, *nom*, De-us, i, *m.* — *Les dieux (des païens)*, di-i, de-orum, *m. pl.*

1 DIFFÉRENT (*varié*), *adj.*, vari-us, a, um.

2 DIFFÉRENT (*contraire*), *adj.*, contrari-us, a, um (*sans comp. ni superl.*).

DIFFICILE, *adj.*, difficil-is, is, e. *Comp.*, difficili-or; *superl.*, difficillim-us.

DIGNE DE, *adj.*, dign-us, a, um, *abl. ou gén.*

DILIGENT, *adj.*, diligens, diligent-is.

DIRE, *verbe*, dic-ĕre, o, is, dix-i, dict-um, *act.*

DISCIPLE, *nom*, discipul-us, i, *m.*

DISPERSER, *verbe*, disperg-ĕre, o, is, dispers-i, dispers-um, *act.*

DISPUTE, *nom*, contenti-o, on-is, *f.*

DIVIN, *adj.*, divin-us, a, um.

DIX, *adj.*, decem, *indécl.*

DOCTEUR, *nom*, doctor, is, *m.*

DOCTRINE, *nom*, doctrin-a, æ, *f.*

DOGME, *nom*, dogm-a, at-is, *n.*

DOMPTER, *verbe*, dom-are, o, as, domu-i, domit-um, *act.*

DON, *nom*, don-um, i, *n.*

DONC, *conj.*, ergo, igitur.

DONNER, *verbe*, d-are, o, as, ded-i, dat-um, *act.*

DOUCEUR, *nom*, mansuetud-o, in-is, *f.* — *Plein de douceur*, mansuet-us, a, um.

DOUÉ, *adj.*, prædit-us, a, um, *abl.*

DOULEUR, *nom*, dolor, is, *m.*

DOULOUREUX, *adj.*, acerb-us, a, um.

DOUX, *adj.*, dulc-is, is, e; suav-is, is, e.
DOUZE, *adj.*, duodecim, *indécl.*
DROIT, *nom*, jus, jur-is, *n.* — *Droit d'aînesse*, jus primogeniti.
DROITE, *nom*, dexter-a, æ, *f.*
DUR, *adj.*, dur-us, a, um.

EAU, *nom*, aqu-a, æ, *f.*
ÉCHANSON, *nom*, pincern-a, æ, *m.*
ÉCHOIR, *verbe*, obting-ĕre, obtingit, *parf.* obtigit, *n.*, *dat.*
ÉCLAIR, *nom*, fulgur, is, *n.*
ÉCLAT, *nom*, splendor, is, *m.*
ÉCLATANT, *adj.*, splendid-us, a, um.
ÉCOLIER, *nom*, discipul-us, i, *m.*
ÉCOUTER, *verbe*, aud-ire, io, is, audiv-i, audit-um, *act.*
ÉCRIER (s'), *verbe*, exclam-are, o, as, exclamav-i, exclamat-um, *n.*
EFFRAYER, *verbe*, terr-ēre, eo, es, terru-i, territ-um, *act.*
ÉGAL, *adj.*, par, is, *dat. ou gén.*
ÉGALEMENT, *adv.*, pariter.
ÉGARD (A L'), *prép.*, erga, *acc.*
ÉGARER (s'), *verbe*, err-are, o, as, errav-i, errat-um, *n.*
ÉGLISE, *nom*, ecclesi-a, æ, *f.*
ÉLÉPHANT, *nom*, elephant-us, i, *m.*
ÉLÈVE, *nom*, discipul-us, i, *m.*
ÉLEVÉ, *adj.*, alt-us, a, um.
ÉLEVER, *verbe*, al-ĕre, o, is, alu-i, alit-um *et* alt-um, *act.*
ÉLOIGNER, *verbe*, repell-ĕre, o, is, repul-i, repuls-um, *act.*
ÉLOQUENCE, *nom*, eloquenti-a, æ, *f.*
ÉLOQUENT, *adj.*, disert-us, a, um.
ÉMINENT, *adj.*, præstans, præstant-is.
EMPARER (s'), *verbe*, pot-iri, ior, iris, potit-us sum, *dép.*, *abl.*
EMPEREUR, *nom*, imperator, is, *m.*
EMPIRE, *nom*, imperi-um, i, *n.*
EN, *prép.*, in, *sans mouvement*, *abl.*; *avec mouvement*, *acc.* — *En deçà*, citra, *acc.*
ENCHAÎNER, *verbe*, catenis constring-ĕre, o, is, constrinx-i, constrict-um, *act.*
ENCLIN, *adj.*, procliv-is, is, e, *acc. avec* ad.
ENCORE, *adv.*, adhuc; etiam.
ENDURCI, *part.*, indurat-us, a, um (*sans comp. ni superl.*).
ENDURCISSEMENT, *nom*, durities, ei, *f.*
ENIVRER (s'), *verbe*, inebriari, or, aris, inebriat-us sum, *pass.*
ENFANCE, *nom*, pueriti-a, æ, *f.*
1 ENFANT (*en général*), *nom*, puer, i, *m.*
2 ENFANT (*fils*), *nom*, fili-us, i, *m.*
ENFER, *nom*, infern-us, i, *m.*
ENFILER, *verbe*, acu trajic-ĕre, io, is, trajec-i, traject-um, *act.*
ENFIN, *adv.*, tandem.
ENFUIR (s'), *verbe*, aufug-ĕre, io, is, aufug-i, *n.*
ENGRAISSER, *verbe*, lætific-are, o, as, lætificav-i, lætificat-um, *act.*

ENLEVER, *verbe*, toll-ĕre, o, is, sustul-i, sublat-um, *act.*

1 ENNEMI, *adj.*, inimic-us, a, um.

2 ENNEMI, *nom*, host-is, is, *m.*

ENSEIGNER, *verbe*, doc-ēre, eo, es, docu-i, doct-um, *act.*

ENSEMBLE, *adv.*, simul.

ENSUITE, *adv.*, deinde.

ENTENDRE, *verbe*, aud-ire, io, is, audiv-i, audit-um, *act.*

ENTIER, *adj.*, tot-us, a, um.

ENTRE, *prép.*, inter, *acc.*

ENTRER EN COLÈRE, *verbe*, irasc-i, or, eris, irat-us sum, *dép.*, *dat.*

ENVAHIR, *verbe*, invad-ĕre, o, is, invas-i, invas-um, *act.*

ENVIE, *nom*, invidi-a, æ, *f.* — *Porter envie*, invid-ēre, eo, es, invid-i, invis-um, *n*, *dat.*

ENVERS, *prép.*, erga, *acc.*

ENVIRON, *prép.*, circa, *acc.*

ÉPAIS, *adj.*, dens-us, a, um.

ÉPARGNER, *verbe*, parc-ĕre, o, is, peperc-i, parcit-um, *n.*, *dat.*

ÉPÉE, *nom*, gladi-us, i, *m.*

ÉPINE, *nom*, spin-a, æ, *f.*

ÉPOUSE, *nom*, uxor, is, *f.*

ÉPOUVANTER, *verbe*, terr-ēre, eo, es, terru-i, territ-um, *act.*

ÉPOUX, *nom*, conjux, conjug-is, *m.*

ÉPROUVER, *verbe*, sent-ire, io, is, sens-i, sens-um, *act.*

ÉRUDITION, *nom*, eruditi-o, on-is, *f.*

ERREUR, *nom*, error, is, *m.*

ESCARPÉ, *adj.*, ardu-us, a, um (*sans comp. ni superl.*).

ESCLAVAGE, *nom*, servitus, servitut-is, *f.*

ESPÉRER, *verbe*, sper-are, o, as, sperav-i, sperat-um, *act.*

ESPION, *nom*, explorator, is, *m.*

ESPRIT, *nom*, spirit-us, ûs, *m.*

ESTIMER, *verbe*, æstim-are, o, as, æstimav-i, æstimat-um, *act.*

ET, *conj.*, et, ac, atque; que (*après un mot*).

ÉTÉ, *nom*, æstas, æstat-is, *f.*

ÉTERNEL, *adj.*, ætern-us, a, um.

ÉTERNELLEMENT, *adv.*, æternum.

ÉTOILE, *nom*, stell-a, æ, *f.*

ÉTONNANT, *adj.*, stupend-us, a, um.

ÊTRE, *verbe*, esse, sum, es, fu-i.

ÉTROIT, *adj.*, arct-us, a, um.

ÉTUDIER, *verbe*, stud-ēre, eo, es, studu-i (*sans sup.*), *n.*, *dat.*

EUX, *pron.*, illi, illæ, illa.

ÉVANGÉLISTE, *nom*, evangelist-a, æ, *m.*

ÉVANGILE, *nom*, evangeli-um, i, *n.*

ÉVÊQUE, *nom*, episcop-us, i, *m.*

ÉVITER, *verbe*, vit-are, o, as, vitav-i, vitat-um, *act.*

EXAUCER, *verbe*, exaud-ire, io, is, exaudiv-i, exaudit-um, *act.*

EXCITER, *verbe*, commov-ēre, eo, es, commov-i, commot-um, *act.*

EXEMPLE, *nom*, exempl-um, i, *n.*

EXEMPT, *adj.*, expers, expert-is.

EXHORTER, *verbe*, hort-ari, or, aris, hortat-us sum, *dép. acc.*

EXPIRER, *verbe*, animam exspir-are, o, as, exspirav-i, exspirat-um, *act.*

EXTIRPER, *verbe*, exstirp-are, o, as, exstirpav-i, exstirpat-um, *act.*

EXTRAORDINAIRE, *adj.*, insolit-us, a, um.

EXTRÉMITÉ, *nom*, fin-is, is, *m.*

FACE (EN) DE, *prép.*, contra, *acc.*

FACHER (SE), *verbe*, irasc-i, or, ĕris, irat-us sum, *dép.*, *dat.*

FACILE A, *adj.*, facil-is, is, e, *dat.*

FACILEMENT, *adv.*, facilè.

FAIBLE, *adj.*, imbecill-us, a, um; debil-is, is, e.

FAIM, *nom*, fam-es, is, *f.*

FAIRE, *verbe*, fac-ĕre, io, is, fec-i, fact-um, *act.* — *Faire la guerre*, bellum ger-ĕre, o, is, gess-i, gest-um. — *Faire l'aumône*, stipem erog-are, o, as, erogav-i, erogat-um. — *Faire pénitence*, pœnitentiam, ag-ĕre, o, is, eg-i, act-um. — *Faire plaisir*, juv-are, o, as, juv-i, jut-um, *act.*

FAMEUX, *adj.*, inclyt-us, a, um; famos-us, a, um.

FARDEAU, *nom*, on-us, er-is, *m.*

FAROUCHE, *adj.*, fer-us, a, um.

FATAL, *adj.*, fatal-is, is, e.

FATIGANT, *adj.*, molest-us, a, um.

FAUSSEMENT, *adv.*, falso.

FAUTE, *nom*, culp-a, æ, *f.*

FÉCOND, *adj.*, fecund-us, a, um.

1 FEMME (*en général*), *nom*, mulier, is, *f.* — *Sage-femme*, obstetrix, obstretric-is, *f.*

2 FEMME (*épouse*), *nom*, uxor, is, *f.*

FER, *nom*, ferr-um, i, *n.*

FERMER, *verbe*, claud-ĕre, o, is, claus-i, claus-um, *act.*

FÉROCE, *adj.*, truculent-us, a, um.

FERTILE, *adj.*, fertil-is, is, e.

FÊTE, *nom*, fest-um, i, *n.*

FEU, *nom*, ign-is, is, *m.*

FIDÈLE, *adj.*, fidel-is, is, e.

FIDÈLEMENT, *adv.*, fideliter.

FIER, *adj.*, ferox, feroc-is.

FIGUE, *nom*, fic-us, i, *f.*

FILLE, *nom*, fili-a, æ, *f.* — — *Jeune fille*, puell-a, æ, *f.*

FILS, *nom*, fili-us, i, *m.*

FIN, *nom*, fin-is, is, *m.*

FIRMAMENT, *nom*, firmament-um, i. *n.*

FLATTERIE, *nom*, blanditi-a, æ, *f.*

FLÉCHIR, *verbe*, flect-ĕre, o, is, flex-i, flex-um, *act.*

FLEUR, *nom*, flos, flor-is, *m.*

FLEURI, *adj.*, florid-us, a, um.

FLEUVE, *nom*, fluvi-us, i, *m.*

FLORISSANT, *adj.*, florens, florent-is.

FLOT, *nom*, fluct-us, ûs, *m.*

FOI, *nom*, fid-es, ei, *f.*

FORCE, *nom*, vis, vis, *f.*; *au pl.* vir-es, ium.

FORCÉ, *adj.*, coact-us, a, um.

FORÊT, *nom*, silv-a, æ, *f.*

FORMER LE DESSEIN, *verbe*, consili-um in-ire, eo, is, iniv-i, init-um, *act.*

1 FORT, *adj.*, fort-is, is, e.

2 FORT, *adv.*, *se rend par le superl. de l'adj. suivant, ou par* valde *avec le posit.*

FORTIFIER, *verbe*, mun-ire, io, is, muniv-i, munit-um, *act.*

FOU, FOLLE, *adj.*, insan-us, a, um.

FOUDRE, *nom*, fulm-en, in-is, *n.*

FOULE, *nom*, turb-a, æ, *f.*

FOURBE, *adj.*, fallax, fallac-is.

FOURMILLER, *verbe*, scat-ēre, eo, es, *n.*, *abl.*

FRANC, *adj.*, ver-us, a, um.

FRANÇAIS, *adj.*, gallic-us, a, um.

FRAPPER, *verbe*, percut-ĕre, io, is, percuss-i, percuss-um, *act.*

FRÈRE, *nom*, frater, fratr-is, *m.*

FROID, *nom*, frig-us, or-is, *n.*

FRONDE, *nom*, fund-a, æ, *f.*

FRUIT, *nom*, fruct-us, ûs, *m.*

FUIR, *verbe*, fug-ĕre, io, is, fug-i, fugit-um, *n.*

FUITE, *nom*, fug-a, æ, *f.* — *Prendre la fuite,* fugam ca-pess-ĕre, o, is, capessiv-i, capessit-um.

FUNESTE, *adj.*, funest-us, a, um.

FUNÉRAILLES, *nom*, exsequi-æ, arum, *f. pl.*

FUTUR, *adj.*, futur-us, a, um.

GAGNER, *verbe*, lucr-ari, or, aris, lucrat-us sum, *dép.*, *acc.*

GARDER, *verbe*, serv-are, o, as, servav-i, servat-um, *acc.*

GÉANT, *nom*, gigas, gigant-is, *m.*

GÉMIR, *verbe*, gem-ĕre, o, is, gemu-i, gemit-um, *n.*

GENDRE, *nom*, gener, i, *m.*

GÉNÉRAL, *nom*, dux, duc-is, *m.*

GÉNIE, *nom*, ingeni-um, i, *n.*

GENRE, *nom*, gen-us, er-is, *n.*

GENS, *nom.* — *Les jeunes gens,* adolescent-es, ium, *m. pl.*

GÉOGRAPHIE, *nom*, geographi-a, æ, *f.*

GÉOMÈTRE, *nom*, geometr-a, æ, *m.*

GÉOMÉTRIE, *nom*, geometri-a, æ, *f.*

GIBIER, *nom*, venati-o, on-is, *f.*

GIGANTESQUE, *adj.*, ingens, *gén.* ingent-is.

GLADIATEUR, *nom*, gladiator, is, *m.*

GLOIRE, *nom*, glori-a, æ, *f.*

GLORIEUX, *adj.*, glorios-us, a, um.

GLORIFIER (SE), *verbe*, glori-ari, or, aris, gloriat-us sum, *dép.*, *abl.*

GOURMANDISE, *nom*, ingluvi-es, ei, *f.*

GOUT, *nom.* — *Avoir du goût pour,* tournez : *être ayant du goût pour,* esse studios-um, am, um, *gén.*

GOUTER, *verbe*, gust-are, o, as, gustav-i, gustat-um, *act.*

GOUVERNER, *verbe*, reg-ĕre, o, is, rex-i, rect-um, *act.*

1 GRACE, *nom*, grati-a, æ, *f.*

2 GRACES (*remercîments*), *nom*, grati-æ, arum, *f. pl.*

— *Rendre grâces*, gratias ag-ère, o, is, eg-i, act-um.
GRAMMAIRE, *nom*, grammatic-a, æ, *f*.
GRAND, *adj*., magn-us, a, um. *Comp*. major; *superl*. maximus.
GRAVE, *adj*., grav-is, is, e.
GREC, *adj*., græc-us, a, um.
GUÉRIR, *verbe*, san-are, o, as, sanav-i, sanat-um, *act*.
GUERRE, *nom*, bell-um, i, *n*. — *Faire la guerre*, bellum ger-ère, o, is, gess-i, gestum.
GUERRIER, *nom*, bellator, is, *m*.

HABILE, *adj*., perit-us, a, um, *gén*.
HABITANT (*d'une ville*), *nom*, civ-is, is, *m*.
HACHE, *nom*, secur-is, is, *f*.
HAINE, *nom*, odi-um, i, *n*.
HAÏR, *verbe*, od-isse, od-i, isti, *act*. (*voyez la gramm*.). — *Haïr mortellement*, capitali odio od-isse, *act*.
HAÏSSABLE, *adj*., odio dign-us, a, um.
HARANGUER, *verbe*, alloqu-i, or, ĕris, allocut-us sum, *dép*., *acc*.
HARDI, *adj*., audax, audac-is.
HAUT, *adj*., alt-us, a, um. — *Le Très-Haut*, Altissim-us, i, *m*.
HAUTEMENT, *adv*., aperte.
HERBE, *nom*, herb-a, æ, *f*.
HÉRITIER, *nom*, heres, hered-is, *m*.
HÉRODIEN, *adj*., herodian-us, a, um.
HEURE, *nom*, hor-a, æ, *f*. — *Tout à l'heure, adv*., statim.
HEUREUSEMENT, *adv*., feliciter. *Comp*. felicius; *superl*. felicissime.
HEUREUX, *adj*., felix, felic-is.
HIBOU, *nom*, bub-o, on-is, *m*.
HIER, *adv*., heri.
HIRONDELLE, *nom*, hirund-o, in-is, *f*.
HISTOIRE, *nom*, histori-a, æ, *f*.
HIVER, *nom*, hiems, hiem-is, *f*.
HOMICIDE, *nom*, homicid-a, æ, *m*.
HOMME (*en général*), *nom*, hom-o, in-is, *m*. — *Homme* (*de mérite*), vir, vir-i, *m*. — *Jeune homme*, adolescens, adolescent-is, *m*.
HONNEUR, *nom*, honor, is, *m*.
HONORABLE, *adj*., honorific-us, a, um. *Comp*. honorificentior; *superl*. honorificentissimus.
HONORER, *verbe*, col-ère, o, is, colu-i, cult-um, *act*.
HONTEUX, *adj*., turp-is, is, e.
HORRIBLE, *adj*., horribil-is, is, e (*sans superl*.).
HORS DE, *prép*., extra, *acc*.
HUILE, *nom*, ole-um, i, *n*.
HUMAIN, *adj*., human-us, a, um.
HUMBLE, *adj*., humil-is, is, e. *Comp*. humilior; *superl*. humillimus.
HUMILIÉ, *part*., abject-us, a, um.
HUMILITÉ, *nom*, humilitas, humilitat-is, *f*.
HYMNE, *nom*, hymn-us, i, *m*.

Hypocrite, *nom*, hypocrit-a, æ, *m*.

Idolatre, *adj.*, idololatr-a, æ, *m*.

Ignominieusement, *adv.*, probrose.

Ignominieux, *adj.*, turp-is, is, e.

Ignorer, *verbe*, fall-ĕre, o, is, fefell-i, fals-um; fug-ĕre, io, is, fug-i, fugit-um; præterire, eo, is, præteri-i, præterit-um. (*Avec ces trois verbes, le nom de la chose que l'on ignore est sujet et se met au nomin.; le nom de la pers. est régime direct et se met à l'acc.*)

Il, *pron.*, ill-e, ill-a, ill-ud; is, ea, id.

Illustre, *adj.*, illustr-is, is, e.

Imiter, *verbe*, imit-ari, or, aris, imitat-us sum, *dép.*, *acc.*

Immobile, *adj.*, immobil-is, is, e.

Immoler, *verbe*, immol-are, o, as, immolav-i, immolat-um, *act.*

Immonde, *adj.*, immund-us, a, um.

Immortel, *adj.*, immortal-is, is, e.

Impie, *adj.*, impi-us, a, um (*sans comp. ni superl.*).

Implorer, *verbe*, implor-are, o, as, implorav-i, implorat-um, *act.*

Imprudent, *adj.*, imprudens, imprudent-is.

Impudique, *adj.*, impudic-us, a, um.

Impur, *adj.*, immund-us, a, um.

Incestueux, *adj.*, incest-us, a, um.

Incompatible, *adj.*, repugnans, repugnant-is.

Inconciliable, *adj.*, insociabil-is, is, e.

Incroyable, *adj.*, incredibil-is, is, e.

Indigne, *adj.*, indign-us, a, um, *abl.*

Indignement, *adv.*, indigne.

Indocile, *adj.*, indocil-is, is, e.

Indulgence, *nom*, indulgenti-a, æ, *f.*

Industrieux, *adj.*, industri-us, a, um (*sans comp. ni superl.*).

Inexorable, *adj.*, inexorabil-is, is, e.

Inflexible, *adj.*, inflexibil-is, is, e.

Infliger, *verbe*, impon-ĕre, o, is, imposu-i, imposit-um, *act.*

Infortuné, *adj.*, infelix, infelic-is.

Ingénieux, *adj.*, ingenios-us, a, um.

Inhumain, *adj.*, inhuman-us, a, um.

Inhumanité, *nom*, inhumanitas, inhumanitat-is, *f.*

Injure, *nom*, contumeli-a, æ, *f.*; injuri-a, æ, *f.*

Injurieux, *adj.*, contumelios-us, a, um.

Injustement, *adv.*, inique, immerito.

Innocent, *adj.*, innocens, innocent-is.

Innombrable, *adj.*, innumer-us, a, um.

INOPINÉ, *adj.*, improvis-us, a, um.

INOUÏ, *adj.*, inaudit-us, a, um.

INQUIET, *adj.*, sollicit-us, a, um.

INQUIÉTUDE, *nom*, sollicitud-o, in-is, *f.*

INSENSÉ, *adj.*, stult-us, a, um.

INSÉPARABLE, *adj.*, individu-us, a, um.

INSTRUIRE, *verbe*, erud-ire, io, is, erudiv-i, erudit-um, *act.*

INSULTER, *verbe*, insult-are, o, as, insultav-i, insultat-um, *n.*, *dat.*

INSUPPORTABLE, *adj.*, intolera-bil-is, is, e.

INTÈGRE, *adj.*, integer, integr-a, um. *Comp.* integrior; *superl.* integerrimus.

INTERPRÉTER, *verbe*, interpret-ari, or, aris, interpretat-us sum, *dép.*, *acc.*

INTRÉPIDE, *adj.*, fort-is, is, e.

INVENTER, *verbe*, excogit-are, o, as, excogitav-i, excogitat-um, *act.*

INVINCIBLE, *adj.*, invict-us, a, um.

INVOQUER, *verbe*, invoc-are, o, as, invocav-i, invocat-um, *act.*

IRRITÉ, *adj.*, irat-us, a, um.

JALOUX, *adj.*, invid-us, a, um.

JAMAIS *avec une négation* (*ne... jamais*), *adv.*, nunquam, *et l'on ne rend pas* ne.

JAVELOT, *nom*, jacul-um, i, *n.*

JE, *pron.*, ego, *gén.* mei.

JÉSUS, *nom*, Jes-us, u, *m.*

JEU, *nom*, lud-us, i, *m.*

JEUNE, *adj.*, juven-is, is, e. *Comp.*, junior. — *Jeune homme, jeunes gens*, voyez HOMME et GENS.

JOIE, *nom*, gaudi-um, i, *n.*

JOLI, *adj.*, venust-us, a, um.

JOUG, *nom*, jug-um, i, *n.*

JOUIR, *verbe*, fru-i, or, ĕris, fruit-us sum, *dép.*, *abl.*

JOUISSANCE, *nom*, voluptas, voluptat-is, *f.*

JOUR, *nom*, di-es, ei, *m.* — *Un jour*, *adv.*, olim.

JOYEUX, *adj.*, læt-us, a, um.

JUDAÏQUE, *adj.*, judaic-us, a, um.

JUGE, *nom*, judex, judic-is, *m.*

JUGEMENT, *nom*, judici-um, i, *n.*

JUGER, *verbe*, judic-are, o, as, judicav-i, judicat-um, *act.*

JUIF, *adj.*, judæ-us, a, um.

JURER, *verbe*, jur-are, o, as, jurav-i, jurat-um, *n.*

JUSQUE, *adv.*, usque.

JUSTE, *adj.*, just-us, a, um.

JUSTEMENT, *adv.*, merito.

JUSTICE, *nom*, justiti-a, æ, *f.*

LABORIEUX, *adj.*, studios-us, a, um.

LACHE, *adj.*, ignav-us, a, um.

LAISSER, *verbe*, relinqu-ĕre, o, is, reliqu-i, relict-um, *act.*

LAIT, *nom*, lac, lact-is, *n.*

LAMPE, *nom*, lampas, lampad-is, *f.*

LANCE, *nom*, lance-a, æ, *f.*

LANGUE, *nom*, lingu-a, æ, *f.*

LANGUISSANT, *adj.*, languid-us, a, um.

LAPIDER, *verbe*, lapid-are, o, as, lapidav-i, lapidat-um, *act.*; lapidibus obru-ĕre, o, is, obru-i, obrut-um, *act.*
LARGE, *adj.*, lat-us, a, um.
LARME, *nom*, lacrim-a, æ, *f.*
LARRON, *nom*, latr-o, on-is, *m.*
LATIN, *adj.*, latin-us, a, um.
LAVER, *verbe*, lav-are, o, as, lavav-i (*rare*), lavat-um, *act.*
LÉGAL, *adj.*, legal-is, is, e.
LÉGAT, *nom*, legat-us, i, *m.*
LÉGER, *adj.*, lev-is, is, e.
LENTEUR, *nom*, cunctati-o, on-is, *f.*
LENTILLE, *nom*, lens, lent-is, *f.*
LETTRE, *nom*, epistol-a, æ, *f.*
LEVER (SE), *verbe*, surg-ĕre, o, is, surrex-i, surrect-um, *n.*
LIBÉRAL, *adj.*, benefic-us, a, um. *Comp.* beneficentior; *superl.* beneficentissimus.
LIÈVRE, *nom*, lep-us, or-is, *m.*
LION, *nom*, le-o, on-is, *m.*
LIRE, *verbe*, leg-ĕre, o, is, leg-i, lect-um, *act.*
LIS, *nom*, lili-um, i, *n.*
LIVRE, *nom*, liber, libr-i, *m.*
LIVRER, *verbe*, trad-ĕre, o, is, tradid-i, tradit-um, *act.* — *Livrer bataille*, pugnam conser-ĕre, o, is, conseru-i, consert-um.
LOI, *nom*, lex, leg-is, *f.*
LONG, *adj.*, long-us, a, um.
LONGTEMPS, *adv.*, diu.
LORSQUE, *conj.*, quum.
LOUABLE, *adj.*, laude dign-us, a, um.
LOUER, *verbe*, laud-are, o, as, laudav-i, laudat-um, *act.*
LOUP, *nom*, lup-us, i, *m.*
LUMIÈRE, *nom*, lux, luc-is, *f.*

MACHINE, *nom*, machin-a, æ, *f.*
MAGE, *nom*, mag-us, i, *m.*
MAGNIFIQUE, *adj.*, magnific-us, a, um.
MAIN, *nom*, man-us, ûs, *f.*
MAINTENANT, *adv.*, nunc.
MAIS, *conj.*, sed, verum; autem *ou* vero, *après le premier mot du membre de phrase.*
MAISON, *nom*, dom-us, ûs, *f.*
1 MAÎTRE (*qui enseigne*), *nom*, magister, magistr-i, *m.*
2 MAÎTRE (*seigneur*), domin-us, i, *m.* — *Se rendre maître*, pot-iri, ior, iris, potit-us sum, *dép.*, *abl.*
MAJESTUEUX, *adj.*, magnific-us, a, um.
MAL, *nom*, mal-um, i, *n.*
MALADE, *adj.*, æger, ægr-a, um.
MALADIE, *nom*, morb-us, i, *m.*
MALHEUR, *nom*, calamitas, calamitat-is, *f.*
MALHEUREUSEMENT, *adv.*, infeliciter.
MALHEUREUX, *adj.*, infelix, infelic-is.
MANGER, *verbe*, manduc-are, o, as, manducav-i, manducat-um, *act.*
1 MANQUER A, *verbe*, deesse, desum, dees, defu-i, *dat.*
2 MANQUER DE, *verbe*, car-ēre, eo, es, caru-i, *n.*, *abl.*
MARCHER, *verbe*, ambul-are,

o, as, ambulav-i, ambulat-um, *n.*

Marque, *nom*, sign-um, i, *n.*

Martyr, *nom*, martyr, is, *m.*

Martyre, *nom*, martyri-um, i, *n.*

Matelot, *nom*, naut-a, æ, *m.*

Maudire, *verbe*, maledic-ĕre, o, is, maledix-i, maledict-um, *n.*, *dat.*

Mauvais, *adj.*, mal-us, a, um. *Comp.*, pejor; *superl.*, pessimus.

Méchant, *adj.*, improb-us, a, um.

Médecin, *nom*, medic-us, i, *m.*

Médecine, *nom*, medicin-a, æ, *f.*

Meilleur, *adj.*, meli-or, us. — *Le meilleur* (*superl.*), optim-us, a, um.

Membre, *nom*, membr-um, i, *n.*

Même (le), *adj.*, idem, eadem, idem.

Menaçant, *adj.*, minax, minac-is.

1 Menacer (*avec un nom de pers. pour suj.*), *verbe*, minari, or, aris, minat-us sum, *dép.*, *dat.*

2 Menacer (*avec un nom de chose pour suj.*), *verbe*, immin-ēre, eo, es, imminu-i, *n.*, *dat.*

Mendier, *verbe*, emendic-are, o, as, emendicav-i, emendicat-um, *n.*

Mensonge, *nom*, mendaci-um, i, *n.*

Menteur, *adj.*, mendax, mendac-is.

Mépris, *nom*, contempt-us, ûs, *m.*

Mépriser, *verbe*, spern-ĕre, o, is, sprev-i, spret-um, *act.*

Mer, *nom*, mar-e, is, *n.*

Mère, *nom*, mater, matr-is, *f.*

Mets, *nom*, cib-us, i, *m.*

Mettre a mort, *verbe*, occid-ĕre, o, is, occid-i, occis-um, *act.*

Mettre en colère (se), *verbe*, irasc-i, or, ĕris, irat-us sum, *dép.*, *dat.*

Meurtrier, *nom*, interfector, is, *m.*

Miel, *nom*, mel, mell-is, *n.*

Militaire, *adj.*, militar-is, is, e.

Miracle, *nom*, miracul-um, i, *n.*

Misérable, *adj.*, miser, miser-a, um.

Miséricorde, *nom*, misericordi-a, æ, *f.*

Miséricordieux, *adj.*, misericors, misericord-is.

Modèle, *nom*, exemplar, is, *n.*

Modeste, *adj.*, modest-us, a, um.

Moi, me, *pron.*, ego, *gén.* mei.

Moins, *adv.*, minùs.

Moisson, *nom*, mess-is, is, *f.*

Moissonner, *verbe*, met-ĕre, o, is, messu-i, mess-um, *n.*

Momentané, *adj.*, brev-is, is, e.

Mon, *adj.*, me-us, a, um.

Monde, *nom*, mund-us, i, *m.*

Montagne, *nom*, mons, mont-is, *m.*

Montrer, *verbe*, exhib-ēre, eo, es, exhibu-i, exhibit-um, *act.*

MORDRE, *verbe*, mord-ēre, eo, es, momord-i, mors-um, *n.*

1 MORT (*action de mourir*), *nom*, mors, mort-is, *f.*

2 MORT (*celui qui est mort*), *nom*, mortu-us, i, *m.*

MORTEL, *adj.*, mortal-is, is, e.

MORTELLEMENT, *adv.*, mortifere.

MOU, MOLLE, *adj.*, moll-is, is, e.

MOUCHE, *nom*, musc-a, æ, *f.*

MOURIR, *verbe*, mor-i, ior, ěris, mortu-us sum, *dép.*

MOYEN, *nom*, rati-o, on-is, *f.*; facultas, facultat-is, *f.*

MUET, *adj.*, mut-us, a, um.

MULTITUDE, *nom*, vulg-us, i, *n.*

MUSIQUE, *nom*, music-e, es, *f.*

MYRTE, *nom*, myrt-us, i, *f.*

MYSTÈRE, *nom*, mysteri-um, i, *n.*

MYSTÉRIEUX, *adj.*, mystic-us, a, um.

NAGER, *verbe*, n-are, o, as, nav-i, nat-um, *n.*

NAÏF, *adj.*, ingenu-us, a, um.

NAÎTRE, *verbe*, nasc-i, or, ěris, nat-us sum, *dép.*

NATION, *nom*, gens, gent-is, *f.*

NATURE, *nom*, natur-a, æ, *f.*

NATUREL, *nom*, indol-es, is, *f.*

NE PAS, NE POINT, *adv.*, non ou haud. — *Ne jamais*, nunquam.

NÉCESSAIRE, *adj.*, necessarius, a, um (*sans comp. ni superl.*).

NÉGLIGENCE, *nom*, negligentia, æ, *f.*

NÉGLIGER, *verbe*, neglig-ěre, o, is, neglex-i, neglect-um, *act.*

NETTOYER, *verbe*, purg-are, o, as, purgav-i, purgat-um, *act.*

NI, *adv.*, nec *ou* neque.

NOIR, *adj.*, ater, atr-a, um.

NOM, *nom*, nom-en, in-is, *n.*

NOMBRE, *nom*, numer-us, i, *m.*

NOMMER, *verbe*, nomin-are, o, as, nominav-i, nominat-um, *act.*

NON, *adv.*, non. — *Non-seulement*, non tantum.

NOTRE, *adj.*, noster, nostr-a, um.

NOURRIR (SE), *verbe*, vesc-i, or, ěris, *dép.*, *abl.*

NOURRITURE, *nom*, aliment-um, i, *n.*

NOUS, *pron.*, nos, *gén.*, nostrum *ou* nostri.

NOUVEAU, NOUVELLE, *adj.*, nov-us, a, um. — *De nouveau*, *adv.*, rursus, iterum,

NOUVELLE, *nom*, nunti-us, i, *m.*

NU, *adj.*, nud-us, a, um.

NUIRE, *verbe*, noc-ēre, eo, es, nocu-i, *n.*, *dat.*

NUISIBLE, *adj.*, noxi-us, a, um (*sans comp. ni superl.*).

NUIT, *nom*, nox, noct-is, *f.*

OBÉIR, *verbe*, par-ēre, eo, es, paru-i, parit-um, *n.*, *dat.*

OBÉISSANT, *adj.*, obediens, obedient-is.

OBSCUR, *adj.*, obscur-us, a, um.

OBSERVANCE, *nom*, rit-us, ûs, *m.*

OBTENIR, *verbe*, obtin-ēre, eo, es, obtinu-i, obtent-um,

act.; assequ-i, or, ĕris, assecut-us sum, *dép.*, *acc.*

OCCASION, *nom*, occasi-o, onis, *f.*

ODEUR, *nom*, odor, is, *m.*

ODORIFÉRANT, *adj.*, fragrans, fragrant-is.

ŒIL, *nom*, ocul-us, i, *m.*

ŒUVRE, *nom*, op-us, er-is, *n.*

OFFENSER, *verbe*, offend-ĕre, o, is, offend-i, offens-um, *act.*

OFFRANDE, *nom*, oblati-o, onis, *f.*

OFFRIR, *verbe*, offerre, offer-o, offers, obtul-i, oblat-um, *act.*

OISEAU, *nom*, av-is, is, *f.*

OISIF, *adj.*, otios-us, a, um.

OISIVETÉ, *nom*, oti-um, i, *n.*

OMBRE, *nom*, umbr-a, æ, *f.*

OPÉRER, *verbe*, ed-ĕre, o, is, edid-i, edit-um, *act.*

OPPROBRE, *nom*, contumeli-a, æ, *f.*

OR, *nom*, aur-um, i, *n.*

ORATEUR, *nom*, orator, is, *m.*

ORDRE (*commandement*), *nom*, mandat-um, i, *n.*

ORGUEIL, *nom*, superbi-a, æ, *f.*

ORGUEILLEUX, *adj.*, superb-us, a, um.

OSER, *verbe*, aud-ĕre, eo, es, aus-us sum, *irrégul.*

OU, *conj.*, vel, aut.

OUBLIER, *verbe*, oblivisc-i, or, ĕris, oblit-us sum, *dép.*, *gén. ou acc.*

OURS, *nom*, urs-us, i, *m.*

OUTRAGE, *nom*, contumeli-a, æ, *f.*

OUVRAGE, *nom*, op-us, er-is, *n.*

OUVRIR, *verbe*, aper-ire, io, is, aperu-i, apert-um, *act.*

PACIFIQUE, *adj.*, pacific-us, a, um.

PAÏEN, *nom*, ethnic-us, i, *m.*

PAILLE, *nom*, pale-a, æ, *f.*

PAIN, *nom*, pan-is, is, *m.*

PAIX, *nom*, pax, pac-is, *f.*

PAR, *prép.*, per, *acc.*

PARAÎTRE, *verbe*, vid-ēri, eor, eris, vis-us sum, *dép.*

PARCOURIR, *verbe*, lustr-are, o, as, lustrav-i, lustrat-um, *act.*

PARDON, *nom*, veni-a, æ, *f.*

PARDONNER, *verbe*, ignosc-ĕre, o, is, ignov-i, ignot-um, *act.*

PARENTS, *nom*, parent-es, um, *m. pl.*

PARESSE, *nom*, pigriti-a, æ, *f.*

PARESSEUX, *adj.*, piger, pigra, um.

PARJURER (SE), *verbe*, pejerare, o, as, pejerav-i, pejerat-um, *n.*

PARLER, *verbe*, loqu-i, or, ĕris, locut-us sum, *dép.*

PARMI, *prép.*, inter, *acc.*

PAROLE, *nom*, verb-um, i, *n.*

PARTAGE, *nom*, pars, part-is, *f.*

PARTIE, *nom*, pars, part-is, *f.*

PARTIR, *verbe*, proficisc-i, or, ĕris, profect-us sum, *dép.*

PAS (NE), *adv.*, non, haud.

PASSAGER, *adj.*, fugitiv-us, a, um.

PASSION, *nom*, libid-o, in-is, *f.*

PATIENCE, *nom*, patienti-a, æ, *f.*

PATIENT, *adj.*, patiens, patient-is.

PATRIARCHE, *nom*, patriarch-a, æ, *m*.
PATRIE, *nom*, patri-a, æ, *f*.
PAUVRE, *adj*., pauper, is.
PAUVRETÉ, *nom*, paupertas, paupertat-is, *f*.
PÉCHÉ, *nom*, peccat-um, i, *n*.
PÉCHER, *verbe*, pecc-are, o, as, peccav-i, peccat-um, *n*.
PÉCHEUR (*qui fait des péchés*), *nom*, peccator, is, *m*.
PÊCHEUR (*qui prend des poissons*), *nom*, piscator, is, *m*.
PEINE, *nom*, pœn-a, æ, *f*.
PEINTURE, *nom*, pictur-a, æ, *f*.
PENDANT, *prép*., per, *acc*.
PÉNITENCE, *nom*, pœnitenti-a, æ, *f*. — *Faire pénitence*, pœnitentiam ag-ĕre, o, is, eg-i, act-um.
PÉNITENT, *adj*., pœnitens, pœnitent-is.
PENSER, *verbe*, put-are, o, as, putav-i, putat-um, *act*.
PERDRE, *verbe*, perd-ĕre, o, is, perdid-i, perdit-um, *act*.
PÈRE, *nom*, pater, patr-is, *m*.
PERFIDE, *adj*., perfid-us, a, um.
PERFIDIE, *nom*, perfidi-a, æ, *f*.
PÉRIR, *verbe*, per-ire, eo, is, peri-i, perit-um, *n*.
PERMISSION, *nom*, licenti-a, æ, *f*.
PERSÉCUTER, *verbe*, vex-are, o, as, vexav-i, vexat-um, *act*.
PERSÉCUTEUR, *nom*, vexator, is, *m*.
PERSONNE, *pron*., nem-o, in-is.
PERSONNAGE, *nom*, vir, vir-i, *m*.
PESTE, *nom*, pest-is, is, *f*.
PETIT, *adj*., parv-us, a, um. *Comp*., minor ; *superl*., minimus.
PEUPLE, *nom*, popul-us, i, *m*.
PEUT-ÊTRE, *adv*., fortasse.
PHARISIEN, *nom*, pharisæ-us, i, *m*.
PHILOSOPHE, *nom*, philosoph-us, i, *m*.
PHILOSOPHIE, *nom*, philosophi-a, æ, *f*.
PHYSIONOMIE, *nom*, speci-es, ei, *f*.
PIED, *nom*, pes, ped-is, *m*.
PIÉTÉ, *nom*, pietas, pietat-is, *f*.
PIEUX, *adj*., pi-us, a, um (*sans comp. ni superl*.).
PIRE, *adj*., pej-or, us.
PITIÉ, *nom*, misericordi-a, æ, *f*. — *Avoir pitié*, miser-ēri, eor, eris, misert-us sum, *gén*.
PLACE, *nom*, loc-us, i, *m*. *Au plur*. : loc-a, orum, *n*.
PLAINTIF, *adj*., querul-us, a, um.
PLAIRE, *verbe*, plac-ēre, eo, es, placu-i, placit-um, *n*., *dat*.
PLAISANTER, *verbe*, cavill-ari, or, aris, cavillat-us sum, *dép*.
PLAISIR, *nom*, voluptas, voluptat-is, *f*. — *Faire plaisir*, juv-are, o, as, juv-i, jut-um, *act*.
PLAT, *nom*, pulment-um, i, *n*.
PLEIN, *adj*., plen-us, a, um. — *Plein d'admiration pour*, mirabund-us, a, um, *acc*.
PLEINEMENT, *adv*., plane.

PLEURER, *verbe*, fl-ēre, eo, es, flev-i, flet-um. *act.*

PLUS, *adv.*, *se rend par le compar. de l'adj. suivant, ou par* magis *avec le positif.* — *Plus tôt, adv.* citius.

PLUSIEURS, *adj.*, mult-i, æ, a.

PLUVIEUX, *adj.*, pluvios-us, a, um.

POETE, *nom*, poet-a, æ, *m.*

POIGNARDER, *verbe*, pugione percut-ĕre, io, is, percuss-i, percuss-um, *act.*

POINT (NE), *adv.*, non.

POISSON, *nom*, pisc-is, is, *m.*

POMME, *nom*, mal-um, i, *n.*

PONTIFE, *nom*, pontifex, pontific-is, *m.*

PORC, *nom*, sus, su-is, *m.* — *De porc*, suill-us, a, um, *adj.*

PORTÉ A, *adj.*, propens-us, a, um, *acc. avec* ad.

PORTER, *verbe*, ferre, fer-o, fers, tul-i, lat-um, *act.* — *Porter envie*, invid-ēre, eo, es, invid-i, invis-um, *n.*, *dat.*

POSSÉDER, *verbe*, possid-ēre, eo, es, possed-i, possess-um, *act.*

POURQUOI, *adv.*, cūr. — *C'est pourquoi, conj.* quare.

POURSUIVRE, *verbe*, insequ-i, or, ĕris, insecut-us sum, *dép.*, *acc.*

1 POUVOIR, *nom*, potestas, potestat-is, *f.*

2 POUVOIR, *verbe*, posse, possum, pot-es, potu-i, *act.* — *Ne pouvoir pas*, nequire, nequ-eo, is, nequiv-i.

PRATIQUER, *verbe*, exerc-ēre, eo, es, exercu-i, exercit-um, *act.*

PRÉCEPTE, *nom*, præcept-um, i, *n.*

PRÊCHER, *verbe*, prædic-are, o, as, prædicav-i, prædicat-um, *act.*

PRÉCIEUX, *adj.*, pretios-us, a, um.

PRÉCURSEUR, *nom*, præcursor, is, *m.*

PRÉFÉRER, *verbe*, antepon-ĕre, o, is, anteposu-i, anteposit-um, *act.*: *rég. ind. au dat.*

PRÉMATURÉ, *adj.*, immatur-us, a, um.

PREMIER, *adj.*, prim-us, a, um.

PREMIÈREMENT, *adv.*, primum.

PRENDRE, *verbe*, cap-ĕre, io, is, cep-i, capt-um, *act.* — *Prendre la fuite*, fugam capess-ĕre, o, is, capessiv-i, capessit-um. — *Prendre une ville*, urbem expugn-are, o, as, expugnav-i, expugnat-um, *act.*

PRÉSENCE (EN), *prép.*, coram, *abl.*

1 PRÉSENT, *nom*, don-um, i, *n.*

2 PRÉSENT (ÊTRE), *verbe*, adesse, sum, es, adfu-i, *n.*, *dat.*

PRÉSENTER, *verbe*, offerre, offer-o, offers, obtul-i, oblat-um, *act.*

PRÉSIDER, *verbe*, præesse, præ-sum, es, præfu-i, *n.*, *dat.*

PRESQUE, *adv.*, ferme.

PRÊTRE, *nom*, sacerdos, sacerdot-is, *m.* — *Grand prêtre*, summus sacerdos, *m.*

PRIER, *verbe*, or-are, o, as, orav-i, orat-um, *act.*

PRIÈRE, *nom*, orati-o, on-is, *f*.
PRINCE, *nom*, princeps, princip-is, *m*.
PRISON, *nom*, carcer, is, *m*.
PRIX, *nom*, preti-um, i, *n*.
PROCHAIN, *adj*., proxim-us, a, um.
PRODUIRE, *verbe*, ferre, fer-o, fers, tul-i, lat-um, *act*.
PROFOND, *adj*., summ-us, a, um.
PROJET, *nom*, consili-um, i, *n*.
PROMENADE, *nom*, deambulatio, on-is, *f*.
PROMETTRE, *verbe*, promittĕre, o, is, promis-i, promiss-um, *act*.
PROMPT, *adj*., celer, celer-is, e. — *Prompt à*, pron-us, a, um, *acc. avec* ad.
PRONONCER, *verbe*, proferre, profer-o, profers, protul-i, prolat-um, *act*.
PROPHÈTE, *nom*, prophet-a, æ, *m*.
PROPHÉTESSE, *nom*, vat-es, is, *f*.
PROPOS, *nom*, serm-o, on-is, *m*.
PROPRE A *ou* POUR, *adj*., apt-us, a, um; idone-us, a, um, *acc. avec* ad, *ou dat*.
PROVERBE, *nom*, proverbi-um, i, *n*.
PROVINCE, *nom*, provinci-a, æ, *f*.
PRUDENCE, *nom*, prudenti-a, æ, *f*.
PRUDENT, *adj*., prudens, prudent-is.
PUISSANT, *adj*., potens, potent-is.
PUNIR, *verbe*, pun-ire, io, is, puniv-i, punit-um, *act*.

14.

PUPILLE, *nom*, pupill-us, i, *m*.
PUR, *adj*., pur-us, a, um.
PURETÉ, *nom*, munditi-a, æ, *f*.

QUALITÉ, *nom*, dos, dot-is, *f*.
QUAND, *conj*., quum.
QUATRE, *adj*., quatuor, *indécl*.
QUE, *conj*., *après un comp*., quàm.
QUELQU'UN, *pron*., aliquis, aliqua, aliquid.
QUELQUEFOIS, *adv*., aliquando.
QUI, QUE, *pron*., qui, quæ, quod.
QUITTER, *verbe*, relinqu-ĕre, o, is, reliqu-i, relict-um, *act*.

RACONTER, *verbe*, narr-are, o, as, narrav-i, narrat-um, *act*.
RADOTEUR, *adj*., delirans, delirant-is.
RAISIN, *nom*, uv-a, æ, *f*.
RAPIDE, *adj*., rapid-us, a, um.
RAPPORTER, *verbe*, referre, refer-o, refers, retul-i, relat-um, *act*.
RARE, *adj*., rar-us, a, um.
RAVAGEANT, *part*., populabund-us, a, um, *acc*.
REBELLE, *adj*., rebell-is, is, e.
RECEVOIR, *verbe*, recip-ĕre, io, is, recep-i, recept-um, *act*.
RECHERCHER, *verbe*, exquirĕre, o, is, exquisiv-i, exquisit-um, *act*.
RÉCOMPENSE, *nom*, præmi-um, i, *n*.
RECOUVRER, *verbe*, recip-ĕre, io, is, recep-i, recept-um *act*.
RÉDEMPTEUR, *nom*, redemptor, is, *m*.
REDOUTABLE, *adj*., formidand-

us, a, um (*sans comp. ni superl.*).

REDOUTER, *verbe*, reformid-are, o, as, reformidav-i, reformidat-um, *act.*

REDRESSER, *verbe*, corrig-ĕre, o, is, correx-i, correct-um, *act.*

REFUSER, *verbe*, neg-are, o, as, negav-i, negat-um, *act.*; renu-ĕre, o, is, renu-i, *n.*

RÉFUTER, *verbe*, refell-ĕre, o, is, refell-i (*sans supin*), *act.*

REGARD, *nom*, ocul-us, i, *m.*

REGARDER, *verbe*, respic-ĕre, io, is, respex-i, respect-um, *act.*

RÈGLE, *nom*, regul-a, æ, *f.*

RÉGLER, *verbe*, ordin-are, o, as, ordinav-i, ordinat-um, *act.*

RÈGNE, *nom*, regn-um, i, *n.*

RÉGNER, *verbe*, regn-are, o, as, regnav-i, regnat-um, *n.*

REGORGER, *verbe*, afflu-ĕre, o, is, afflux-i, *n.*, *abl.*

REGRETTER, *verbe*, lug-ēre, eo, es, lux-i, luct-um, *act.*

REINE, *nom*, regin-a, æ, *f.*

REJETER, *verbe*, rejic-ĕre, io, is, rejec-i, reject-um, *act.*

RÉJOUIR (SE), *verbe*, gaud-ēre, eo, es, gavis-us sum, *n. irrég.*, *abl.*

1 RELEVER, *verbe*, restitu-ĕre, o, is, restitu-i, restitut-um, *act.*

2 RELEVER (SE), *verbe*, surg-ĕre, o, is, surrex-i, surrect-um, *n.*

REMARQUABLE, *adj.*, conspicu-us, a, um (*sans comp. ni superl.*).

REMETTRE, *verbe*, remitt-ĕre, o, is, remis-i, remiss-um, *act.*

REMORDS, *nom*, conscientiæ stimul-us, i, *m.*

REMPLI, *adj.*, plen-us, a, um, *gén.* — *Rempli d'admiration pour*, mirabund-us, a, um, *acc.*

REMPORTER, *verbe*, refer-re, o, refers, retul-i, relat-um, *act.*

RENARD, *nom*, vulp-es, is, *f.*

1 RENDRE, *verbe*, redd-ĕre, o, is, reddid-i, reddit-um, *act.* — *Rendre grâces*, gratias ag-ĕre, o, is, eg-i act-um. *Rendre gloire*, gloriam dare, do, das, ded-i, dat-um, *dat.*

2 RENDRE MAÎTRE (SE), *verbe*, pot-iri, ior, iris, potit-us sum, *dép.*, *abl.*

RÉPANDRE, *verbe*, fund-ĕre, o, is, fud-i, fus-um, *act.*

REPENTIR, *nom*, pœnitenti-a, æ, *f.*

REPENTIR (SE), *verbe*, pœnit-ēre, pœnit-et, pœnitu-it, *imp.*, *gén.*

RÉPONDRE, *verbe*, respond-ēre, eo, es, respond-i, respons-um, *act.*, *compl. ind. au dat.*

RÉPONSE, *nom*, respons-um, i, *n.*

REPOS, *nom*, qui-es, et-is, *f.*

REPOUSSER, *verbe*, arc-ēre, eo, es, arcu-i (*sans supin*), *act.*

RÉPRIMANDE, *nom*, objurgati-o, on-is, *f.*

RÉPRIMER, *verbe*, cohib-ēre, eo, es, cohibu-i, cohibit-um, *act.*

RÉPUBLIQUE, *nom*, respublic-a, reipublic-æ, *f.* (res *et* publica se *déclinent*).

RÉPUTATION, *nom*, fam-a, æ, *f.*

RÉSERVÉ (ÊTRE), *verbe*, man-ēre, eo, es, mans-i, mans-um, *act.*

RÉSISTER, *verbe*, resist-ĕre, o, is, restit-i, restit-um, *n.*, *dat.*

RESPECTER, *verbe*, vener-ari, or, aris, venerat-us sum, *dép.*, *acc.*

RESSEMBLER, *verbe* (tournez : *être semblable*), similis esse, sum, es, fu-i.

1 RESSUSCITER (*quelqu'un*), *verbe*, ad vitam revoc-are, o, as, revocav-i, revocat-um, *act.*

2 RESSUSCITER (*revenir à la vie*), *verbe*, revivisc-ĕre, o, is, revix-i (*sans supin*), *n.*

RETENIR, *verbe*, retin-ēre, eo, es, retinu-i, retent-um, *act.*

RETIRER (SE), *verbe*, reced-ĕre, o, is, recess-i, recess-um, *n.*

RETOURNER, S'EN RETOURNER, *verbe*, revert-i, or, ĕris, revers-us sum, *dép.*

REVENIR, *verbe*, reven-ire, io, is, reven-i, *n.*

RICHE, *adj.*, div-es, it-is. *Comp.* ditior; *superl.* ditissimus.

RICHESSES, *nom*, diviti-æ, arum, *f. pl.*

RIEN, *adv.*, nihil.

RIGUEUR, *nom*, rigor, is, *m.*

RIRE, *verbe*, rid-ēre, eo, es, ris-i, ris-um, *n.*

RIVIÈRE, *nom*, amn-is, is, *m.*

ROBE, *nom*, tog-a, æ, *f.*

ROBUSTE, *adj.*, robust-us, a, um.

ROI, *nom*, rex, reg-is, *m.*

ROMAIN, *adj.*, roman-us, a, um.

ROSSIGNOL, *nom*, luscini-a, æ, *f.*

ROYAUME, *nom*, regn-um, i, *n.*

RUDE, *adj.*, asper, asper-a, um.

RUINE, *nom*, ruin-a, æ, *f.*

RUSE, *nom*, dol-us, i, *m.*

RUSÉ, *adj.*, callid-us, a, um.

SACCAGER, *verbe*, dirip-ĕre, io, is, diripu-i, dirept-um, *act.*

SACRIFICE, *nom*, sacrifici-um, i, *n.*

1 SACRILÉGE (*action de profaner les choses saintes*), *nom*, sacrilegi-um, i, *n.*

2 SACRILÉGE (*celui qui profane les choses saintes*), *adj*, sacrileg-us, a, um.

SAGE, *adj.*, sapiens, *gén.* sapient-is.

SAGE-FEMME, *nom*, obstetr-ix, ic-is, *f.*

SAGEMENT, *adv.*, sapienter.

SAGESSE, *nom*, sapienti-a, æ, *f.*

SAINT, *adj.*, sanct-us, a, um.

SAINTETÉ, *nom*, sanctitas, sanctitat-is, *f.*

SALUT, *nom*, salus, salut-is, *f.*

SALUTAIRE, *adj.*, salutar-is, is, e.

SANG, *nom*, sangu-is, in-is, *m.*

SANS, *prép.*, sine *ou* absque, *abl.*

SATISFAIRE, *verbe*, satisfac-ĕre, io, is, satisfec-i, satisfact-um, *n. dat.*

SAUTERELLE, *nom*, locust-a, æ, *f.*

SAUVAGE, *adj.*, agrest-is, is, e.

SAUVER, *verbe*, serv-are, o, as, servav-i, servat-um, *act.*

SAUVEUR, *nom*, salvator, is, *m.*

SAVANT, *adj.*, doct-us, a, um.

1 SAVOIR, *verbe*, sc-ire, io, is, sciv-i, scit-um, *acc.* — *Ne pas savoir*, nesc-ire, io, is, nesciv-i, nescit-um, *act.*

2 SAVOIR (*à savoir*), *adv.* scilicet.

SCÉLÉRAT, *adj.*, scelest-us, a, um.

SCEPTRE, *nom*, sceptr-um, i, *n.*

SCIENCE, *nom*, scienti-a, æ, *f.*

SCULPTURE, *nom*, sculptur-a, æ, *f.*

SE, *pron.*, suî, sibi.

SECOND, *adj.*, secund-us, a, um.

SECOURIR, *verbe*, succurr-ĕre, o, is, succurr-i (*sans supin*), *n.*, *dat.*

SEIGNEUR, *nom*, Domin-us, i, *m.*

SEMBLABLE, *adj.*, simil-is, is, e.

SEMENCE, *nom*, sem-en, in-is, *n.*

SEMER, *verbe*, ser-ĕre, o, is, sev-i, sat-um, *act.*

SÉNAT, *nom*, senat-us, ûs, *m.*

SENTIR, *verbe*, sent-ire, io, is, sens-i, sens-um, *act.*

SEOIR, *verbe*, dec-ere, dec-et, decu-it, *acc.* (*il n'a que la 3ᵉ pers. du sing. et du pluriel*).

SEPT, *adj.*, septem, *indécl.*

SÉPULCRE, *nom*, sepulcr-um, i, *n.*

SERPENT, *nom*, serpens, serpent-is, *m.*

SERVANTE, *nom*, ancill-a, æ, *f.*

1 SERVIR, *verbe*, serv-ire, io, is, servi-i, servit-um, *n.*, *dat.*

2 SERVIR (SE), *verbe*, ut-i, or, ĕris, us-us sum, *dép.*, *abl.*

SERVITEUR, *nom*, serv-us, i, *m.*

SEUL, *adj.*, sol-us, a, um, *gén.* soli-us.

SEULEMENT, *adv.*, tantum; solum.

SÉVÉRITÉ, *nom*, severitas, severitat-is, *f.* — *Avec sévérité*, severe.

SI, *conj.*, si (*gouverne le subj. devant l'imparfait*).

SIED, *voy.* SEOIR.

SINCÈRE, *adj.*, sincer-us, a, um.

SIX, *adj.*, sex, *indécl.*

SOCIÉTÉ, *nom*, societas, societat-is, *f.*

SŒUR, *nom*, soror, is, *f.*

SOIF, *nom*, sit-is, is, *f.*

SOLDAT, *nom*, mil-es, it-is, *m.*

SOLEIL, *nom*, sol, is, *m.*

1 SON, *pron.*, su-us, a, um.

2 SON (*bruit*), *nom*, sonit-us, ûs, *m.*

SONGE, *nom*, somni-um, i, *n.*

SORTIR, *verbe*, ex-ire, eo, is, exiv-i, exit-um, *n.*; egred-i, ior, ĕris, egress-us sum, *dép.*

SOT, *adj.*, stult-us, a, um.

SOUFFRIR, *verbe*, pat-i, ior, ĕris, pass-us sum, *dép.*, *acc.* (On peut aussi tourner par *être souffrant*, patiens esse, *avec le gén.*)

SOULAGER, *verbe*, lev-are, o, as, levav-i, levat-um, *act.*;

sublev-are, o, as, sublevav-i, sublevat-um, *act.*

SOUMIS, *adj.*, obsequens, obsequent-is, *dat.*

SOURD, *adj.*, surd-us, a, um.

SOUS, *prép.*, sub, *abl.*

SOUVENIR (SE), *verbe*, meminisse, memin-i, isti, *défect.*, *gén. ou acc.*; record-ari, or, aris, recordat-us sum, *dép.*, *gén. ou acc.*

SOUVENT, *adv.*, sæpe.

SOUVERAIN, *adj.*, summ-us, a, um.

SPACIEUX, *adj.*, ampl-us, a, um.

STRATAGÈME, *nom*, stratagema, stratagemat-is, *n.*

STYLE, *nom*, styl-us, i, *m.*

SUBIT, *adj.*, subit-us, a, um.

SUBJUGUER, *verbe*, subig-ĕre, o, is, subeg-i, subact-um, *act.*

SUCCÉDER, *verbe*, succed-ĕre, o, is, success-i, success-um, *n.*, *dat.*

SUIVANT, *prép.*, juxta, *acc.*

SUIVRE, *verbe*, sequ-i, or, ĕris, secut-us sum, *dép.*, *acc.*

SUJET, *nom*, caus-a, æ. — *Être le sujet d'une grande joie*, tournez : *être à grande joie.*

SUPERBE, *adj.*, superb-us, a, um.

SUPPLICE, *nom*, supplici-um, i, *n.*

SURNOMMER, *verbe*, cognominare, o, as, cognominav-i, cognominat-um, *act.*

TABERNACLE, *nom*, tabernacul-um, i, *n.*

TABLE, *nom*, mens-a, æ, *f.*

TAILLE, *nom*, statur-a, æ, *f.*

TAIRE (SE), *verbe*, sil-ēre, eo, es, silu-i (*sans supin*), *n.*

TEMPÊTE, *nom*, procell-a, æ, *f.*

TEMPLE, *nom*, templ-um, i, *n.*

TEMPOREL, *adj.*, temporal-is, is, e.

TEMPORISER, *verbe*, cunct-ari, or, aris, cunctat-us sum, *dép.*

TEMPS, *nom*, temp-us, or-is, *n.*

TENDRE, *adj.*, tener, tener-a, um.

TÉNÈBRES, *nom*, tenebr-æ, arum, *f. pl.*

TENIR, *verbe*, ten-ēre, eo, es, tenu-i, tent-um, *act.*

TERMINER, *verbe*, dirim-ĕre, o, is, direm-i, dirempt-um, *act.*

TERRASSER, *verbe*, prostern-ĕre, o, is, prostrav-i, prostrat-um, *act.*

TERRE, *nom*, terr-a, æ, *f.*

TERRIBLE, *adj.*, terribil-is, is, e.

TERROIR, *nom*, sol-um, i, *n*; ager, agr-i, *m.*

TÊTE, *nom*, caput, capit-is, *n.*

TIMIDE, *adj.*, timid-us, a, um.

TOI, *pron.*, tu, tu-î.

TOMBER, *verbe*, cad-ĕre, o, is, cecid-i, cas-um, *n.*

TON, *adj.*, tu-us, a, um.

TONNERRE, *nom*, tonitru, *indécl. au sing.*; *pl.* : tonitru-a, um, *n.*

TÔT (PLUS), *adv.*, citius.

TOUJOURS, *adv.*, semper, perpetuo.

Tourment, *nom*, torment-um, i, *n*.

Tourner, *verbe*, volv-i, or, ěris, volut-us sum, *pass*.

Tourterelle, *nom*, turtur, is, *m*.

1 Tout (*pour les choses qui se comptent*), *adj.*, omn-is, is, e.

2 Tout (*entier*), *adj.*, tot-us, a, um, *gén.*, toti-us; univers-us, a, um.

Tout a l'heure, *adv.*, modo.

Tragique, *adj.*, tragic-us, a, um.

Trahir, *verbe*, prod-ěre, o, is, prodid-i, prodit-um, *act*.

Traître, *nom*, proditor, is, *m*.

Transporter, *verbe*, trans-fer-re, o, transfers, transtul-i, translat-um, *act*.

Travail, *nom*, labor, is, *m*.

1 Traverser (*une rivière*), *verbe*, trajic-ěre, io, is, trajec-i, traject-um, *act*.

2 Traverser (*une montagne*), *verbe*, super-are, o, as, superav-i, superat-um, *act*.

Trembler, *verbe*, trem-ěre, o, is, tremu-i (*sans supin*), *n*.

Très, *adv.*, *se rend par le superlat. de l'adj. suiv.*, *ou par* maxime *avec le positif*.

Trésor, *nom*, thesaur-us, i, *m*.

Tribut, *nom*, tribut-um, i, *n*.

Triomphant, *adj.*, triumphans, *gén.*, triumphant-is.

Triste, *adj.*, trist-is, is, e.

Tristesse, *nom*, tristiti-a, æ, *f*.

Trois, *adj.*, tres, tres, tri-a; *trois cents*, trecent-i, æ, a.

1 Tromper, *verbe*, decip-ěre, io, is, decep-i, decept-um, *act*.

2 Tromper (se), *verbe*, err-are, o, as, errav-i, errat-um, *n*.

Trompette, *nom*, tub-a, æ, *f.*; buccin-a, æ, *f*.

Trône, *nom*, soli-um, i, *n*; thron-us, i, *m*.

Trop, *adv.*, nimis.

Trouble, *nom*, trepidati-o, on-is, *f*.

Troubler, *verbe*, turb-are, o, as, turbav-i, turbat-um. *act*.

Trouver, *verbe*, inven-ire, io, is, inven-i, invent-um, *act*.

Tu, *pron.*, tu, tuî.

Tuer, *verbe*, occid-ěre, o, is, occid-i, occis-um, *act*.

Tyran, *nom*, tyrann-us, i, *m*.

1 Un, *adj.*, un-us, a, um, *gén.* uni-us (*ordinairement il ne se rend pas en latin*).

2 Un (*certain*), *adj.*, quidam, quædam, quoddam.

Uni, *part.*, conjunct-us, a, um.

Univers, *nom*, orb-is, is, *m*.

Utile, *adj.*, util-is, is, e, *dat*.

Vaillamment, *adv.*, fortiter; strenue.

Vaillant, *adj.*, strenu-us, a, um (*sans comp. ni superl.*); fort-is, is, e.

Vain, *adj.*, van-us, a, um.

Vaincre, *verbe*, vinc-ěre, o, is, vic-i, vict-um, *act*.

VAINCU, *part.*, vict-us, a, um.
VAINQUEUR, *nom*, victor, is, *m.*
VAISSEAU, *nom*, nav-is, is, *f.*
VALLÉE, *nom*, vall-is, is, *f.*
VASE, *nom*, vas, is, *n.*
VASTE, *adj.*, vast-us, a, um. — *Vaste érudition*, multa eruditi-o.
VEAU, *nom*, vitul-us, i, *m.*
VENDRE, *verbe*, vend-ĕre, o, is, vendid-i, vendit-um, *act.*
VÉNÉRABLE, *adj.* (*digne de vénération*), reverentiâ dignus, a, um; venerabil-is, is, e.
VÉNÉRATION, *nom*, reverenti-a, æ, *f.* — *Plein de vénération pour*, venerabund-us, a, um, *acc.*
VÉNÉRER, *verbe*, rever-ēri, eor, eris, reverit-us sum, *dép.*, *acc.*
VENIR, *verbe*, ven-ire, io, is, ven-i, vent-um, *n.*
VENT, *nom*, vent-us, i, *m.*
VER (*animal*), *nom*, verm-is, is, *m.*
VÉRITABLE, *adj.*, ver-us, a, um.
VÉRITABLEMENT, *adv.*, vere.
VÉRITÉ, *nom*, veritas, veritat-is, *f.*
VERS (*poëme*), *nom*, carm-en, in-is, *n.*
VERT, *adj.*, virid-is, is, e. — *Qui n'est pas mûr*, immatur-us, a, um.
VERTU, *nom*, virtus, virtut-is, *f.*
VERTUEUX (*doué de vertu*), *adj.*, virtute prædit-us, a, um.
VÊTEMENT, *nom*, vest-is, is, *f.*
VEUVE, *nom*, vidu-a, æ, *f.*
VIANDE, *nom*, cib-us, i, *m.*
VICE, *nom*, viti-um, i, *n.*
VICIEUX, *adj.*, vitios-us, a, um.
VICTOIRE, *nom*, victori-a, æ, *f.*
VIE, *nom*, vit-a, æ, *f.*
VIEILLARD, *nom*, senex, sen-is, *m.*
VIERGE, *nom*, virg-o, in-is, *f.*
VIEUX *ou* VIEIL, VIEILLE, *adj.*, vet-us, er-is.
VIF, *adj.*, acer, acr-is, e.
VIGILANCE, *nom*, vigilanti-a, æ, *f.*
VIGILANT, *adj.*, vigilans, vigilant-is.
VIGNE, *nom*, vit-is, is, *f.*
VIGNERON, *nom*, vinitor, is, *m.*
VILLE, *nom*, urbs, urb-is, *f.*; civitas, civitat-is, *f.*
VIN, *nom*, vin-um, i, *n.*
VISITER, *verbe*, invis-ĕre, o, is, invis-i, invis-um, *act.*
VIVANT, *adj.*, viv-us, a, um.
VIVEMENT, *adv.*, acriter.
VIVRE, *verbe*, viv-ĕre, o, is, vix-i, vict-um, *n.*
VOIE, *nom*, vi-a, æ, *f.*
VOIR, *verbe*, vid-ēre, eo, es, vid-i, vis-um, *act.*
VOIX, *verbe*, vox, voc-is, *f.*
VOLEUR, *nom*, latr-o, on-is, *m.*
VOLONTAIRE, *adj.*, voluntari-us, a, um.
VOLONTÉ, *nom*, voluntas, voluntat-is, *f.*
VOLONTIERS, *adv.*, libenter.
VOLUPTÉ, *nom*, voluptas, voluptat-is, *f.*
VOLUPTUEUX (*adonné à la vo-

lupte), *adj.*, voluptati dedit-us, a, um.

VOTRE, *adj.*, vester, vestr-a, um. (*Si l'on ne parle qu'à une personne, on se servira de* tu-us, a, um.)

VOULOIR, *verbe*, velle, vol-o, vis, volu-i, *irrég.* — *Ne pas vouloir*, nolle, nol-o, non vis, nolu-i, *irrég.*

VOUS, *pron.*, vos, vestr-ûm *ou* vestr-i. (*Si l'on ne parle qu'à une seule personne, on se servira de* tu, tuî.)

VOYAGE, *nom*, peregrinati-o, on-is, *f.*

VOYAGER, *verbe*, peregrin-ari, or, aris, peregrinat-us sum, *dép.*

VOYAGEUR, *nom*, viator, is, *m.*

VRAI, *adj.*, ver-us, a, um. — *Le vrai humble*, tournez: *l'homme vraiment humble*, vere humil-is.

VRAIMENT, *adv.*, vere.

VUE, *nom*, vis-us, ûs, *m.*

VULGAIRE, *adj.*, vulgar-is, is, e.

ZÈLE, *nom*, studi-um, i, *n.*

ZÉLÉ, *adj.*, studios-us, a, um.

[library stamp] IMPR.

VOCABULAIRE

DES PRINCIPAUX NOMS PROPRES ET DE GÉOGRAPHIE.

AARON, Aaron, *indécl. m.*

ABDALONIME, Abdalonim-us, *g.* i. *m.*

ABDÈRE, Abder-a, *g.* æ. *f. et* Abder-a, *g.* orum. *n. pl.*

ABEL, Abel, *indécl. ou* Ab-el, *g.* elis. *m.*

ABIGAÏL, Abigail, *indécl. f.*

ABILA, Abil-a, *g.* æ. *f.*

ABIMELECH, Abimelech, *indécl. m.*

ABIRON, Abiron, *indécl. m.*

ABISAÏ, Abisai, *indécl. f.*

ABNER, Abner, *indécl. m.*

ABRAHAM, Abraham *et* Abram, *indécl. ou* Abraham-us, *g.* i. *m.*

ABSALON, Absalon, *indécl. m.*

ABYDOS, Abyd-os *et* Abyd-us, *g.* i. *m. et f.*

ABYSSINIE, Abyssini-a, *g.* æ. *f.*

ACARNANIE, Acarnani-a, *g.* æ. *f.*

ACESTE, Acest-es, *g.* æ. *m.*

ACHAB, Achab, *indécl. m.*

ACHAÏE, Achai-a, *g.* æ. *f.*

ACHÉRON, Acher-on, *g.* ontis. *m.*

ACHILLE, Achill-es, *g.* is. *m.*

ACHIOR, Achi-or, *g.* oris. *m.*

ACHIS, Ach-is, *g.* is. *m.*

ACHITOPHEL, Achitophel, *indécl. m.*

ACRISIUS, Acrisi-us, *g.* i. *m.*

ADAM, Adam, *indécl. et* Adam-us, *g.* i. *m.*

ADÉLAÏDE, Adelaid-a, *g.* æ. *f.*

ADHERBAL, Adherb-al, *g.* alis. *m.*

ADMÈTE, Admet-us, *g.* i. *m.*

ADONAÏ, Adonai, *indécl. m.*

ADONIAS, Adoni-as, *g.* æ. *m.*

ADRIEN, Adrian-us, *g.* i. *m.*

AFRIQUE, Afric-a, *g.* æ. *f.*

AGAG, Agag, *indécl. m.*

AGAMEMNON, Agamemn-on, *g.* onis. *m.*

AGAR, Agar, *indécl. f.*

AGATHOCLE, Agathocl-es, *g.* is. *m.*

AGEN, Aginn-um, *g.* i. *n.*

AGÉSILAS, Agesila-us, *g.* i. *m.*

AGRIPPA, Agripp-a, *g.* æ. *m.*

AISNE, Axon-a, *g.* æ. *f.*

AIX, Aqu-æ Sexti-æ, *g.* arum ...arum. *f. pl.*

ALBERT, Albert-us, *g.* i. *m.*

ALCIBIADE, Alcibiad-es, *g.* is. *m.*

ALEXANDRE, Alexand-er, *g.* ri. *m.*

ALEXANDRIE, Alexandri-a, *g.* æ. *f.*

ALGER, Algeri-um, *g.* i. *n.*

ALIPPE, Alipp-us, *g.* i. *m.*

ALLEMAGNE, Germani-a, *g.* æ. *f.*

ALLEMANDS (LES), German-i, *g.* orum. *m. pl.*
ALPES (LES), Alp-es, *g.* ium. *f. pl.*
ALSACE, Alsaci-a, *g.* æ. *f.*
AMALÉCITE, Amalecit-a, *g.* æ. *m.*
AMAN, Aman, *indécl. ou* Aman, *g.* anis. *m.*
AMASA, Amas-a, *g.* æ. *m.*
AMBROISE, Ambrosi-us, *g.* i. *m.*
AMÉRIQUE, Americ-a, *g.* æ. *f.*
AMIENS, Ambian-um, *g.* i. *n.*
AMILCAR, Amilc-ar, *g.* aris. *m.*
AMMON, Amm-on, *g.* onis. *m.*
AMMONITE, Ammonit-a, *g.* æ. *m.*
AMSTERDAM, Amstelodam-um, *g.* i. *n.*
ANACHARSIS, Anachars-is, *g.* is. *m.*
ANACHORÈTE, anachoret-a, *g.* æ. *m.*
ANANIE, Anani-as, *g.* æ. *m.*
ANANUS, Anan-us, *g.* i. *m.*
ANDALOUSIE, Andalusi-a, *g.* æ. *f.*
ANDRÉ, Andre-as, *g.* æ. *m.*
ANDROCLE, Androcl-us, *g.* i. *m.*
ANDROCLÈS, Androcl-es, *g.* is. *m.*
ANGERS, Andegav-i, *g.* orum. *m. pl.*
ANGLETERRE, Angli-a, *g.* æ. *f.*
ANJOU, Andegavi-a, *g.* æ. *f.*
ANNE (*hom.*), Ann-as, *g.* æ. *m.*
ANNE (*fem.*), Ann-a, *g.* æ. *f.*
ANNECY, Anneci-um, *g.* i. *n.*
ANNIBAL, Annib-al, *g.* alis. *m.*
ANTIGONE, Antigon-us, *g.* i. *m.*
ANTIOCHE, Antiochi-a, *g.* æ. *f. Les habitants d'Antioche,* Antiochen-i, *g.* orum *ou* Antiochiens-es, *g.* ium. *m. pl.*
ANTIOCHUS, Antioch-us, *g.* i. *m.*
ANTOINE, Antoni-us, *g.* i. *m.*
ANTONIN, Antonin-us, *g.* i. *m.*
ANVERS, Antuerpi-a, *g.* æ. *f.*
ANYSTIS, Anyst-is, *g.* is. *m.*
APELLE, Apell-es, *g.* is, *m.*
APENNIN, Apennin-us, *g.* i. *m.*
APION, Api-on, *g.* onis. *m.*
APOLLON, Apoll-o, *g.* inis. *m.*
APPIUS, Appi-us, *g.* i. *m.*
AQUILÉE, Aquilei-a, *g.* æ. *f.* (*d'Aquilée*), aquileiens-is, *m. f.* aquileiens-e. *n.*
ARABE, Arabs, *g.* Arabis, *m. f.*
ARABIE, Arabi-a, *g.* æ. *f.*
ARAGON, Aragoni-a, *g.* æ. *f.*
ARCADIE, Arcadi-a, *g.* æ. *f.*
ARCADIUS, Arcadi-us, *g.* i. *m.*
ARCHILOQUE, Archiloch-us, *g.* i. *m.*
ARCHIMÈDE, Archimed-es, *g.* is. *m.*
ARIENS (LES), Arian-i, *g.* orum. *m. pl.*
ARIMAZE, Arimaz-us, *g.* i. *m.*
ARISTIDE, Aristid-es, *g.* is. *m.*
ARISTOTE, Aristotel-es, *g.* is. *m.*
ARIUS, Ari-us, *g.* i. *m.*
ARLES, Arel-as, *g.* atis, *f., et* Arelat-e, *g.* is. *n.*
ARMÉNIE, Armeni-a, *g.* æ. *f.*
ARONS, Ar-uns, *g.* untis. *m.*
ARRAS, Atrebat-um, *g.* i. *n.*
ARRIEN, Arrian-us, *g.* i. *m.*

ARSÈNE, Arseni-us, *g.* i. *m.*
ARTAMÈNE, Artamen-es, *g.* is. *m.*
ARTAXERXÈS, Artaxerx-es, *g.* is. *m.*
ASCLÉPIADE, Asclepiad-es, *g.* is. *m.*
ASDRUBAL, Astrub-al, *g.* alis. *m.*
ASSISE, Assisi-um, *g.* i. *n.*
ASSUÉRUS, Assuer-us, *g.* i. *m.*
ASSYRIE, Assyri-a, *g.* æ. *f.*
ASSYRIENS (LES), Assyri-i, *g.* orum. *m. pl.*
ATHALIE, Athali-a, *g.* æ. *f.*
ATHANASE, Athanasi-us, *g.* i. *m.*
ATHÈNES, Athen-æ, *g.* arum. *f. pl.*
ATHÉNIENS(LES), Atheniens-es, *g.* ium. *m. pl.*
ATTICUS, Attic-us, *g.* i. *m.*
ATTILA, Attil-a, *g.* æ. *m.*
AUGUSTE, August-us, *g.* i. *m.*
AUGUSTIN, Augustin-us, *g.* i. *m.*
AURILLAC, Auriliac-um, *g.* i. *n.*
AUSONE, Ausoni-us, *g.* i. *m.*
AUTUN, Augustodun-um, *g.* i. *n.*
AUVERGNE, Arverni-a, *g.* æ. *f.*
AUXERRE, Autissiodor-um, *g.* i. *n.*
AUXONNE, Ausson-a, *g.* æ. *f.*
AVIGNON, Aveni-o, *g.* onis. *f.*
AVIT, Avit-us, *g.* i. *m.*

BAAL, Baal *ou* Bahal, *indécl. m.*
BABEL, Babel, *indécl. f.*
BABYLONE, Babyl-on, *g.* onis. *f.*
BABYLONIENS (LES), Babyloni-i, *g.* orum. *m. pl.*
BALAAM, Balaam, *indécl. m.*
BALE, Basili-a, *g.* æ. *f.*
BALTHAZAR, Balthaz-ar, *g.* aris. *m.*
BARABBAS, Barabb-as, *g.* æ. *m.*
BARAC, Barac, *indécl. m.*
BARBARIE, Barbari-a, *g.* æ. *f.*
BARNABÉ, Barnab-as, *g.* æ. *m.*
BARULAS, Barul-as, *g.* æ. *m.*
BASILE, Basili-us, *g.* i. *m.*
BATAVE, Batav-us, a, um.
BATHUEL, Bathu-el, *g.* elis. *m.*
BAVIÈRE, Bavari-a, *g.* æ. *f.*
BAYONNE, Bayon-a, *g.* æ. *f.*
BEAUVAIS, Bellovac-um, *g.* i. *n.*
BELGIQUE, Belgic-a, *g.* æ. *f.*
BÉLIZAIRE, Belizari-us, *g.* i. *m.*
BENJAMIN, Benjamin-us, *g.* i. *m.*
BENOÎT, Benedict-us, *g.* i. *m.*
BERNARD, Bernard-us, *g.* i. *m.*
BERNE, Bern-a, *g.* æ. *f.*
BERRY, ag-er bituricens-is, *g.* ri ... sis.
BESANÇON, Vesunti-o, *g.* onis. *f.*
BESSUS, Bess-us, *g.* i. *m.*
BÉTHANIE, Bethani-a, *g.* æ. *f.*
BETHLÉEM, Bethleem, *indécl. f.*
BÉTIS, Bet-is, *g.* is. *m.*
BITHYNIE, Bithyni-a, *g.* æ. *f.*
BONAVENTURE, Bonaventur-a, *g.* æ. *f.*
BORDEAUX, Burdigal-a, *g.* æ. *f.*
BOURGES, Bituric-æ, *g.* arum. *f. pl.*

BOURGOGNE, Burgundi-a, *g.* æ. *f.*

BRÉSIL, Brasili-a, *g.* æ. *f.*

BRETAGNE, Britanni-a, *g.* æ. *f.*

BRIGNOLES, Brinoli-um, *g.* i. *n.*

BRUNO, Brun-o, *g.* onis. *m.*

BRUTUS, Brut-us, *g.* i. *m.*

BRUXELLES, Bruxell-æ, *g.* arum. *f. pl.*

BUCÉPHALE, Bucephal-us, *g.* i. *m.*

BUCOLIQUES (LES), Bucolic-a, *g.* orum. *n. pl.*

BYZANCE, Byzanti-um, *g.* i. *n.*

CAEN, Cadom-us, *g.* i. *f.*

CAHORS, Cadurc-um, *g.* i. *n.*

CAÏN, Cain-us, *g.* i. *m.*

CAÏPHE, Caiph-as, *g.* æ. *m.*

CAIRE (LE), Cair-us, *g.* i. *f.*

CALABRE, Calabri-a, *g.* æ. *f.*

CALAIS, Calet-um, *g.* i. *n.*

CALIGULA, Caligul-a, *g.* æ. *m.*

CALLISTHÈNE, Callisthen-es, *g.* is. *m.*

CALVAIRE (LE), Calvari-us mon-s, *g.* i ... tis.

CALVIN, Calvin-us, *g.* i. *m.*

CAMILLE (*hom.*), Camill-us, *g.* i. *m.*

CAMILLE (*fem.*), Camill-a, *g.* æ. *f.*

CAMPANIE, Campani-a, *g.* æ. *f*

CANDIE, Cret-a, *g.* æ. *f.*

CANNES, Cann-æ, *g.* arum. *f. pl.*

CAPOUE, Capu-a, *g.* æ. *f.*

CARCASSONNE, Carcass-o, *g.* onis, *f. ou* Carcass-um, *g.* i. *n.*

CARTHAGE, Carthag-o, *g.* inis.

CARTHAGINOIS (LES), Pœn-i, *g.* orum, *ou* Carthaginiens-es, *g.* ium. *m. pl.*

CASSIUS, Cassi-us, *g.* i. *m.*

CATHÈNE, Cathen-es, *g.* is. *m.*

CATILINA, Catilin-a, *g.* æ. *m.*

CATON, Cat-o, *g.* onis. *m.*

CAUCASE, Caucas-us, *g.* i. *m.*

CÉSAIRE, Cæsari-us, *g.* i. *m.*

CÉSAR, Cæs-ar, *g.* aris. *m.*

CÉSARÉE, Cæsare-a, *g.* æ. *f.*

CHALON (SUR-SAÔNE OU SUR-MARNE), Catalon-um, *g.* i. *n.*

CHAMPAGNE, Campani-a, *g.* æ. *f.*

CHANAAN, Chanaan *et* Chanan, *indécl. f.*

CHARIDÈME, Charidem-us, *g.* i. *m.*

CHARLES, Carol-us, *g.* i. *m.*

CHARLEMAGNE, Carol-us Magn-us, *g.* i... i. *m.*

CHARTRES, Carnut-um, *g.* i. *n.*

CHATEAU-THIERRY, Theodorici castr-um, *g.* i. *n.*

CHERBOURG, Cæsaroburg-us, *g.* i. *m.*

CHILI, Chili-um, *g.* i. *n.*

CHINE, imperi-um sinens-e, *g.* i... is. *n.*

CHINOIS (LES), Sin-æ, *g.* arum, *ou* Sinens-es, *g.* ium. *m. pl.*

CHOSROÈS, Chosro-es, *g.* is. *m.*

CHRISTOPHE, Christophor-us, *g.* i. *m.*

CHRYSOSTOME, Chrysostom-us, *g.* i. *m.*

CHUSAÏ, Chusai, *indéclin.*, *ou* Chusai-us, *g.* i. *m.*

CHYPRE *ou* CYPRE, Cypr-us, *g.* i. *f.*

CICÉRON, Cicer-o, *g.* onis. *m.*

CILICIE, Cilici-a, *g*. æ. *f*.
CIMON, Cim-on, *g*. onis. *m*.
CINCINNATUS, Cincinnat-us, *g*. i. *m*.
CINÉAS, Cine-as, *g*. æ. *m*.
CINNA, Cinn-a, *g*. æ. *m*.
CISALPIN, Cisalpin-us, a, um.
CLAIRE, Clar-a, *g*. æ. *f*.
CLAUDE, Claudi-us, *g*. i. *m*.
CLAUDIUS, Claudi-us, *g*. i. *m*.
CLÉANDRE, Cleand-er, *g*. ri. *m*.
CLÉANTHE, Cleanth-es, *g*. is. *m*.
CLÉMENT, Clem-ens, *g*. entis. *m*.
CLÉON, Cle-on, *g*. onis. *m*.
CLÉOPATRE, Cleopatr-a, *g*. æ. *f*.
CLERMONT, Claromonti-um, g. i. *n*.
CLITUS, Clit-us, *g*. i. *m*.
CLOTAIRE, Clotari-us, *g*. i. *m*.
CLOTILDE, Clotild-a, *g*. æ. *f*.
CLOUD (S.), Clodoald-us, *g*. i. *m*.
CLOVIS, Clodove-us, *g*. i. *m*.
CLYTEMNESTRE, Clytemnestr-a, *g*. æ. *f*.
COCLÈS, Cocl-es, *g*. itis. *m*.
COLMAR, Colmari-um, *g*. i. *n*.
COLOGNE (ALLEM.), Agrippin-a, *g*. æ. *f*., *ou* Agrippinensis coloni-a, *g*. is... æ. *f*.
COLOMB, Columb-us, *g*. i. *m*.
COMMODE, Commod-us, *g*. i. *m*.
CONON, Con-on, *g*. onis. *m*.
CONSTANTIN, Constantin-us, *g*. i. *m*.
CONSTANTINOPLE, Constantinopol-is, *g*. is. *f*.
COPHAS, Coph-as, *g*. æ. *m*.
CORDOUE, Còrdub-a, *g*. æ. *f*.
CORIOLAN, Coriolan-us, *g*. i. *m*.
CORINTHE, Corinth-us, *g*. i. *f*.
CORINTHIENS (LES), Corinthi-i, *g*. orum. *m*. *pl*.
CORNEILLE, Corneli-us, *g*. i. *m*.
CORSE, Corsic-a, *g*. æ. *f*. *sous-ent*. insula. —, *qui est de Corse*, Cors-us, a, um. *Appartenant à la Corse*, corsic-us, a, um.
CÔTE-D'OR, Burgundiæ coll-is ditissim-us, *g*. is ...i. *m*.
CRASSUS, Crass-us, *g*. i. *m*.
CRATÈRE, Crater-us, *g*. i. *m*.
CRÉSUS, Crœs-us, *g*. i. *m*.
CRÈTE, Cret-a, *g*. æ. *f*.
CRÉTOIS, cretens-is, *m*. *f*. e. *n*.
CUCUSE, Cucus-um, *g*. i. *n*.
CUMES, Cum-æ, *g*. arum. *f*. *pl*.
CURIACES (LES), Curiati-i, *g*. orum. *m*. *pl*.
CURIUS, Curi-us, *g*. i. *m*.
CYNÉGIRE, Cynegir-us, *g*. i. *m*.
CYPRIEN, Cyprian-us, *g*. i. *m*.
CYR *ou* CYRIQUE, Cyric-us, *g*. i. *m*.
CYRÈNE, Cyren-e, *g*. es. *f*.
CYRUS, Cyr-us, *g*. i. *m*.

DALILA, Dalil-a, *g*. æ. *f*.
DALMATIE, Dalmati-a, *g*. æ. *f*.
DAMAS, Damasc-us, *g*. i. *f*.
DAMIETTE, Damiet-a, *g*. æ. *f*.
DAMOCLÈS, Damocl-es, *g*. is. *m*.

DANEMARK, Dani-a, *g.* æ. *f.*
DANIEL, Dani-el, *g.* elis. *m.*
DARIUS, Dari-us, *g.* i. *m.*
DATAME, Datam-es, *g.* is. *m.*
DATAPHERNE, Dataphern-es, *g.* is. *m.*
DAUPHINÉ, Delphinat-us, *g.* us, *m.*
DAVID, Dav-id, *g.* idis. *m.*
DAX, Aqu-æ august-æ, *ou* Aqu-æ tabellic-æ, *g.* arum... arum. *f. pl.*
DÉBORA, Debor-a, *g.* æ. *f.*
DÉDALE, Dædal-us, *g.* i. *m.*
DÈCE, Deci-us, *g.* i. *m.*
DÉCEMVIR, decemv-ir, *g.* iri. *m.*
DÉCIUS, Deci-us, *g.* i. *m.*
DÉLOS, Del-us, *g.* i. *f.*
DELPHES, Delph-i, *g.* orum. *m. pl.*
DÉMÉTRIUS, Demetri-us, *g.* i. *m.*
DÉMOCRITE, Democrit-us, *g.* i. *m.*
DÉMOSTHÈNE, Demosthen-es, *g.* is. *m.*
DENYS, Dionysi-us, *g.* i. *m.*
DIEPPE, Depp-a, *g.* æ. *f.*
DIJON, Divi-o, *g.* onis. *f.*
DIOCLÉTIEN, Diocletian-us, *g.* i. *m.*
DIOGÈNE, Diogen-es, *g.* is. *m.*
DION, Di-on, *g.* onis. *m.*
DOEG, Doeg, *indéclin. m.*
DOMINIQUE, Dominic-us, *g.* i. *m.*
DOMITIEN, Domitian-us, *g.* i. *m.*
DORCAS, Dorc-as, *g.* æ. *m.*
DORDOGNE, Durani-us, *g.* i. *m.*
DORIDE, Dor-is, *g.* idis. *f.*
DOUAY, Duac-um, *g.* i. *n.*
DOUBS, Dub-is, *g.* is. *m.*
DRACON, Drac-o, *g.* onis. *m.*
DRÉPANE (*ville*), Drepan-um, *g.* i. *n.*
DRUSUS, Drus-us, *g.* i. *m.*
DUNKERQUE, Dunkerc-a, *g.* æ. *f.*
DURANCE, Druenti-a, *g.* æ. *f.*
DYMNUS, Dymn-us, *g.* i. *m.*

ÉAQUE, Æac-us, *g.* i. *m.*
ÈBRE, Iber-us, *g.* i. *m.*
ECBATANE, Ecbatan-a, *g.* orum. *n. pl.*
ÉCOSSE, Scoti-a, *g.* æ. *f.*
ÉGYPTE, Ægypt-us, *g.* i. *f.*
ÉGYPTIENS (LES), Ægypti-i, *g.* orum. *m. pl.*
ELBEUF, Ellebovi-um, *g.* i. *n.*
ÉLÉAZAR, Eleazar-us, *g.* i. *m.*
ÉLIAB, Eliab, *indéclin. m.*
ÉLIE, Eli-as, *g.* æ. *m.*
ÉLIÉZER, Eliezer, *indéclin. m.*
ÉLISABETH OU ÉLIZABETH, Elisabeth, *indéclin. f.*
ÉLISÉE, Elise-us, *g.* i. *m.*
ÉLOI, Eligi-us, *g.* i. *m.*
ÉLYMAS, Elym-as, *g.* æ. *m.*
ÉMAUS, Ema-us, *g.* i. *f.*
ÉMILE, Æmili-us, *g.* i. *m.*
ÉNÉE, Æne-as, *g.* æ. *m.*
ÉNÉIDE (L'), Æne-is, *g.* idis *ou* idos. *f.*
ENNEMOND, Annemund-us, *g.* i. *m.*
ÉOLE, Æol-us, *g.* i. *m.*
ÉPAMINONDAS, Epaminond-as, *g.* æ. *m.*
ÉPHÈSE, Ephes-us, *g.* i. *f.*
ÉPHÉSIENS (LES), Ephesi-i, *g.* orum. *m. pl.*
ÉPHESTION, Ephæsti-on, *g.* onis. *m.*

EPIRE, Epir-us, *g.* i. *f.*
ÉSAÜ, Esau, *indécl. m.*
ESPAGNE, Hispani-a, *g.* æ. *f.*
ESPAGNOLS (LES), Hispan-i, *g.* orum. *m. pl.*
ESDRAS, Esdr-as, *g.* æ. *m.*
ESTHER, Esth-er, *g.* eris. *f.*
ÉTHAÏ, Ethai, *indéclin. m.*
ÉTHIOPIE, Æthiopi-a, *g.* æ. *f.*
ÉTIENNE, Stephan-us, *g.* i. *m.*
EUCHER, Eucheri-us, *g.* i. *m.*
EULALIE, Eulali-a, *g.* æ. *f.*
EULOGE, Eulogi-us, *g.* i. *m.*
EUPHRASIE, Euphrasi-a, *g.* æ. *f.*
EUROPE, Europ-a, *g.* æ. *f.*
EURYALE, Euryal-us, *g.* i. *m.*
EURYDICE, Eurydic-e, *g.* es. *f.*
EUSÈBE, Eusebi-us, *g.* i. *m.*
ÉVAGORAS, Evagor-as, *g.* æ. *m.*
ÈVE, Ev-a, *g.* æ. *f.*
ÉVREUX, Ebroic-æ, *g.* arum. *f. pl.*
ÉZÉCHIAS, Ezechi-as, *g.* æ. *m.*
ÉZÉCHIEL, Ezechi-el, *g.* elis. *m.*

FABIEN, Fabian-us, *g.* i. *m.*
FABIUS, Fabi-us, *g.* i. *m.*
FABRICIUS, Fabrici-us, *g.* i. *m.*
FAUSTINE, Faustin-a, *g.* æ. *f.*
FÉLIX, Fel-ix, *g.* icis. *m.*
FESTUS, Fest-us, *g.* i. *m.*
FLAMAND, Belgic-us, a, um.
FLANDRE, Flandri-a, *g.* æ. *f.*
FLAVIEN, Flavian-us, *g.* i. *m.*
FLORE, Flor-a, *g.* æ. *f.*
FLORENCE, Florenti-a, *g.* æ. *f.*
FONTAINEBLEAU, Fon-s Bellaqu-eus, *g.* tis .... ei. *m.*
FRANÇAIS (LES), Gall-i, *g.* orum. *m. pl.*
FRANCE, Galli-a, *g.* æ. *f.*
FRANCFORT, Francofurt-um, *g.* i. *n.*
FRANÇOIS, Francisc-us, *g.* i. *m.*
FRANÇOISE, Francisc-a, *g.* æ. *f.*
FRÈRES MINEURS (LES), Fratr-es minor-es, *g.* um... um. *m. pl.*

GABAONITES (LES), Gabaonit-æ, *g.* arum. *m. pl.*
GABÉLUS, Gabel-us, *g.* i. *m.*
GABRIEL, Gabri-el, *g.* elis. *m.*
GALATIE, Galati-a, *g.* æ. *f.*
GALBA, Galb-a, *g.* æ. *m.*
GALÈRE, Galeri-us, *g.* i. *m.*
GALILÉE, Galilæ-a, *g.* æ. *f.*
GAMALIEL, Gamali-el, *g.* elis. *m.*
GARONNE, Garumn-a, *g.* æ *f.*
GASCOGNE, Vasconi-a, *g.* æ. *f.*
GAULE, Galli-a, *g.* æ. *f.*
GAULOIS (LES), Gall-i, *g.* orum. *m. pl.*
GÉDÉON, Gede-on, *g.* onis. *m.*
GÈNES, Genu-a, *g.* æ. *f.*
GENÈVE, Genev-a, *g.* æ. *f.*
GENEVIÈVE, Genovef-a, *g.* æ. *f.*
GÉORGIQUES, Georgic-a, *g.* orum. *n. pl.*
GÉRARD, Gerard-us, *g.* i. *m.*
GERMAIN, German-us, *g.* i. *m.*

GERMAINS (LES), German-i, g. orum. *m. pl.*
GERMANIE, Germani-a, *g.* æ. *f.*
GOLIATH, Goliath, *indécl.*, ou Goli-as, *g.* æ. *m.*
GOTHS (LES), Goth-i, *g.* orum. *m. pl.*
GRÈCE, Græci-a, *g.* æ. *f.*
GRECS (LES), Græc-i, *g.* orum. *m. pl.*
GRÉGOIRE, Gregori-us, *g.* i. *m.*
GRENOBLE, Gratianopol-is, *g.* is. *f.*

HALICARNASSE, Halicarnass-us, *g.* i. *f.*
HAMBOURG, Hamburg-um, *g.* i. *n.*
HANNON, Hann-o, *g.* onis. *m.*
HÉBREUX (LES), Hebræ-i, *g.* orum. *m. pl.*
HECTOR, Hect-or, *g.* oris. *m.*
HÉLÈNE, Helen-a, *g.* æ. *f.*
HÉLI, Heli, *indécl. m.*
HÉLIODORE, Heliodor-us, *g.* i. *m.*
HELLESPONT, Hellespont-us, *g.* i. *m.*
HÉNOCH, Henoch-us, *g.* i. *m.*
HENRI, Henric-us, *g.* i. *m.*
HÉRACLITE, Heraclit-us, *g.* i. *m.*
HÉRACLIUS, Heracli-us, *g.* i. *m.*
HERCULE, Hercul-es, *g.* is. *m.*
HÉRODE, Herod-es, *g.* is. *m.*
HÉRODIAS, Herodi-as, *g.* adis. *f.*
HÉRODIENS (LES), Herodian-i, *g.* orum. *m. pl.*
HÉSIODE, Hesiod-us, *g.* i. *m.*
HILAIRE, Hilari-us, *g.* i. *m.*
HIPPOCRATE, Hippocrat-es, *g.* is. *m.*
HOLLANDE, Batavi-a, *g.* æ. *f.*
HOLOPHERNE, Holophern-es, *g.* is. *m.*
HOMÈRE, Homer-us, *g.* i. *m.*
HONGRIE, Hungari-a, *g.* æ. *f.*
HORACE, Horati-us, *g.* i. *m.*
HOSTILIUS, Hostili-us, *g.* i. *m.*
HUNÉRIC, Huneric-us, *g.* i. *m.*
HUNS (LES), Hunn-i, *g.* orum. *m. pl.*

IDOMÉNÉE, Idomene-us, *g.* i. *m.*
IDUMÉENS (LES), Idumæ-i, *g.* orum. *m. pl.*
IGNACE, Ignati-us, *g.* i. *m.*
INDE, Indi-a, *g.* æ. *f.*
INDIENS (LES), Ind-i, *g.* orum. *m. pl.*
INNOCENT, Innocenti-us, *g.* i. *m.*
IRÉNÉE. Irenæ-us, *g.* i. *m.*
IRLANDE, Hiberni-a, *g.* æ. *f.*
ISAAC, Isaac-us, *g.* i. *m.*
ISABELLE, Isabell-a, *g.* æ. *f.*
ISAÏE, Isai-as, *g.* æ. *m.*
ISMAEL. Isma-el, *g.* elis. *m.*
ISMAÉLITE, Ismæelit-a, *g.* æ. *m.*
ISRAEL, Isra-el, *g.* elis. *m.*
ISRAELITE, Israelit-a, *g.* æ. *m.*
ITALIE, Itali-a, *g.* æ. *f*
ITHAQUE, Ithac-a, *g.* æ. *f.*

JACOB, Jacob, *indécl. m.*
JACQUES, Jacob-us, *g.* i. *m.*
JAHEL, Jah-el, *g.* elis. *f.*
JAÏRE, Jair-us, *g.* i. *m.*
JAMAÏQUE, Jamaic-a, *g.* æ. *f.*
JEAN, Joann-es, *g.* is. *m.* *Jean-*

Baptiste, Joann-es Baptist-a, *g*. is.... æ. *m*.
JEANNE, Joann-a, *g*. æ. *f*.
JÉRÉMIE, Jeremi-as, *g*. æ. *m*.
JÉRICHO, Jericho, *indécl*. *f*., *et* Jerich-us, *ou* Hierichus, *g*. untis. *f*.
JÉROBOAM, Jéroboam-us, *g*. i. *m*.
JÉRÔME, Hieronym-us, *g*. i. *m*.
JÉRUSALEM, Hierosolym-a, *g*. æ. *f*. Solym-a, *g*. æ. *f*. *ou* Solym-a, *g*. orum. *n*. *pl*.
JÉSUS, Jesus, *g*. Jesu. *m*. *Jésus-Christ*, Jesus Christ-us, *g*. Jesu Christi, *m*.
JÉZABEL, Jezabel, *indécl*., *et* Jezab-el, *g*. elis. *f*., *ou* Jezabel-a, *g*. æ. *f*.
JOAB, Joab, *indécl*. *m*.
JOAS, Joas, *indécl*. *m*.
JOB, Job, *indécl*. *m*.
JOCHABED, Jochabed, *indécl*. *f*.
JOÏADA, Joiad-as, *g*. æ. *m*.
JONAS, Jon-as, *g*. æ. *m*.
JONATHAS, Jonath-as, *g*. æ. *m*.
JORAM, Joram-us, *g*. i. *m*.
JOSAPHAT, Josaphat, *indécl*. *m*.
JOSEPH, Joseph, *indécl*. *m*.
JOSÈPHE, Joseph-us, *g*. i. *m*.
JOSIAS, Josi-as, *g*. æ. *m*.
JOSUÉ, Josue, *indécl*. *ou* Josu-a, *g*. æ. *m*.
JOURDAIN (LE), Jordan-is, *g*. is. *m*.
JUDAS, Jud-as, *g*. æ. *m*. *Judas Machabée*, Jud-as Machabæ-us, *g*. æ .... i. *m*.
JUDE, Jud-as, *g* æ. *m*.
JUDÉE, Judæ-a, *g*. æ. *f*.
JUDITH, Judith, *indécl*. *f*.
JUGURTHA, Jugurth-a, *g*. æ. *m*.
JUIFS (LES), Judæ-i, *g*. orum. *m*. *pl*.
JULES, Juli-us, *g*. i. *m*.
JULIE, Juli-a, *g*. æ. *f*.
JULITTE. Julitt-a, *g*. æ. *f*.
JUNON, Jun-o, *g*. onis. *f*.
JUPITER, Jupiter, *g*. Jovis. *m*.
JUST, Just-us, *g*. i. *m*.
JUSTIN, Justin-us, *g*. i. *m*.
JUSTINIEN, Justinian-us, *g*. i. *m*.
JUVÉNAL, Juvenal-is, *g*. is. *m*.

LABAN, Laban-us, *g*. i. *m*.
LACÉDÉMONE, Lacedæm-on, *g*. onis. *f*.
LACÉDÉMONIENS (LES), Lacedæmoni-i, *g*. orum, *ou* Lacedæmon-es, *g*. um. *m*. *pl*.
LACONIE, Laconi-a, *g*. æ. *f*.
LACTANCE, Lactanti-us, *g*. i. *m*.
LANGUEDOC, Occitani-a, *g*. æ. *f*.
LAON, Laudun-um, *g*. i. *n*.
LAPONIE, Laponi-a, *g*. æ. *f*.
LATIUM, Lati-um, *g*. i. *n*.
LAURENT, Laurenti-us, *g*. i. *m*.
LAZARE, Lazar-us, *g*. i. *m*.
LÉGER, Leodageri-us, *g*. i. *m*.
LEIPSICK, Lipsi-a, *g*. æ. *f*.
LÉLIUS, Læli-us, *g*. i. *m*.
LEMNOS, Lemn-os, *g*. i. *f*.
LÉON, Le-on, *g*. ontis. *m*.
LÉOPOLD, Leopold-us, *g*. i. *m*.

LÉPORE, Lepor-us, *g.* i. *m.*
LEU, Lup-us, *g*, i. *m.*
LIA, Li-a, *g.* æ. *f.*
LIBAN, Liban-us, *g.* i. *m.*
LIBÉRAT, Liberat-us, *g.* i. *m.*
LIBYE, Liby-a, *g.* æ. *f.*
LIMOUSIN, Lemovici-um, *g.* i. *n.*, *ou* lemovicens-is ag-er, *g.* is ....ri, *m.*
LISBONNE, Olysipp-o, *g.* onis. *f.*
LIVIE, Livi-a, *g.* æ. *f.*
LIVIUS, Livi-us, *g.* i. *m.*
LOMBARDIE, Longobardi-a, *g.* æ. *f.*
LONDRES, Londin-um, *g.* i. *n.*
LORRAINE, Lotharingi-a, *g.* æ. *f.*
LOTH, Loth, *indécl.* *m.*
LOUIS, Ludovic-us, *g.* i. *m.*
LOUP (S.), Lup-us, *g.* i. *m.*
LUC, Luc-as, *g.* æ. *m.*
LUCAIN, Lucan-us, *g.* i. *m.*
LUCÉRIE, Luceri-a, *g.* æ. *f.*
LUCIEN, Lucian-us, *g.* i. *m.*
LUCRÈCE, Lucreti-a, *g.* æ. *f.*
LUCULLUS, Lucull-us, *g.* i. *m.*
LUTHER, Luther-us, *g.* i. *m*
LYCURGUE, Lycurg-us, *g.* i. *m.*
LYDIE (*fem.*), Lydi-a, *g.* æ. *f.*
LYDIE (*prov.*), Lydi-a, *g.* æ. *f.*
LYDIENS (LES), Lyd-i, *g.* orum. *m. pl.*
LYON, Lugdun-um, *g.* i. *n.*
LYSIAS, Lysi-as, *g.* æ. *m.*

MACÉDOINE, Macedoni-a, *g.* æ. *f.*
MACÉDONIEN, Maced-o, *g.* onis. *m.*
MACHABÉES (LES), Machabæ-i, *g.* orum. *m. pl.*
MACON, Matisc-o, *g.* onis. *f.*
MADRID, Matrit-um, *g.* i. *n.*
MAGDELEINE, Magdalen-e, *g.* es, *ou* Magdalen-a, *g.* æ. *f.*
MAGON, Mag-o, *g.* onis. *m.*
MAHARBAL, Maharb-al, *g.* alis. *m.*
MAHOMET, Mahumet-es, *g.* is. *m.*
MAINE, Cenomani-a, *g.* æ. *f.*
MALTE, Melit-a, *g.* æ. *f.*
MANASSÈS, Manass-es, *g.* is. *m.*
MANCHE (LA), Ocean-us gallo-britann-us, *g.* i.... i, *m.*
MANIUS, Mani-us, *g.* i. *m.*
MANLIUS, Manli-us, *g.* i. *m.*
MANTOUE, Mantu-a, *g.* æ. *f.*
MARC, Marc-us, *g.* i. *m.*
MARC-AURÈLE, Marc-us Aureli-us, *g.* i... i. *m.*
MARCEL, Marcell-us, *g.* i. *m.*
MARCELLE, Marcell-a, *g.* æ. *f.*
MARCELLUS, Marcell-us, *g.* i. *m.*
MARCHE (LA), Marchi-a, *g.* æ. *f.*
MARCIUS, Marci-us, *g.* i. *m.*
MARDOCHÉE, Mardochæ-us, *g.* i. *m.*
MARGUERITE, Margarit-a, *g.* æ. *f.*
MARIE, Mari-a, *g.* æ. *f.*
MARIE-MAGDELEINE, Mari-a Magdalen-a, *g.* æ... æ. *f.*
MARIUS, Mari-us, *g.* i. *m.*
MARSEILLAIS (LES), Massiliens-es, *g.* ium. *m. pl.*
MARSEILLE, Massili-a, *g.* æ. *f.*
MARTHE, Marth-a, *g.* æ. *f.*

Martin, Martin-us, *g.* i. *m.*
Masinissa, Masiniss-a, *g.* æ. *m.*
Massagètes (les), Massaget-æ, *g.* arum. *m. pl.*
Matathias, Matathi-as, *g.* æ. *m.*
Mathias, Mathi-as, *g.* æ. *m.*
Mathurin, Mathurin-us, *g.* i. *m.*
Mathusalem, Mathusal-a, *g.* æ. *m.*
Matthieu, Matthæ-us, *g.* i. *m.*
Maure, Maur-a, *g.* æ. *f.*
Mausole, Mausol-us, *g.* i. *m.*
Maxime, Maxim-us, *g.* i. *m.*
Maximien, Maximian-us, *g.* i. *m.*
Maximin, Maximin-us, *g.* i. *m.*
Mécène, Mæcen-as, *g.* atis. *m.*
Médée, Medæ-a, *g.* æ. *f.*
Mèdes (les), Med-i, *g.* orum. *m. pl.*
Médie, Medi-a, *g.* æ. *f.*
Mélitus, Melit-us, *g.* i. *m.*
Melun, Melodun-um, *g.* i. *n.*
Memnon, Memn-on, *g.* onis. *m.*
Mercure, Mercuri-us, *g.* i. *m.*
Mérida, Emerit-a, *g.* æ. *f.*
Merry, Mederic-us, *g.* i. *m.*
Mésopotamie, Mesopotami-a, *g.* æ. *f.*
Messaline, Messalin-a, *g.* æ. *f.*
Métellus, Metell-us, *g.* i. *m.*
Metz, Divodur-um, *g.* i, *n.*, *ou* Met-e, *g.* arum, *f. pl.*
Michée, Michæ-as, *g.* æ. *m.*
Michel, Micha-el, *g.* elis. *m.*
Micipsa, Micips-a, *g.* æ. *m.*
Milan, Mediolan-um, *g.* i. *n.*
Milon, Mil-o, *g.* onis. *m.*
Miltiade, Miltiad-es, *g.* is. *m.*
Minerve. Minerv-a, *g.* æ. *f.*
Minucius. Minuci-us, *g.* i. *m.*
Mithridate, Mithridat-es, *g.* is. *m*
Moabite, Moabit-es, *g.* æ. *m.*
Modeste, Modest-us, *g.* i. *m.*
Mœris, Mœr-is, *g.* idis. *m.*
Moïse, Mos-es, *g.* is, *ou* Moys-es, *g.* is. *m.*
Monique, Monic-a, *g.* æ. *f.*
Montmartre, Mon-s Martis, *g.* tis Martis. *m.*
Montpellier, Mon-s Pessulan-us, *g.* tis .... i. *m.*
Mucius, Muci-us, *g.* i. *m.*
Mummius, Mummi-us, *g.* i. *m.*
Mustiole, Mustiol-a, *g.* æ, *ou* Mustiol-e, *g.* es. *f.*
Musulman, Mahumeti sectator, *g.* oris. *m.*
Mysie, Mysi-a, *g.* æ. *f.*

Naaman, Naam-an, *g.* anis. *m.*
Nabal, Nab-al, *g.* alis. *m.*
Nabarzane, Nabarzan-es, *g.* is. *m.*
Naboth, Naboth, *indécl. m.*
Nabuchodonosor, Nabuchodonosor, *indécl. m.*
Nancy, Nanci-um, *g.* i. *n.*
Nanterre, Nannetodur-um, *g.* i. *n.*
Naples, Neapol-is, *g.* is. *f.*
Narbonne, Narb-o, *g.* onis. *m.*
Narcisse. Narciss-us, *g.* i. *m.*
Nasica, Nasic-a, *g.* æ. *m.*
Nazareth, Nazareth, *indécl. f. et* Nazareth-um, *g.* i. *n.*
Nazianze, Nazanz-us, *g.* i. *f.*
Néchao, Necha-o, *g.* onis. *m.*
Néhémie, Nehemi-as, *g.* æ. *m.*
Neptune, Neptun-us, *g.* i. *m.*

Néron, Ner-o, *g.* onis. *m.*
Nerva, Nerv-a, *g.* æ. *m.*
Nicanor, Nican-or, *g.* oris. *m.*
Nicée, Nicæ-a, *g.* æ. *f.* *De Nicée*, Nicæ-us, a, um.
Nicéphore, Nicephor-us, *g* i. *m.*
Nicodème, Nicodem-us, *g.* i. *m.*
Niger, Nig-er, *g.* ri. *m.*
Nil (S.), Nil-us, *g.* i. *m.*
Nil (le), Nil-us, *g.* i. *m.*
Ninive, Niniv-e, *g.* es. *f.*
Ninivites (les), Ninivit-æ, *g.* arum. *m. pl.*
Nisus, Nis-us, *g.* i. *m.*
Noé, Noem-us, *g.* i. *m.*
Nole, Nol-a, *g.* æ. *f.*
Normandie, Normanni-a, *g.* æ. *f.*
Norwége, Norvegi-a, *g.* æ. *f.*
Numa, Num-a, *g.* æ. *m.*
Numance, Numanti-a, *g.* æ. *f.*

Ochosias, Ochosi-as, *g.* æ. *m.*
Ochus, Och-us, *g.* i. *m.*
Octave, Octavi-us, *g.* i. *m.*
Octavie, Octavi-a, *g.* æ. *f.*
Olympe (l'), Olymp-us, *g.* i. *m.*
Olympias, Olympi-as, *g.* adis. *f.*
Olynthe, Olynth-us, *g.* i. *f.*
Onésime, Onesim-us, *g.* i. *m.*
Onésiphore, Onesiphor-us, *g.* i. *m.*
Onias, Oni-as, *g.* æ. *m.*
Orange (*ville*), Arausic-a, *g.* æ, *ou* Arausi-o, *g.* onis. *f.*; *d'Orange*, Arausican-us, a, um.
Oreste, Orest-es, *g.* æ, *ou* is. *m.*
Orléanais (l'), aurelianensis ag-er, *g.* is .... ri. *m.*
Orléans, Aureli-a, *g.* æ. *f.*
Orphée, Orphe-us, *g.* i. *m.*
Osa, Os-a, *g.* æ. *m.*
Ostie, Osti-a, *g.* æ. *f.*
Othon, Oth-o, *g.* onis. *m.*
Ovide. Ovidi-us, *g.* i. *m.*
Oza. Oz-a, *g.* æ. *m.*
Ozias, Ozi-as, *g.* æ, *m.*

Pactole (le), Pactol-us, *g.* i. *m.*
Padoue, Patavi-um, *g.* i. *n.*
Palatin (le mont), Palatinus mon-s, *g.* i ... tis. *m.*
Palestine, Palæstin-a, *g.* æ. *f.*
Panopion, Panopi-o, *g.* onis. *m.*
Papirius, Papiri-us, *g.* i. *m.*
Paris, Luteti-a, *g.* æ. *f.*, *et* Parisi-i, *g.* orum. *m. pl.*
Parménion, Parmeni-o, *g.* onis. *m.*
Parnasse (le), Parnass-us, *g.* i. *m.*
Parthes (les), Parth-i, *g.* orum. *m. pl.*
Parysathis, Parysath-is, *g.* is. *f.*
Pasteur, Past-or, *g.* oris. *m.*
Patient, Pati-ens, *g.* entis. *m.*
Patrice, Patrici-us, *g.* i. *m.*
Patrocle, Patrocl-us, *g.* i. *m.*
Patron, Patr-o *ou* Patr-on, *g.* onis. *m.*
Paul, Paul-us, *g.* i. *m.*
Paule, Paul-a, *g.* æ. *f.*
Paulin, Paulin-us, *g.* i. *m.*
Pausanias, Pausani-as, *g.* æ. *m.*

PÉLOPIDAS, Pelopid-as, *g.* æ. *m.*

PÉLOPONNÈSE, Peloponnes-us, *g.* i. *m.*

PERDICCAS, Perdicc-as, *g.* æ. *m.*

PÉRICLÈS, Pericl-es, *g.* is. *m.*

PÉROU (LE), Peruvi-a, *g.* æ. *f.*

PERSE (LA), Persia, *g.* æ, *ou* Pers-is, *g.* idis. *f.*

PERSÉE, Perse-us, *g.* i. *m.*

PERSES (LES), Pers-æ, *g.* arum. *m. pl.*

PERTINAX, Pertin-ax, *g.* acis. *m.*

PÉTERSBOURG, Sancti Petri fan-um, *g.* i. *n.*, *ou* Petroburg-um, *g.* i. *n.* (*ajoutez* in Russiâ).

PHARAON, Phara-o, *g.* onis. *m.*

PHARISIEN, Pharisæ-us, *g.* i. *m.*

PHARNACE, Pharnac-es, *g.* is. *m.*

PHIDIPPIDE, Phidippid-us, *g.* i, *ou* Phidippid-es, *g.* is. *m.*

PHILÉMON, Philem-on, *g.* onis. *m.*

PHILIPPE, Philipp-us, *g.* i. *m.*

PHILISTINS (LES), Philistæ-i, *g.* orum, *ou* Philistin-i, *g.* orum. *m. pl.*

PHILON, Phil-o, *g.* onis. *m.*

PHILOTAS, Philot-as, *g.* æ. *m.*

PHOCION, Phoci-on, *g.* onis, *m.*

PHORMION, Phormi-o, *g.* onis. *m.*

PHRYGIE, Phrygi-a, *g.* æ. *f.*

PICARDIE, Picardi-a, *g.* æ. *f.*

PIE, Pi-us, *g.* i. *m.*

PIERRE, Petr-us, *g.* i. *m.*

PILATE, Pilat-us, *g.* i. *m.*

PINDARE, Pindar-us, *g.* i. *m.*

PISISTRATE, Pisistrat-us, *g.* i. *m.*

PISON, Pis-o, *g.* onis. *m.*

PLANCINE, Plancin-a, *g.* æ. *f.*

PLATÉES, Plate-æ, *g.* arum. *f. pl.*

PLATON, Plat-o, *g.* onis. *m.*

PLINE, Plini-us, *g.* i. *m.*

PLUTARQUE, Plutarch-us, *g.* i. *m.*

PLUTON, Plut-o, *g.* onis. *m.*

POITIERS, Pictavi-um, *g.* i. *n.*

POLLUX, Poll-ux, *g.* ucis. *m.*

POLOGNE, Poloni-a, *g.* æ. *f.*

POLYCARPE, Polycarp-us, *g.* i. *m.*

POLYDAMAS, Polydam-as, *g.* antis. *m.*

POMPÉE, Pompei-us, *g.* i. *m.*

POMPILIUS, Pompili-us, *g.* i. *m.*

POMPOSE, Pompos-a, *g.* æ. *f.*

PONT (LE), Pont-us, *g.* i. *m.*

PONT-EUXIN, Pont-us Euxin-us, *g.* i... i. *m.*

PORSENNA, Porsen-a, *g.* æ. *m.*

PORTUGAL, Lusitani-a, *g.* æ. *f.*

PORUS, Por-us, *g.* i. *m.*

POTHIN, Pothin-us, *g.* i. *m.*

PRIAM, Priam-us, *g.* i. *m.*

PRIX (S.), Præject-us, *g.* i. *m.*

PROMÉTHÉE, Prometh-eus, *g.* i. *m.*

PROVENCE, Provinci-a, *g.* æ. *f.*

PROVINS, Provin-um, *g.* i. *n.*

PRUDENCE (S.), Prudenti-us, *g.* i. *m.*

PRUSIAS, Prusi-as, *g.* æ. *m.*

PRUSSE, Borussi-a, *g.* æ. *f.*

PTOLÉMÉE, Ptolemæ-us, *g.* i. *m.*

PUBLICOLA, Publicol-a, *g.* æ. *m.*

Publius, Publi-us, *g.* i. *m.*
Putiphar, Putiph-ar, *g.* aris. *m.*
Pylade, Pylad-es, *g.* æ *ou* is. *m.*
Pyrrhus, Pyrrh-us, *g.* i. *m.*
Pythagore, Pythagor-as, *g.* æ. *m.*

Quinte-Curce, Quint-us Curti-us, *g.* i.... i. *m.*
Quintilien, Quintilian-us, *g.* i. *m.*
Quintius, Quinti-us, *g.* i. *m*
Quintus, Quint-us, *g.* i. *m.*

Rachel, Rachel, *indécl. f.*
Raguel, Ragu-el, *g.* elis. *f.*
Raphael, Rapha-el, *g.* elis. *m.*
Rébecca, Rebecc-a, *g.* æ. *f.*
Régulus, Regul-us, *g.* i. *m.*
Reims, Rem-i, *g.* orum. *m. pl.*
Remi, Remigi-us, *g.* i. *m.*
Rémus, Rem-us, *g.* i. *m.*
Rhodes, Rhod-us, *g.* i. *f.*; *de Rhodes*, Rhodi-us, a, um.
Rhône (le), Rhodan-us, *g.* i. *m.*
Roboam, Roboam-us, *g.* i. *m.*
Romain (S.), Roman-us, *g.* i. *m.*
Rome, Rom-a, *g.* æ. *f.*
Romulus, Romul-us, *g.* i. *m.*
Roscius, Rosci-us, *g.* i. *m.*
Rouen, Rothomag-us, *g.* i. *m.*
Ruben, Ruben, *indécl. m.*
Russie, Russi-a, *g.* æ. *f.*
Ruth, Ruth, *indécl. f.*

Sabins (les), Sabin-i, *g.* orum. *m. pl.*
Saducéens (les), Sadducæ-i, *g.* orum. *m. pl.*
Sagonte, Sagunt-um, *g.* i. *n.* *ou* Sagunt-us, *g.* i. *f.*
Saintonge, Santoni-a, *g.* æ. *f.*
Salamine, Salamin-a, *g.* æ, *ou* Salam-is, *g.* inis. *f.*
Salluste, Sallusti-us, *g.* i. *m.*
Salomon, Salom-on, *g.* onis. *m.*
Samarie, Samari-a, *g.* æ. *f.*
Samaritains (les), Samarit-æ, *g.* arum. *m. pl.*
Samaritain, samaritan-us, a, um.
Samnites (les), Samnit-es, *g.* um. *m. pl.*
Samos, Sam-os, *g.* i. *f.*
Samson, Sams-on, *g.* onis. *m.*
Samuel, Samu-el, *g.* elis. *m.*
Saône, Ar-ar, *g.* aris. *m.*
Sapor, Sap-or, *g.* oris. *m.*
Saprice, Saprici-us, *g.* i. *m.*
Sara, Sar-a, *g.* æ. *f.*
Sardaigne, Sardini-a, *g.* æ. *f.*
Sardanapale, Sardanapal-us, *g.* i. *m.*
Sardes, Sard-es, *g.* ium. *f. pl.*
Sarragosse, Cæsaraugust-a, *g.* æ. *f.*
Sarrasins (les), Sarracen-i, *g.* orum. *m. pl.*
Satan, Satan, *indécl. et* Satan-as, *g.* æ. *m.*
Saturne, Saturn-us, *g.* i. *m.*
Saturnin, Saturnin-us, *g.* i. *m.*
Saturninus, Saturnin-us, *g.* i. *m.*
Saul, Saul-us, *g.* i. *m.*
Saül, Sa-ul, *g.* ulis. *m.*
Savoie, Sabaudi-a, *g.* æ. *f.*
Saxe, Saxoni-a, *g.* æ. *f.*
Scévola, Scævol-a, *g.* æ. *m.*
Scipion, Scipi-o, *g.* onis. *m.*
Scythes (les), Scyth-æ, *g.* arum.

TURCS (LES), Turc-æ, *g.* arum. *m. pl.*
TURENNE, Turenni-us, *g.* i. *m.*
TURQUIE, Turcarum imperium, *g.* i. *n.*
TYR, Tyr-us, *g.* i. *f.*
TYRIENS (LES), Tyri-i, *g.* orum. *m. pl.*

ULYSSE, Ulyss-es, *g.* is. *m.*
URBAIN, Urban-us, *g.* i. *m.*
UTIQUE, Utic-a, *g.* æ. *f.* *D'Utique,* Uticens-is, is, e.

VAAST, Vedast-us, *g.* i. *m.*
VALENCE (ESP.), Valenti-a, *g.* æ. *f.*
VALENCE (FR.), Valenti-a, *g.* æ. *f.*
VALENS, Val-ens, *g.* entis. *m.*
VALENTINIEN, Valentinian-us, *g.* i. *m.*
VALÈRE, Valeri-us, *g.* i. *m.*
VALÉRIEN, Valerian-us, *g.* i. *m.*
VALÉRIUS, Valeri-us, *g.* i. *m.*
VAR, Var-us, *g.* i. *m.*
VARRON, Varr-o, *g.* onis. *m.*
VARSOVIE, Varsovi-a, *g.* æ. *f.*
VÉIENS (LES), Vei-i, *g.* orum. *m. pl.*
VENISE, Veneti-æ, *g.* arum. *f. pl.*
VÉNUS, Ven-us, *g.* eris. *f.*
VÉRUS, Ver-us, *g.* i. *m.*
VESPASIEN, Vespasian-us, *g.* i. *m.*
VÉSUVE (LE), Vesuvi-us, *g.* i. *m.*
VÉTURIE, Veturi-a, *g.* æ. *f.*
VICTOR, Vict-or, *g.* oris. *m.*
VIENNE (AUTR.), Vindobon-a, *g.* æ. *f.*
VIENNE (FR.), Vienn-a, *g.* æ. *f.*
VIGILE, Vigili-us, *g.* i. *m.*
VINCENT, Vincenti-us, *g.* i. *m.*
VINCENT DE PAUL, Vincentius, *g.* i, a Paulo. *m.*
VINDEX, Vind-ex, *g.* icis. *m.*
VIRGILE, Virgili-us, *g.* i. *m.*
VIRGINIE (*fem.*), Virgini-a, *g.* æ. *f.*
VIRGINIE (*prov.*), Virgini-a, *g.* æ. *f.*
VIRGINIUS, Virgini-us, *g.* i. *m.*
VITELLIUS, Vitelli-us, *g.* i. *m.*
VOLSQUES (LES), Volsc-i, *g.* orum. *m. pl.*
VULCAIN, Vulcan-us, *g.* i. *m.*

XANTIPPE (*hom.*), Xanthippus, *g.* i. *m.*
XANTIPPE (*fem.*), Xantipp-e, *g.* es. *f.*
XAVIER, Xaveri-us, *g.* i. *m.*
XÉNOPHON, Xenoph-on, *g.* ontis. *m.*
XERXÈS, Xerx-es, *g.* is. *m.*
XISTE, Xist-us, *g.* i. *m.*

ZACHARIE, Zachari-as, *g.* æ. *m.*
ZACHÉE, Zachæ-us, *g.* i. *m.*
ZÉBÉDÉE, Zebedæ-us, *g.* i. *m.*
ZÉNON, Zen-o, *g.* onis. *m.*
ZEUXIS, Zeux-is, *g.* is. *m.*
ZOÏLE, Zoil-us, *g.* i. *m.*
ZOPIRE, Zopir-us, *g.* i. *m.*

On trouve à la même librairie :

Éléments de grammaire latine, par *Lhomond;* édition annotée et complétée par *M. Deltour,* professeur au lycée Saint-Louis : 23e édition; ouvrage approuvé pour les écoles publiques, in-12.

Premiers Exercices de Thème latin, adaptés à la Grammaire latine de Lhomond et spécialement à l'édition annotée par M. Deltour, présentant une suite de phrases détachées sur chaque règle, par *M. W. Rinn,* professeur au collége Rollin; in-12.

Cours de Thèmes latins, adapté à la Grammaire de Lhomond et spécialement à l'édition annotée par M. Deltour, présentant une suite Thèmes d'application sur la syntaxe et la méthode, par *M. W. Rinn :* 5e édition; in-12.

Éléments de Grammaire Française, par *Lhomond;* édition annotée et complétée par *M. Deltour,* professeur au lycée Saint-Louis : 19e édition; ouvrage approuvé pour les écoles publiques, in-12.

Exercices français gradués sur la Grammaire française de Lhomond et spécialement sur l'édition publiée par M. Deltour, par *M. W. Rinn,* professeur au collége Rollin : 4e édition; in-12.

Petit Dictionnaire de la langue française, rédigé selon l'orthographe de l'Académie, et contenant tous les mots usuels, par *M. G. Beleze,* ancien chef d'institution à Paris : 8e édition; 1 fort vol. in-18, de 400 pages.

Dictionnaire élémentaire français-latin, rédigé d'arpès les meilleurs auteurs, par *M. J. Geoffroy,* ancien professeur agrégé des classes de grammaire : 11e édition; ouvrage approuvé pour les écoles publiques; 1 fort vol. in-8°, de 600 pages.

Dictionnaire élémentaire latin-français, rédigé d'après les meilleurs auteurs, par *M. J. Geoffroy :* 8e édition; ouvrage approuvé pour les écoles publiques; 1 fort vol. in-8°, de 550 pages.

Gradus ad Parnassum, dictionnaire prosodique et poétique de la langue latine, par *M. Émile Pessonneaux,* professeur au lycée Napoléon; 1 fort vol. in-8°.

Dictionnaire français-grec, rédigé sur un plan très-méthodique, d'après les travaux lexicographiques les plus récents, par *M. E. Talbot,* docteur ès lettres, professeur de rhétorique au collége Rollin : 2e édition; 1 fort vol. in-8°.

Dictionnaire grec-français, rédigé sur un plan très-méthodique, d'après les travaux lexicographiques les plus récents, par *M. E. Talbot :* 3e édition; 1 fort vol. in-8°.

www.ingramcontent.com/pod-product-compliance
Ingram Content Group UK Ltd.
Pitfield, Milton Keynes, MK11 3LW, UK
UKHW021848190726
13855UKWH00001B/204